ALICE FRANCK, 1960 in Aachen geboren, lebt als Lektorin in Berlin und Hamburg. Arbeitete im Ressort Kultur für Zeitung, Funk und Fernsehen, produzierte 1985 im Rahmen des Festivals der Weltkulturen ‹Horizonte› ein Literaturprogramm über asiatische Literatur sowie das Literaturprogramm der 750-Jahrfeier Berlins für die Berliner Festspiele GmbH. Seit 1986 Herausgeberin der Rowohlt Taschenbuchreihe ‹panther›. Veröffentlichungen: Klaus Hoffmann, Wenn ich sing' (1986, rororo 5754); Alice Franck/Christoph Klimke (Hg.), Ciao, Italien! Ein Land auf den zweiten Blick (1988, panther 12368); Alice Franck (Hg.), 30 unter 40, Junge Autoren von heute – die Besten von morgen (1988, panther 12279).

GUNTRAM VESPER, 1941 in der sächsischen Kleinstadt Frohburg geboren, kam 1957 über Westberlin in die Bundesrepublik, war Hilfsarbeiter, Heimschüler und Student und lebt heute als Schriftsteller und Privatlehrer in Göttingen und Steinheim am Vogelsberg. Veröffentlichungen: Am Horizont die Eiszeit. Gedichtzyklus (1963); Fahrplan. Gedichte (1964); Gedichte (1965); Kriegerdenkmal ganz hinten. Prosa (1970); Nördlich der Liebe und südlich des Hasses. Roman (1979); Die Illusion des Unglücks. Gedichte (1980); Nordwestpassage. Ein Poem (1980); Die Inseln im Landmeer. Gedichte (1982); Landeinwärts. Prosa und Gedichte (1984); Frohburg. Neue Gedichte (1985); Laterna magica (1985); Dunkelkammer. Fünf Erzählungen aus Deutschland (1988).

C'est la vie!

Impressionen – Frankreich en passant

Herausgegeben von
Alice Franck und
Guntram Vesper

rororo

Rowohlt

rororo panther
herausgegeben von Alice Franck
Umschlaggestaltung: Walter Hellmann
Illustration: Chloé Cheese

Originalausgabe
Veröffentlicht im Rowohlt Taschenbuch Verlag GmbH,
Reinbek bei Hamburg, Mai 1989

Gesetzt aus der Garamond (Linotron 202)
Gesamtherstellung Clausen & Bosse, Leck
Printed in Germany
1280-ISBN 3 499 12466 1

Inhalt

C'est la vie! – Impressionen – Frankreich en passant
Erbfeind und Gedankenbruder

Souvenirs, Souvenirs...

Bienvenu dans le Midi!

Aux Frontières Historiques...

Les Rêves à la Rèvolution...

Flâner dans la Ville...

Voir Paris et mourir?

Apropos Rendez-Vous:
Faire l'Amour...

Vieux Amis:
Partir, c'est mourir un peu...

Adieu! C'est fini...

C'est la vie! – Impressionen – Frankreich en passant

Erbfeind und Gedankenbruder

1

Ist das denkbar: ein Buch zusammentragen, herausgeben, das ein ganzes Land spiegelt, enthält? Das Land zwischen Kanal und Mittelmeer, zwischen Rhein und Atlantik, von fünfundfünfzig Millionen Menschen bewohnt, mit Provinzen in Übersee. Der Versuch wird gewagt.

2

Die Rede soll von Frankreich sein, unserem westlichen Nachbarn. Mit ihm alle fünfzig Jahre und manchmal noch öfter ein Krieg: das war die Regel unserer Großväter und Väter von alters her. Zerstörung, Besetzung. Blutmühle Verdun. Blitzkrieg, Gestapo. Gebiete herüber und hinüber. Erbfeindschaft und Haß die Folge.

3

Aber wie viele Bücher auch von dort nach hier, von hier nach dort. Madame de Staël, Stendhal, Schlegel, Heine. Hölderlin verwirrt auf dem Rückweg von Bordeaux ins Schwäbische, und Rimbaud treibt sich in Stuttgart herum. Ernst Jünger in Paris und Sartre in Stammheim. Weiter die Maler. Und Paris selbst, «la Capitale» des Lichts, *die* Hauptstadt der Welt im vorigen Jahrhundert. Die Passagen Walter Benjamins, die «Bäuche» Zolas. L'Opéra, Café de la Paix. Dazu die «Commune», Dreyfus, Staviskyskandal und Volksfront. Die Résistance. Dien Bien Phu in Indochina, der Algerienkrieg. Der Pariser Mai der Studenten. Force de frappe und Atomversuche in der Südsee.

Das ist französische Geschichte. Das ist Teil unserer Geschichte. Auch bei uns gab es den Mai, die Kommuneversuche, den ins Unvorstellbare gesteigerten Fall Dreyfus.

4
Der große Jahrestag. Am 14. Juli vor zweihundert Jahren brach mit dem Sturm auf die Bastille die Französische Revolution aus. Man stellt sich für den Sommer ein Weltfest vor: die Menschenrechte. Freilich, beim ersten Jahrhundertjubiläum 1889 war Frankreich zwar zum drittenmal und endgültig Republik geworden, Deutschland aber noch lange nicht. Im Vorjahr hatte Wilhelm II. den Thron bestiegen, mit großen Plänen. Das Land wuchs und stagnierte in einem und war selbstbewußt und unsicher zugleich, Heinrich Mann ahnte mit «Der Untertan» alle Finsternis des deutschen zwanzigsten Jahrhunderts voraus, und nicht von ungefähr heißt seine bessere Vision, heißt das Gegenbild «Henri Quatre».

5
Tagebuchnotiz aus dem letzten Jahr, vom Anfang einer Frankreichreise:

Mit dem Auto durch den Kaiserstuhl. Die vorgeschobene Kasematte der Maginotlinie in der Rheinebene. Wir mußten an «Gärten und Straßen», an Sartres Tagebücher von neununddreißig, vierzig denken und an die Romane von Ehrenburg und Aragon: «Der Fall von Paris», «Die Kommunisten». – Die Ortschaften an der Straße. Von gestern und morgen. Schon das alte Zentrum von Schlettstadt wirkte auf mich wie die Bühne zu einer der Provinzintrigen, die man in Stendhals «Rot und Schwarz» und bei Balzac in jedem zweiten Roman beschrieben findet. Bezeichnender Anblick: das ausgedehnte Priesterseminar mitten in der Altstadt. Daneben, davor und dahinter die schmalen Bürgerhäuser, denen die beinahe stockwerkhohen Fensterläden einen Charakter geben, der eine Mischung aus Festung und Gefängnis darstellt. Hier, in solcher Umgebung, wurden und werden personalreiche bigotte Komödien genauso in Szene gesetzt wie Kleinstadttragödien, in denen der anonyme Brief, das ehrabschneidende Gerücht, Verleumdung und Kuhhandel ihre Rolle spielen und in denen immer auch, anders als bei uns, die Charakterfigur des aufgeklärten unbeugsamen Provinzrepublikaners auftritt. – Während wir noch vor dem Tor des Priesterseminars stehen, bemerkten wir eine alte Frau, die im Haus gegenüber hinter den Gardinen hervorsieht und uns unverwandt beobachtet. Als wir weitergehen, schiebt sie die Vorhänge zurück, öffnet das Fenster und guckt uns lange ohne jede Hemmung nach. – Vor der Stadt, auf dem Weg ins Steintal Oberlins, die Tankstellen, Nordafrikanerquartiere, Reifenhalden und Schrottplätze, die wuchernde Industriesteppe des späten zwanzigsten Jahrhunderts, ohne jede Verbrämung, ohne jeden Beschönigungsversuch, Frankreich auch das.

Frankreich, wo ALLES noch am Leben ist: «C'est la vie».

Alice Franck
Guntram Vesper

Souvenirs, Souvenirs …

MASCHA KALÉKO

Momentaufnahme: Paris

Das also bist du, Stadt der tausend Fabeln.
– Am *Gare du Nord* taucht Filmkulisse auf.
Noch bin ich fremd und denke in Vokabeln.
Paris, sei gut zu mir und tu dich auf!

Nun, heimwärts, fällst du mir im Dämmer ein:
Die großen Kirchen, winzigen Spelunken,
Der erste Café-crème, am Zinq getrunken,
Die Seine-Ufer im Laternenschein.

Ihr kleinen Mädchen auf den Métro-Bänken,
Du Strohhut-Cavalier mit Vorkriegsbart.
Doch muß ich auch der Miss im Louvre denken:
‹Oh, look this picture! Rembrandt? Very smart.›

Verschlafne Frühe in Montmartregassen,
Die Fensterkatze auf kariertem Bett,
Und morgengrau verlaßner *Bal musette*
Mit welkem Strauß und leergetrunknen Tassen...

Ich fand dich anders, als im Buch beschrieben.
Im Reiseführer fehlte das und dies.
– Doch zu den Millionen, die dich lieben,
Zähl bitte auch M. K. hinzu, Paris!

CHRISTOPH MECKEL

Licht I

Wollen wir uns fotografieren lassen? Laß uns ein paar verrückte Bilder machen! Als ich klein war, ließ ich mich dauernd fotografieren, ich war besessen davon, mich auf Bildern zu sehn. Wenn ich zwei Mark hatte, lief ich zum Bahnhof und kroch in den Apparat, das war eine kleine graue Kabine auf Gummifüßen, mit drehbarem Stuhl und schwarzem Vorhang. Dafür schminkte ich mich zum erstenmal, es war ein Geheimnis. Aber das Fotografieren ging furchtbar schnell, ich verpaßte meinen besten Ausdruck, immer wieder verpaßte ich meinen Ausdruck. Wenn das Blitzlicht kam, war ich nicht vorbereitet, sah immer falsch aus, verträumt oder hilflos. Ich hatte ein schönes Lächeln eingeübt, romantisch-verächtlich, mit dicken Schlafzimmeraugen, mit solchen Augen kam ich mir wirklicher vor. Ich versteckte die Fotos in meinem Geldbeutel und sah sie an, wenn ich allein war, nachts im Bett oder auf der Toilette. Nach ein paar Tagen warf ich sie weg und ging wieder zum Bahnhof. Keine Ahnung, warum ich mich so oft fotografieren ließ. Ich kam mir ungeliebt vor, trotz vieler Freunde, und meine Zähne waren viel zu groß. Jetzt ist es umgekehrt und wieder nicht richtig: ich sehe auf Fotos schöner aus als ich bin.

Wir zwängten uns in die Kabine und hielten viermal still. Der Kasten vibrierte mit Dieselgeräusch und spuckte einen feuchten Bildstreifen aus. Wir sahen uns viermal ähnlich trotz zweifelnder Blicke, Dole steckte alle Bilder ein. Dann war keine Zeit mehr. Überstürztes Lebewohl vor dem haltenden Zug. Angedeutete Zärtlichkeit. Der fiebrige Glanz in ihren Augen, der winkende Handschuh. Ich wollte nicht in den Bungalow zurück. Stundenlang unterwegs auf leeren Chausseen. Schnelles Fahren in der Dämmerung. Aufatmen in der Dunkelheit, allein.

Wir gingen auf die Friedhöfe der Dörfer, Efeugelände hinter Kirchmauern, wo Platten und Steine zerbrochen im Unkraut lagen oder, von Wurzeln gehoben, vorm Umkippen standen. Wir entzifferten in Blech gestanzte, in Stein gehauene und mit Moos überwachsene Namen von Toten; Maisbauern, Tagelöhner und Briefträger, die vor achtzig Jahren in hohem Alter gestorben waren. Johann Zechbiegler unvergessen, Friedrich Delani, Anton Winterbier. Wir entdeckten Fotografien hinter Glas, retouschierte Offiziere in blindem Oval, Casanovabärte aus altem Weinadel und die Gräber der Witwen unter Rosen aus Glas. Hinter der Friedhofsmauer sind Gießkannen versteckt, sagte Dole, brauchen wir eine Gießkanne? Darf ich dir einen durchlöcherten Eimer schenken? Wir sahen die Bauerngärten am Rand der Dörfer, Astern und Kürbisse in grüner Wildnis, Malven im Regen und schwarze Sonnenblumen. Brennesseln wucherten um die Lattenzäune. Im Krieg macht man Brennesseln zu Spinat, sagte Dole, jetzt läßt man sie stehn oder sichelt sie weg, ich liebe Brennesseln, weil sie wertlos sind, *je suis de la mauvaise herbe*, mich langweilen Rosen. Man kann Brennesseln anfassen, ohne daß es schmerzt – weißt du wie? Sie packte ein Blatt mit zwei Fingern und riß es ab. Ganz einfach, du mußt fest anfassen und darfst keine Angst haben. Wenn du Angst hast, wirst du von der Brennessel gebissen und bekommst diese kleinen juckenden Blasen. Das habe ich von meinem Vater gelernt: man faßt eine Brennessel an wie eine Geliebte, leicht, fest, sicher und ohne Angst. Hast du mich angefaßt, auf diese Weise? Wir standen umarmt auf der Straße und faßten uns an. Es war herrlich, nebeneinander durch die Obstgärten zu gehn und den Atem des andern zu hören, die gemeinsamen Schritte. Und es war notwendig, auf dem Land zu sein, seit die Luft in den Städten schlechter wurde und Dole immer häufiger Kopfschmerzen bekam. Wir hatten Tage und Nächte zusammen verbracht, die wir uns nicht auszudenken brauchten, die kein Mensch sich hätte ausdenken können, gleichgültig wo wir waren, auf einem Heuweg oder in Chicago. Wir bewegten uns in der Landschaft, als gehöre sie uns. Sie gehörte uns, solang wir kein Grundstück besaßen. Wir wollen keine Häuser baun, sagte Dole.

Wir entdeckten Schlösser, die zu verkaufen waren, Bruchsteinkästen mit hängenden Läden, gelockerten Supraporten, Einsturzgefahr. Wir wateten über laubverschwemmte Terrassen, Alleen und Teiche übermodert von Laub. Unter Platanen eine Orangerie, die Brettertür sprang ohne Widerstand auf. Winterkalte Säle, Reste von farbigem Glas in den Fensterbogen, regenfleckiger Stuck über Möbeln und Kutschen. Puttenköpfe, Marderfallen und Hundehütten aus dem Biedermeier – was für Gerümpel wir wegschleppen könnten! Es gab Schlösser, die in der Landwirtschaft verwendet wurden, Kartoffeln, Stroh und Spaltholz im Salon, Treppenhäuser voll Vieh, zerstampftes Parkett. Kühe wiederkäuten vor blinden Spiegeln und Ziegen fraßen Heu aus dem Cheminee. Zerschlagene Fässer im Kellergewölbe, ruinierte Heizungen, Rattenrennbahn, Taxushecken, die nicht mehr beschnitten wurden und Dole mit weichen, fettigen Zweigen streiften. Wenn wir ein Schloß besäßen, sagte Dole, ob wir damit was anfangen könnten? Wir hätten auf einmal Schulden und viele Freunde. Stell dir mal vor, wer alles käme, in dicken Wagen oder per autostop, die Freunde der Freunde und ihre Bekannten, die Freunde der Bekannten und ihre Geliebten, die Neffen der Geliebten und ihre Töchter, die Freundinnen der Töchter und ihre Verehrer und die Schwestern der Verehrer mit ihren Verehrern. Der Sommer wäre eine einzige Party. Wir würden Wildschweine auf der Terrasse braten und durch die leeren Säle tanzen, weitschweifige ölige Tangos, du weißt schon. Wir würden uns eine starke Matratze besorgen und zwischen Rattenfallen auf dem Fußboden schlafen. Und wir könnten die Nächte unter Bäumen verbringen, falls es dort keine Stechmücken gibt. Und im Winter, was macht man im Winter in solchen Kästen? Wir könnten mit allem was anfangen, sagte Dole.

Wir gingen durch die Hochhausviertel an der Autobahn und liefen um die verqualmten Müllplätze am Stadtrand. Wir entdeckten Ziegeleien der Jahrhundertwende, Schrebergärten, Autofriedhöfe und Kohlenlager an der Periferie. Wir kamen an kaputten Wohnbaracken vorbei und stellten uns vor, wie die Arbeiter dort mit ihren Familien gelebt hatten und wie sie noch heute in solchen Baracken lebten. Wir entdeckten Zigeunerlager und Campingplätze, alte Pferdewege neben neuen Chausseen (Schafherden pladderten über das Kopfsteinpflaster). Vor geschlossenen Bahnschranken standen wir auf der Straße und wetteten, wann welcher Zug mit wievielen Wagen käme – ein D-Zug aus Wien? der Schnellzug Hamburg–Paris? Es kamen Triebwagen, Zementzüge und einzelne Lokomotiven, Arm in Arm verloren wir jede Wette. Alle unsere Züge, sagte Dole, Hamburg–Mailand und Warschau–Paris, die vielen Abschiede auf wievielen Bahnhöfen, die endlosen Winternächte im Zugabteil, von dir weg oder zu dir hin. Aber jetzt geht es uns gut, das ist unvergleichlich. Wir sind zusammen, so oft wir wollen, wir dürfen das gar nicht sagen: wie gut es uns geht. Unmöglich, herumzuposaunen, daß wir glückliche Leute sind im Vergleich zu anderen. Aber ein Zufall ist das nicht, wir sind keine Glückspilze. Der Wille zu etwas Haltbarem hat mit Glück nichts zu tun. Es kommt mir so egoistisch vor, daß ich glücklich sein kann, ohne Grund, oft besinnungslos glücklich. Ist das Egoismus? Sind wir Egoisten?

Wir gingen durch Januartage ohne Schnee, das Sausen des Föhn war ein Bestandteil der Stille, trockenes, langsames Stübern im Nadelholz und Luftwirbel über plattgetretenem Laub. Schön war der frisch gefallene Schnee am Morgen, wenn man als erster eine Spur hinterließ. Es war atemberaubend, durch frischen Schnee zu gehn, den Schnee mit der Schuhspitze aufzureißen und im leichten, sauberen, flirrenden Weiß zu stehn. Wir standen im Schnee, sahen Weiß und hörten nichts, so eine Stille gab es nur im Traum, viel weniger im Traum als im frischen Schnee, viel mehr im frischen Schnee als in jedem Schlaf. Dreispitzspuren zu Fuß gehender Krähen, wo sind denn die Raben, fragte Dole, im Winter auf dem Land sind doch Krähen und Raben, ich sehe bloß immer die Krähen, nie die Raben. Und kannst du feststellen, auf welche Weise dein Atem sich in der Kälte auflöst? Der Atem kommt weiß aus dem Mund und verschwindet farblos. Er löst sich nach allen Seiten auf, er zerfranzt, er verpufft, nein, er löst sich auf. Nein er schmilzt weg, er reißt auseinander. Der Atem löste sich auf, und fertig. (Dasselbe beim Beobachten der Dämmerung. Du siehst, daß es hell, dann daß es fast dunkel ist. Vom Dunkelwerden hast du nichts bemerkt. Erklär mir das Dunkelwerden, sagte Dole.)

Schneeflocken in der Luft und vereiste Seen. Wir liefen auf das beschneite Eis zu den Anglern, die in Wattejacken vor ihren Löchern rauchten, Aktentaschen und Eimer neben sich. In der Kälte spannte das Gesicht, die Hände wurden taub und die Lippen hart – sie werden wieder weich, wenn du mich küßt. Es war ein Genuß, durch Rauhreiftage zu gehn, unter glasigfunkelnden Telegrafendrähten, im himmeloffenen, ungewaschenen Weiß, das von keiner Reklame entdeckt worden war. Der Winterabend begann am Nachmittag. Die Angler trugen volle Eimer nach Hause. Der Schnee wurde blau, jeder Baum ein Vogelhaus, Geflatter in Krähenbäumen, schläfriges Krächzen, Uferbäume und Bootshäuser dunkel. Glattgerodelte Wege im Zwielicht. Wir balancierten in eine Ortschaft, an hochgeschaufeltem Schnee vorbei in das nächste Gasthaus. In der Gaststube war es so heiß, daß die Brille beschlug und die Finger schmerzten. Es roch nach Schinkenomelett, Zigarren und Wein. Der Bauernstammtisch redete Dialekt, viel Hobelspäne im Maul und Bauchrednerei, ich kann das bloß verstehn, wenn aus der Zeitung zitiert wird. Kannst du dir vorstellen, ein Leben lang im gleichen Haus zu wohnen, mit denselben Leuten, an einem Ort? Vielleicht beneidenswert, vielleicht ein Alptraum? Ob man das Gefühl für die Zeit verliert, wenn man gleichbleibend lebt, ohne Aufbruch und Abschied? Alles Endgültige ist zum Verzweifeln traurig, ich möchte nicht ohne Aufbruch und Abschied leben. Es war beneidenswert, Hunger zu haben und auf ein Essen zu warten, das man bezahlen konnte, Kartoffeln und Pfifferlinge in Butter gebraten, oder Brot mit Speck. Schon nachmittags freuten wir uns auf den Augenblick, wenn der Wein auf den Tisch kam, Weißwein, ein randvolles, kaltes Glas, Doles Gläser und Teller mußten voll sein. Beim Essen wurde die Haut wieder warm und der Mund beweglich. Wir spürten jetzt die Müdigkeit in den Füßen, aber der Körper war leicht, der Kopf war erfrischt. Die erste Zigarette schmeckte nach Zucker und Teer, das paßte nicht zum Wein, wir rauchten trotzdem. Wir saßen am Tisch, bis wir uns schläfrig fühlten, dann hatten wir wieder Lust auf die Kälte draußen. Wir gingen auf Eis und Streusand durch den Ort und hörten Fernsehgeräusche hinter den Fenstern, Hundegebell in Zimmern und Kettenschlagen in einem Viehstall. Der Wagen stand auf dem Parkplatz vor der Kirche. Wir wischten den Schnee von den Scheiben, setzten uns dicht nebeneinander in die kalten Sitze und fuhren nach Hause, rauchend, schweigsam. Schön, wenn es eine Föhnnacht war und das Wagendach offen.

Wenn wir müde waren, nahmen wir uns keine großen Reisen vor. Wir packten Bücher für ein paar Wochen ein und verzogen uns in eine schläfrige Gegend, die nur Wolkenkuckucken bekannt war. Wir mieteten ein Haus in den Bergen und fuhren im Schlafwagen hin, die vorletzte Strecke im Personenzug, die letzte im Taxi. Es schien uns als Luxus, nicht mit dem Wagen zu fahren, sondern ausnahmsweise mit dem Zug. Wir tranken Wein im nächtlichen Schlafabteil und schliefen geschaukelt auf einem schmalen Bett. Oder wir saßen am Fenster des Speisewagens, während draußen der Tag zu Ende ging. Außenlicht und Innenbeleuchtung vermischten sich auf der Scheibe, unsere Spiegelbilder tauchten neben uns auf. Im Zwielicht dahinter bewegten sich unbekannte Landschaften. Dole legte die Stirn an das Fenster, beschattete die Augen und zählte auf, was zu sehn war: ein verspäteter Schulausflug an der Bahnschranke; ein Bahnsteig voller Bierkisten und eine Hundehütte unter der Autobahnbrücke; Bienenhäuser hell am Gebirgshang und Industriegebiete in Rauch und Neon.

Wir machten die langen Reisen im Herbst, wenn der Tourismus vorbei war. In dem Ferienverkehr kriegst du Platzangst, sagte Dole, das ist keine Welt, wenn die Autobahnen verstopft sind und die halbe Menschheit auf Campingplätzen nach Luft schnappt. Trainingshosengespenster sind nicht mein Fall. Wir können überall schlafen, auf der Erde, im Wagen, in einem Kleinstadtbordell, aber auf einem Campingplatz geht das nicht. Indianersommer, abnehmendes Licht, Michaelistage aus Milch und Silber, der Herbst machte sorglos und war die beste Zeit, er war schon immer die beste Zeit gewesen. Wir kamen nachmittags in eine Stadt, brachten die Koffer in ein Hotel, duschten heiß und kalt und wechselten Kleider, tranken Gin-Tonic in einer leeren Bar und blieben, solange es hell war, auf den Straßen. In den Nächten trieben wir uns herum. Wir tranken und tanzten in verschiedenen Bars, die Hollywood, Big Beat oder Popcorn hießen, warum eigentlich Popcorn, sagte Dole, nach dem Sinn solcher Namen darf man gar nicht fragen. Dole liebte Rock 'n' Roll und Tango, vor allem Tango. Tango war überhaupt der Höhepunkt. Man schmierte im Schleifschritt über die Diele, erstarrte nach elegantem Schwung zur Sphinx und kullerte unverschämt mit den Augen. Danach war es schön, zwischen schwitzenden Leuten zu sitzen und kaltes Bier in sich hineinzuschütten. Man kokettierte wie Lilith mit dem Teufel und schwärmte für die raffinierte Barbeleuchtung. Ich bin unbedingt für Rosa, sagte Dole, Rosa ist noch eindrucksvoller als Ostergrasgrün und bedeutet Frivolität in Ekstase, das habe ich im Lexikon gelesen, Rosa ist die Farbe des Glücks und der Zukunft. Wir saßen in Plüsch und verqualmtem Rosa und unsere Schultern berührten sich. Als hätten wir uns heute kennengelernt (sagte Dole). Ich kann mich immer wieder in dich verlieben, verliebst du dich auch mal wieder in mich? Bist du mal wieder verliebt gewesen? Sag, daß du in mich verliebt bist. Sei kopflos und küß mich!

Manche Orte kannten wir nur bei Nacht, Städte im Industriegebiet und Nester im Winkel mit Kurpromenade am See. Nachts wußten wir manchmal nicht, wo wir waren und hatten uns das Hotel nicht gemerkt. Wir hatten hier nichts verloren und nichts zu tun, keine beruflichen Umstände, weder Termine noch Reportagen. Sorglosigkeit und Geheimnis, sagte Dole, kein Mensch wird erfahren, wo wir sind! Wir gingen durch Mitternachtsstädte voll umgekippter Mülltonnen, wenn leere Taxis langsam vorüberfuhren, Kinoreklamen gewechselt wurden und Rockerbanden durch die Bahnhöfe stiefelten. Warme Nächte mit Festival-Flutlicht und Tschatschatscha; die Straßen rochen nach Kaffee und Urin, die Restaurants waren leer, die Bars überfüllt, wir trödelten im Schatten der Bäume und wünschten nichts. Vielleicht sind wir zum ersten- und letztenmal hier, sagte Dole, was hast du lieber: einmal hier sein oder wiederkommen? Und hast du mal mit einer Hure geschlafen? Ich kann mir nicht denken, daß du das nie gemacht hast. Wenn ein Mann unterwegs ist, allein in der Nacht, womöglich in einer Stadt, die er nicht kennt, und er sieht die Liebespaare in den Parks und die vielen Frauen – das muß ihn doch verrückt machen. Soviel Schönheit ist unerträglich, wenn man allein ist. Ich möchte in solchen Nächten nicht allein sein.

Aber am liebsten bin ich nachts auf dem Land (sagte Dole). Die Saison ist vorbei, die Hotels stehn leer, und wir schlafen in einem Zimmer mit Bäumen vorm Fenster. Ich möchte immer Bäume vorm Fenster haben, Kastanien, Platanen. Man atmet unwillkürlich leichter, hat wieder Vertrauen in die Luft. Mir haben Bäume immer gut getan, zum Beispiel auf einer Party, wo sich sehr leicht das Gefühl einstellt, ein Leben lang von den falschen Leuten umgeben zu sein. Wenn ich dann aus dem Gerede heraus kann, eine Weile unter Bäumen allein bin, weiß ich wieder, was stimmt und bin unschlagbar.

Häuser ohne Bäume sind nicht bewohnbar, für mich ganz wertlos. Wenn ich ein Haus besäße, wäre es von Akazien und Pappeln umgeben. In der Stadt ist das natürlich was anderes, aber ich frage mich oft, wie du es in deinem Hochhaus aushältst. Hast du nicht manchmal Hunger nach sauberer Luft, nach Blättern, Heuduft, Fischgeruch, Landwind? Kommst du deshalb so gern in meine Wohnung, weil die Bäume an das Fenster reichen?

Wir saßen am offenen Fenster und tranken Wein. Was die Dunkelheit den Augen vorenthielt, überließ sie dem Gehör und der Vorstellungskraft. In der nächtlichen Landschaft war jedes Geräusch vernehmbar, ein Hundegebell auf der Mole, ein Motorrad in der Bergkurve, ein vereinzelter Flügelschlag zwischen den Blättern. Der Regen sickerte von den Bäumen, und es spielte keine Rolle, ob wir schliefen oder schlaflos umarmt lagen. Die Dunkelheit eines unvertrauten Zimmers hatte nichts Quälendes und die Schlaflosigkeit ermüdete nicht. Wir schliefen gegen Morgen im Regen ein und wachten ohne Unruhe auf. Wir frühstückten spät und viel zu lang und ließen den Tag bis gegen Mittag warten.

Guntram Vesper

Ein neuer Anfall von Traurigkeit

Das übervolle
Frohburger Museum hier.

Und deine Überzeugung, die Geschichte habe
mit dem Tag meiner Geburt begonnen.
Als ich Courbets Schlachtbild in Paris sah
Barrikadenkämpfer als kleine
nervöse Offiziere, na also

die Schwindeleien des Todes.

Mascha Kaléko

Schnellfoto: Marseille

‹Am Hafen *La Joliette*, da liegt unser Kutter,
Und morgen stechen wir in See.
Meine letzte Braut hieß Aimée
– Wie meine Mutter,
Und Mario, so hieß unser Kind...›

So plärrte die Alte zu ihrer Gitarre
In der Hafenkneipe von Marseille.
Das drang hinunter bis an den Quai.
Eine Stimme wie eine hölzerne Knarre
Tat unsern Ohren weh.

Da ging ein neuerdings anständiges Mädchen
bunt durch den Saal
Und verkaufte verbotene Karten.
Auf Bestellung würde sie auch warten.
Die Matrosen grinsten: Allemal!

Es gab einen sommersüdlich leuchtenden Tag...
Von *Notre Dame de la Garde* kam der zwölfte Schlag.
Alle Kellner deckten die Tische.
Und die Fremden hätten für ihr gutes Geld
Am liebsten Tintenfische
Oder Haifischflosse mit Mostrich bestellt.
Ein Mister ließ fünf Dutzend Muscheln holen.
Weil selbe im Reiseprospekt sehr empfohlen.

Die Gitarre zirpte mit falschem Gefühl.
Die Alte begann immer lauter und schneller,
Derweil in den abgeschlagenen Teller
Frischgewechselte Münze fiel.

Bienvenu dans le Midi!

Walter Benjamin

Haschisch in Marseille

Vorbemerkung: Eines der ersten Zeichen, daß der Haschisch zu wirken beginnt, «ist ein dumpfes Ahnungs- und Beklommenheitsgefühl; etwas Fremdes, Unentrinnbares naht... Bilder und Bilderreihen, längst versunkene Erinnerungen treten auf, ganze Szenen und Situationen werden gegenwärtig, sie erregen zuerst Interesse, zuweilen Genuß, schließlich, wenn es kein Abwenden von ihnen gibt, Ermüdung und Pein. Von allem, was geschieht, auch von dem, was er sagt und tut, wird der Mensch überrascht und überwältigt. Sein Lachen, all seine Äußerungen stoßen ihm zu wie Geschehnisse von außen. Er gelangt auch zu Erlebnissen, die der Eingebung, der Erleuchtung nahekommen... Der Raum kann sich weiten, der Boden abschüssig werden, atmosphärische Sensationen treten auf: Dunst, Undurchsichtigkeit, Schwere der Luft; Farben werden heller, leuchtender; Gegenstände schöner oder auch klobig und bedrohlich... All dies vollzieht sich nicht in kontinuierlicher Entwicklung, vielmehr ist das Typische ein fortwährender Wechsel von traumhaftem und wachem Zustand, ein ständiges, schließlich erschöpfendes Hin- und Hergeworfenwerden zwischen völlig verschiedenen Bewußtseinswelten; mitten im Satz kann dieses Versinken oder Auftauchen erfolgen... Von alledem berichtet uns der Berauschte in einer Form, die meist sehr erheblich von der Norm abweicht. Die Zusammenhänge werden wegen des oft plötzlichen Abreißens jeder Erinnerung an Vorhergegangenes schwierig, das Denken gestaltet sich nicht zum Wort, die Situation kann von so bezwingender Heiterkeit werden, daß der Haschischesser minutenlang zu nichts fähig ist als zum Lachen... Die Erinnerung an den Rausch ist überraschend scharf. – Es ist merkwürdig, daß die Haschischvergiftung bisher noch nicht experimentell bearbeitet wurde. Die vorzüglichste Schilderung des Haschisch-Rausches stammt von Baudelaire (Paradis artificiels).» Aus Joël und Fränkel: «Der Haschisch-Rausch». Klinische Wochenschrift 1926, V. 37.

Marseille, 29. Juli.

Um sieben Uhr abends nach langem Zögern Haschisch genommen. Ich war am Tage in Aix gewesen. Mit der unbedingten Gewißheit, in dieser Stadt von Hunderttausenden, wo niemand mich kennt, nicht gestört werden zu können, liege ich auf dem Bett. Und doch stört mich ein kleines Kind, das weint. Ich denke, es ist schon eine Dreiviertelstunde verstrichen. Aber nun sind es doch erst zwanzig Minuten ... So liege ich auf dem Bett; las und rauchte. Mir gegenüber immer dieser Blick in den *ventre* von Marseille. Die Straße, die ich so oft sah, ist wie ein Schnitt, den ein Messer gezogen hat.

Ich verließ endlich das Hotel, mir schien die Wirkung auszubleiben oder so schwach werden zu sollen, daß die Vorsicht des Daheimbleibens unterlassen werden mochte. Erste Station das Café Ecke Cannebière und Cours Belsunce. Vom Hafen gesehen das rechte, also nicht mein gewöhnliches. Nun? Nur das gewisse Wohlwollen, die Erwartung, Leute einem freundlich entgegenkommen zu sehen. Das Gefühl der Einsamkeit verliert sich recht rasch. Mein Stock fängt an, mir besondere Freude zu machen. Man wird so zart: fürchtet, ein Schatten, der aufs Papier fällt, könnte ihm schaden. – Der Ekel schwindet. Man liest die Tafeln auf den Pissoirs. Ich würde mich nicht wundern, wenn der und der auf mich zukäme. Da sie es aber nicht tun, macht es mir auch nichts. Es ist mir hier jedoch zu laut.

Nun kommen die Zeit- und Raumansprüche zur Geltung, die der Haschischesser macht. Die sind ja bekanntlich absolut königlich. Versailles ist dem, der Haschisch gegessen hat, nicht zu groß, und die Ewigkeit dauert ihm nicht zu lange. Und auf dem Hintergrund dieser immensen Dimensionen des inneren Erlebens, der absoluten Dauer und der unermeßlichen Raumwelt, verweilt nun ein wundervoller, seliger Humor desto lieber bei den Kontingenzen der Raum- und Zeitwelt. Ich empfinde diesen Humor unendlich, wenn ich im Restaurant Basso erfahre, die warme Küche würde gleich geschlossen, während ich mich eben niedergelassen habe, um mich in die Ewigkeit hineinzutafeln. Nachher nichtsdestoweniger das Gefühl, daß ja dies alles hell, besucht, belebt ist und auch bleiben wird. Ich muß notieren, wie ich meinen Platz fand. Mir kam es auf den Blick auf den *vieux port* an, den man von den oberen Etagen aus hat. Im Vorbeigehen, unten, erspähte ich einen freien Tisch auf den Balkons des zweiten Stockwerks. Schließlich kam ich doch nur bis zum ersten. Die meisten Tische am Fenster waren besetzt. Da ging ich auf einen ganz großen zu, der eben erst frei geworden war. Im Augenblick des Platznehmens aber schien mir das Mißverhältnis: mich an einem so großen Tisch zu placieren, so beschämend, daß ich quer durch das ganze Stockwerk auf das entgegengesetzte Ende zuging, um an einem kleineren Platz zu nehmen, der eben dort mir erst sichtbar geworden war.

Aber das Essen war später. Erst die kleine Bar am Hafen. Ich war schon gerade wieder im Begriff, ratlos kehrt zu machen, denn auch von dort schien ein Konzert und zwar ein Bläserchor zu kommen. Gerade daß ich mir noch Rechenschaft davon geben konnte, das sei nichts anderes als das Geheul der Autohupen. Auf dem Wege zum *vieux port* schon diese wundervolle Leichtigkeit und Bestimmtheit im Schritt, die den steinigen, unartikulierten Erdboden des großen Platzes, über den ich ging, mir zum Boden einer Landstraße machte, über die ich, rüstiger Wanderer, bei Nacht dahinzog. Denn die Cannebière vermied ich um diese Zeit noch, meiner regulierenden Funktionen nicht ganz sicher. In jener kleinen Hafenbar begann dann der Haschisch seinen eigentlich kanonischen Zauber mit einer primitiven Schärfe spielen zu lassen, mit der ich ihn vordem wohl noch kaum erlebte. Nämlich er machte mich zum Physiognomiker, zumindest zum Betrachter von Physiognomien, und ich erlebte etwas in meiner Erfahrung ganz Einziges: ich verbiß mich förmlich in die Gesichter, die ich da um mich hatte und die zum Teil von remarkabler Roheit oder Häßlichkeit waren. Gesichter, die ich gemeinhin aus einem doppelten Grunde gemieden hätte: weder hätte ich gewünscht, ihre Blicke auf mich zu ziehen, noch hätte ich ihre Brutalität ertragen. Es war ein ziemlich weit vorgeschobener Posten, diese Hafenkneipe. (Ich glaube, der äußerste, der mir ohne Gefahr noch zugänglich war und den ich hier, im Rausch, mit derselben Sicherheit ermessen hatte, mit der man, tief ermüdet, ein Glas mit Wasser so genau randvoll und daß kein Tropfen überfließt, zu füllen weiß, wie man mit frischen Sinnen es niemals zustande bringt.) Immer noch weit genug entfernt von der Rue Bouterie, aber doch saß da kein Bourgeois; höchstens neben dem eigentlichen Hafenproletariat ein paar Kleinbürgerfamilien aus der Nachbarschaft.

Ich begriff nun auf einmal, wie einem Maler – ist es nicht Rembrandt geschehen und vielen anderen? – die Häßlichkeit als das wahre Reservoir der Schönheit, besser als ihr Schatzbehalter, als das zerrissene Gebirge mit dem ganzen inwendigen Gold des Schönen, erscheinen konnte, das aus Falten, Blicken, Zügen herausblitzte. Besonders erinnere ich mich an ein grenzenlos tierisches und gemeines Männerantlitz, aus dem mich plötzlich die «Falte des Verzichts» erschütternd traf. Männergesichter waren es vor allem, die es mir angetan hatten. Es fing nun das lang ausgehaltene Spiel an, daß in jedem Antlitz mir ein Bekannter auftauchte; oft wußte ich seinen Namen, oft wieder nicht; die Täuschung schwand, wie im Traum Täuschungen schwinden, nämlich nicht beschämt und kompromittiert, sondern friedlich und freundlich wie ein Wesen, das seine Schuldigkeit getan hat. Unter diesen Umständen konnte von Einsamkeit keine Rede mehr sein. War ich mir selbst Gesellschaft? Das wohl denn doch nicht so unverstellt. Ich weiß auch nicht, ob es mich dann so hätte beglücken können. Sondern wohl eher dieses: ich wurde mir selber der gewiegteste, zarteste, unverschämteste Kuppler und führte mir die Dinge mit der zweideutigen Sicherheit dessen zu, der die Wünsche seines Auftraggebers aus dem Grunde kennt und studiert hat. – Dann begann es eine halbe Ewigkeit zu dauern, bis der Kellner wieder erschien. Vielmehr ich konnte sein Erscheinen nicht abwarten. Ich trat in den Barraum ein und bezahlte am Tisch. Ob in solcher Kneipe Trinkgeld üblich, weiß ich nicht. Sonst aber hätte ich in jedem Fall etwas gegeben. Im Haschisch, gestern, war ich eher knauserig; aus Furcht, durch Extravaganzen aufzufallen, machte ich mich erst recht auffällig.

So auch bei Basso. Erst ließ ich ein Dutzend Austern kommen. Der Mann wollte auch den folgenden Gang gleich bestellt wissen. Ich bezeichnete irgend etwas Landläufiges. Er kam nun mit der Nachricht, das sei nicht mehr da. Da strich ich auf der Karte in der Nähe dieser Speise herum, schien eins nach dem anderen bestellen zu wollen, dann fiel mir der Name des Darüberstehenden ins Auge und so fort, bis ich endlich beim Obersten angelangt war. Das war aber nicht nur Verfressenheit, sondern eine ganz ausgesprochene Höflichkeit gegen die Speisen, die ich nicht durch eine Ablehnung beleidigen wollte. Kurz, ich blieb an einem *pâté de Lyon* hängen.

Löwenpastete, dachte ich witzig lachend, als es sauber auf einem Teller vor mir lag, und dann verächtlich: Dies zarte Hasen- oder Hühnchenfleisch – was es nun sein mag. Meinem Löwenhunger wäre es nicht unangemessen erschienen, sich an einem Löwen zu sättigen. Im übrigen stand mir im stillen fest, ich würde, sowie ich bei Basso fertig sei (das war gegen halb elf), woandershin gehen und ein zweites Mal zu Abend essen.

Erst aber noch der Gang zu Basso. Ich strich am Kai entlang und las einen nach dem anderen die Namen der Boote, die dort festgemacht waren. Dabei überkam mich eine unbegreifliche Fröhlichkeit, und ich lächelte der Reihe nach allen Vornamen Frankreichs ins Gesicht. Mir schien die Liebe, die diesen Booten mit ihrem Namen versprochen war, wunderbar schön und rührend. Nur an einem «Aero II», das mich an Luftkrieg erinnerte, ging ich unleutselig vorüber, genau wie ich zuletzt auch in der Bar, aus welcher ich gekommen war, über gewisse, allzu entstellte Mienen mit den Blicken hatte hinweggehen müssen.

Oben bei Basso begannen dann, wenn ich hinunter sah, die alten Spiele. Der Platz vorm Hafen war meine Palette, auf der die Phantasie die Ortsgegebenheiten mischte, so und anders probierte ohne Rechenschaft von sich zu fordern, so wie ein Maler, der auf der Palette träumt. Ich zögerte, dem Wein zuzusprechen. Es war eine halbe Flasche Cassis. Ein Stück Eis schwamm im Glas. Doch vertrug er sich trefflich mit meiner Droge. Ich hatte meinen Platz der geöffneten Scheibe wegen gewählt, durch die ich auf den dunklen Platz hinunterblicken konnte. Und wenn ich dies nun hin und wieder tat, bemerkte ich, daß er die Neigung hatte, mit jedem, der ihn betrat, sich zu verändern, gleich als bilde er ihm eine Figur, die, wohlverstanden, nichts mit dem zu tun hat, wie er ihn sieht, sondern eher mit dem Blick, welchen die großen Porträtisten des siebzehnten Jahrhunderts je nach dem Charakter der Standesperson, die sie vor eine Säulengalerie oder ein Fenster stellen, aus dieser Galerie, diesem Fenster herausheben. Später notierte ich im Herunterschauen: «Von Jahrhundert zu Jahrhundert werden die Dinge fremder.»

Ich muß hier dies allgemein anmerken: Die Einsamkeit solchen Rausches hat ihre Schattenseiten. Nur vom Physischen zu sprechen, so gab es einen Augenblick dort in der Hafenkneipe, wo ein heftiger Druck aufs Zwerchfell sich Erleichterung in einem Summen suchte. Und kein Zweifel, daß wirklich Schönes, Einleuchtendes unerweckt bleibt. Aber andererseits wirkt Einsamkeit dann wieder als ein Filter. Was man am nächsten Tag niederschreibt, ist mehr als eine Aufzählung von Impressionen; der Rausch setzt sich in der Nacht mit schönen prismatischen Rändern gegen den Alltag ab; er bildet eine Art Figur und ist andenklicher. Ich möchte sagen: er schrumpft und bildet eine Blumenform.

Man müßte, um den Rätseln des Rauschglücks näher zu kommen, über den Ariadne-Faden nachdenken. Welche Lust in dem bloßen Akt, einen Knäuel abzurollen. Und diese Lust ganz tief verwandt mit der Rauschlust wie mit der Schaffenslust. Wir gehen vorwärts; wir entdecken dabei aber nicht nur die Windungen der Höhle, in die wir uns vorwagen, sondern genießen dieses Entdekkerglück nur auf dem Grunde jener anderen rhythmischen Seligkeit, die da im Abspulen eines Knäuels besteht. Eine solche Gewißheit vom kunstreich gewundenen Knäuel, das wir abspulen – ist das nicht das Glück jeder, zumindest prosaförmigen, Produktivität? Und im Haschisch sind wir genießende Prosawesen höchster Potenz.

An ein sehr versunkenes Glücksempfinden, das nachher auf einem Seitenplatz der Cannebière auftrat, wo die Rue Paradis in Anlagen mündet, ist schwerer heranzukommen als an alles bisherige. Ich finde glücklicherweise auf meiner Zeitung den Satz: «Mit dem Löffel muß man das Gleiche aus der Wirklichkeit schöpfen.» Mehrere Wochen vorher hatte ich einen anderen von Johannes V. Jensen notiert, der scheinbar Ähnliches sagte: «Richard war ein junger Mann, der Sinn für alles Gleichartige in der Welt hatte.» Dieser Satz hatte mir sehr gefallen. Er ermöglicht mir jetzt, den politisch-rationalen Sinn, den er für mich besaß, mit dem individuell-magischen meiner gestrigen Erfahrung zu konfrontieren. Während der Satz bei Jensen für mich darauf hinauskam, daß die Dinge so sind, wie wir ja wissen, durchtechnisiert, rationalisiert, und das Besondere steckt heute nur noch in Nüancen, war die neue Einsicht durchaus anders. Ich sah nämlich nur Nüancen: diese jedoch waren gleich. Ich vertiefte mich in das Pflaster vor mir, das durch eine Art

Salbe, mit der ich gleichsam darüber hinfuhr, als eben dieses Selbe und Nämliche auch das Pariser Pflaster sein konnte. Man redet oft davon: Steine für Brot. Hier diese Steine waren das Brot meiner Phantasie, die plötzlich heißhungrig darauf geworden war, das Gleiche aller Orte und Länder zu kosten. Und dennoch dachte ich mit ungeheurem Stolz daran, hier in Marseille im Haschischrausch zu sitzen; wer hier wohl noch meinen Rausch teile, an diesem Abend, wie wenige. Wie ich nicht fähig sei, kommendes Unglück, kommende Einsamkeit zu fürchten, immer bliebe der Haschisch. In diesem Stadium spielte die Musik von einem Nachtlokal, das nebenan lag und welcher ich gefolgt war, eine Rolle. G. fuhr in einer Droschke an mir vorüber. Es war ein Husch, genau wie vorher aus dem Schatten der Boote sich plötzlich in Gestalt eines Hafenbummlers und Gelegenheitsmachers U. gelöst hatte. Aber es gab nicht nur Bekannte. Hier im Stadium der tiefen Versunkenheit zogen zwei Figuren – Spießer, Strolche, was weiß ich – als «Dante und Petrarca» an mir vorüber. «Alle Menschen sind Brüder.» So begann eine Gedankenkette, die ich nicht mehr zu verfolgen weiß. Aber ihr letztes Glied war bestimmt viel unbanaler geformt als ihr erstes und führte vielleicht auf Tierbilder hinaus.

«Barnabe» stand auf einer Elektrischen, die vor dem Platz, an dem ich saß, kurz hielt. Und mir schien die traurig-wüste Geschichte von Barnabas kein schlechtes Fahrtziel für eine Tram ins Weichbild von Marseille. Sehr schön war, was sich um die Tür des Tanzlokals herum begab. Ab und zu trat ein Chinese in blauseidenen Hosen und rosa leuchtender Seidenjacke heraus. Das war ein Türsteher. Mädchen machten sich in der Öffnung sichtbar. Ich war sehr wunschlos gestimmt. Lustig war es, einen jungen Mann mit einem Mädchen in weißem Kleid daherkommen zu sehen und sofort denken zu müssen: «Da ist sie ihm nun von drinnen im Hemd entflohen, und er holt sie sich wieder zurück. Na ja.» Es schmeichelte mir der Gedanke, hier in einem Zentrum aller Ausschweifung zu sitzen, und mit «hier» war nicht etwa die Stadt, sondern der kleine, nicht sehr ereignisreiche Fleck gemeint, auf dem ich mich befand. Aber die Ereignisse kamen eben so zustande, daß die Erscheinung mich mit einem Zauberstab berührte und ich in einen Traum von ihr versank. Die Menschen und Dinge verhalten sich in solchen Stunden wie jene Holundermark-Requisiten und Holundermark-Männchen im verglasten Stanniolkasten, die durch das Reiben des Glases elektrisch geworden sind und nun bei jeder Bewegung in die ungewöhnlichste Beziehung zueinander treten müssen.

Die Musik, die inzwischen immer wieder aufklang und abnahm, nannte ich die strohernen Ruten des Jazz. Ich habe vergessen, mit welcher Begründung ich mir gestattete, ihren Takt mit dem Fuß zu markieren. Das geht gegen meine Erziehung, und es geschah nicht ohne eine inwendige Auseinandersetzung. Es gab Zeiten, in denen die Intensität der akustischen Eindrücke alle anderen verdrängte. Vor allem in der kleinen Bar ging plötzlich alles, und zwar im Lärm von Stimmen, nicht von Straßen, unter. An diesem Stimmenlärm war nun das Eigentümlichste, daß er ganz und gar nach Dialekt klang. Die Marseiller sprachen mir plötzlich sozusagen nicht gut genug Französisch. Sie waren auf der Dialektstufe stehengeblieben. Das Entfremdungsphänomen, das hierin liegen mag und das Kraus mit dem schönen Wort formuliert hat: «Je näher man ein Wort ansieht, desto ferner blickt es zurück», scheint auch aufs Optische sich zu erstrecken. Jedenfalls finde ich unter meinen Aufzeichnungen die verwunderte Notiz: «Wie die Dinge den Blicken standhalten.»

Es klang dann ab, als ich über die Cannebière ging und endlich einbog, um in einem kleinen Café des Cours Belsunce noch etwas Eis zu essen. Das war nicht weit von dem andern, ersten Café des Abends, in dem plötzlich das Liebesglück, mit welchem die Betrachtung einiger im Wind gewellter Fransen mich beschenkte, mich davon überzeugte, daß der Haschisch ans Werk gegangen sei. Und wenn ich dieses Zustands mich erinnere, möchte ich glauben, daß der Haschisch die Natur zu überreden weiß, jene Verschwendung des eignen Daseins, das die Liebe kennt, uns – minder eigennützig – freizugeben. Wenn nämlich in den Zeiten, da wir lieben, unser Dasein der Natur wie goldene Münzen durch die Finger geht, die sie nicht halten kann und fahren läßt, um so das Neugeborene zu erhandeln, so wirft sie nun, ohne irgend etwas zu hoffen oder erwarten zu dürfen, uns mit vollen Händen dem Dasein hin.

Reiner Kunze

Orientierung in Marseille

Morgens wenn die nacht aus-
und der tag noch nicht eingekuppelt ist

wenn zwischen gasgeben und gasgeben
die kurven aufatmen

und wenn die frauen lange brote
wie fahnenstangen durch die straße tragen an denen
der warme duft weht

findest du plötzlich im süden
die mitte

Sarah Kirsch

Im Garten von La Pagerie

Im Garten von La Pagerie, einem Schlößchen an der Stelle, wo die Camargue in die Provence überläuft, sitzt eine rot gebrannte Dame und liest in einem Buch seit hundert Jahren die gleiche Seite. Derart versunken hat der Efeu sie überwachsen. Der Wind bewegt ein einzelnes Blatt auf ihrem Finger. Der endlose Himmel die verwirbelten Wölkchen darin, der uralte Mann auf dem Trecker von 1902 – verwunschenes Lachen.

Sarah Kirsch

Das ist kein Hotel

Das ist kein Hotel. Hier gibt es nur unsern Patron und Thibalde, den Hund. Monsieur holt mit dem Auto Croissants, Milch und Butter, deckt den Frühstückstisch, wenn wir noch schlafen. Er besorgt das Haus allein, kocht Ratatouilles und wirft uns abends im wild verwachsenen Hof Licht an, wenn wirs vergaßen. Hat Wein für uns. Trinkt selber keinen. Wir haben die schöneren Zimmer.

Sarah Kirsch

Mittags kommen die Falter

Mittags kommen die Falter. Buntes Seidenpapier, zarte Drachen in Rosa Rot Gelb. Sie segeln im Hof vor blaßblauen Blüten, bis der Wind sie durchs Tor bläst. Thibalde naht, legt sich zu Füßen. Er ist alt und die Welt sieht verschwommen aus, wo fiel der Stock hin. Beim Apportieren tun ihm die Zähne weh. Die Zikaden reden dreistimmig, werden immer schneller, überschlagen sich. Mein Freund unter der östlichen Platane schreibt ein Klavierkonzert. Er hat das Aussehen eines irischen Löwen und knirscht mit den Zähnen wenn er mich anblickt.

Christine Brückner

Halbschatten und Halbtrauer über der Provence

Vor fünf Jahren hatten wir beabsichtigt, mit unseren Verleger-Freunden Sigbert und Marianne Mohn den Juni in den Bergen des Lubéron (Haute-Provence) zu verbringen; im Frühling schickten sie uns zur Vorbereitung und als Vorfreude einen Bildband: ‹Provence perdue›, der Text von Jean Giono. Wenige Tage später erlitten wir einen Autounfall. Im Sommer mußte ich zur ‹Rehabilitation› nach Wildbad fahren: *Provence perdue*. Was bedeutet dieses Vorzeichen? Für mich war es die vierte, für meinen Mann die erste Provence-Reise, die wir dann im Spätsommer 1977 antraten. Hatte ich zuviel versprochen? *Provence perdue – Provence trouvée?*

Morgens frühstücken die kleinen wilden Bienen von unserer Aprikosenmarmelade. Sie holen sich, was ihnen zusteht: die Früchte stammen vom alten Aprikosenbaum, der neben der zerfallenen Chapelle Saint-Paul steht, nur noch an Glockenstuhl und Namen der Kapelle kenntlich, von Efeu und Brombeergesträuch überwuchert.

Wir wandern durch ein locker bewaldetes Tal, steigen zum hochgelegenen Städtchen Viens auf; *‹refuge pour les oiseaux›* steht an den Bäumen. Warum sind sie nicht in ihrem Refugium? Warum erfreuen sie uns nicht? Wir haben Anspruch auf Vogelgesang. Statt dessen nie zuvor gesehene Falter, blaßblau, die an Stelle von Blüten auf dem niedrigen Buschwerk sitzen.

Wir kaufen im Laden unser Picknick ein. In einer der Waagschalen sitzt eine schöne Katze, auf die andere Waagschale legt der Kaufmann das Brot, ein Katzengewicht Brot für zwei Personen, dazu Ziegenkäse und provençalischen Landschinken. Die Melonen holen wir uns vom Feld und legen das Entgelt in die Opferschalen der Kirchen. Hier wächst nicht einmal das Nötigste, hier wächst das Unnötige, das Überflüssige – das Unentbehrliche: Wein, Gewürze,

Düfte. Wie schönglasierte Steine liegen die Melonen auf den Feldern; am Abend werden sie auf den Omnibus-Parkplätzen an die Touristen verkauft, das Stück für einen Franc. In unserm Hotelzimmer und im Auto riecht es faulig-süß nach überreifen Melonen. Wäre der Boden weniger steinig, wüchsen hier gewinnbringende Zuckerrüben. Ich kann mich jetzt nicht um die Probleme der Landwirte in der Provence kümmern, das besorgt man in Brüssel auf EG-Basis, aber ich bin bereit, die Zypressenwände als praktischen Windschutz und nicht als Verschönerung der Landschaft anzusehen.

In der Dämmerung versperrten uns die heimziehenden Herden den Weg, zwanzig Schafe, vier Ziegen, zwei Hunde, dazu drei bärtige Studenten und zwei hübsche Mädchen als Hirten, die sich auf den Herdentrieb und die Erfahrungen der Hütehunde verließen. Ich trug ein Buch mit mir herum, Hubert Fichtes ‹Versuch über die Pubertät›; in der Biographie des Autors stand: ‹Schafhirt in der Provence›. Was für eine beeindruckende und beneidenswerte Nachricht! Unsere Hirtin, der wir eine Woche lang täglich begegneten, kündigte ihr Kommen mit lauten Schreien an, es klang wie: ‹Yeah! Yeah! Yeah!› Sie ließ sich in den Schatten eines Eichbaums fallen, legte den brüchigen Strohhut neben sich und stickte. Baucis blieb allein zurück. Sie rief uns Sätze zu, die wir nicht verstanden; der alte zottelige Hütehund gewöhnte sich an uns. Sie schien in einem der ‹*Bories*› zu schlafen; wir fanden in ihnen mehrfach frische Streu und frische Feuerstellen. Mit den Trullis Apuliens haben die grauen provençalischen *Bories* nur die Grundform gemein. Geschichteter Feldstein, rund, aber auch eckig, zur Kuppel geschlossen, mehr Unterschlupf als Unterkunft, für Mensch und für Tier geeignet, in Jahrhunderten nie verändert. Was für eine Vereinfachung!

Wenn ich nachts aufwache, weiß ich, wo ich bin. Die Zikaden schreien bis in die Morgenstunden in rücksichtsvoller Entfernung. Wir haben in der Auberge Saint-Paul zunächst Gastlichkeit, dann Herzlichkeit erfahren. Das Ergehen dieses Hotels, nicht weit von Apt gelegen, macht uns Sorge, als handle es sich um einen Gasthof in Urach. Gelebtes Europa. Alle Frauen der Familie haben mich zum Abschied umarmt und mich auf französische Art dreifach geküßt.

Die Felsen, auf denen das Städtchen Roussillon erbaut wurde, sind ockerrot. Die Hand, die den Stein reibt, färbt sich blutig, der

Stein zerbröselt; auch das Regenwasser, das über die Straße fließt, ist blutrot.

In Roussillon hat Samuel Becket, der Ire, im Krieg Zuflucht und Arbeit als Tagelöhner gefunden; hier hat er ‹Warten auf Godot› geschrieben. Die Berge sind mit Pinien, Eichengebüsch und Maquis bewachsen. *‹Route à la campagne, avec arbre›* steht als einzige Bühnenanweisung über Becketts Stück. Zwischen dem Ort, an dem es geschrieben wurde, und dem Ort, an dem das Stück spielt, besteht keinerlei Übereinstimmung. Estragon und Wladimir, die beiden Landstreicher, warten, nichts weiter. Ich erinnere mich an den einen Satz: ‹Wir werden uns morgen erhängen.› Die beiden Männer schieben das Leben hinaus, sie schieben auch den Tod hinaus. ‹Ich werde nie wiederkommen!› soll Beckett beim Abschied von Roussillon gesagt haben.

Ein sonniger Mittag. Wir gehen durch das dornige Dickicht des Maquis, hier und da noch ein paar Blüten, aber Mastix, Lorbeer und wilde Olive haben bereits Früchte angesetzt; es wird Herbst. Wir verlieren uns aus den Augen, suchen einander mit Rufen. Wir erinnern uns, daß sich während des Krieges die Untergrundbewegung des besetzten Frankreich ‹Maquis› genannt hat. Der Maquis eignet sich zum Untertauchen für Flüchtende und Verfolgte. Immer wieder diese Augenblicke der Halbtrauer.

Auf einer verkarsteten Bergkuppe finden wir Asphodelen, die Blütenschäfte und die Lanzenblätter gebrochen. ‹Auferstehungsblume› sagt man in Griechenland. ‹Die Schatten wandeln nicht nur in den Hainen, davor die Asphodelenwiese liegt›, steht bei Gottfried Benn. Gedichtzeilen steigen aus dem Vergessen auf, machen den Augenblick bewußter. ‹November-Einsamkeit-Tristesse›. Noch ist September, wir sind zu zweit, und die Trauer ist vergänglich wie die Freude.

Die Kirchentüren sind meist verschlossen, auch in Lourmarin. Aber die Friedhofstüren sind immer einladend geöffnet; früher ist mir das nicht aufgefallen. Wir suchen lange nach seinem Grab, es trägt kein Kreuz, an eine Auferstehung der Toten hat er nicht geglaubt. Er nannte Vergänglichkeit und Vergeblichkeit das Absurde. Zum erstenmal sehe ich Rosmarin auf einem Grab, meterhoch, wie im Volkslied. ‹Ich hab die Nacht geträumt wohl einen schweren

Traum, es wuchs in meinem Garten ein Rosmarienbaum. Der Kirchhof war ein Garten, das Blumenbeet ein Grab...› Auf dem unbehauenen Feldstein steht: ‹Albert Camus, 1913–1960›. Nichts weiter. Nicht einmal fünfzig Jahre alt geworden. Ein absurder Tod. Auf der Fahrt von Lourmarin nach Paris mit dem Auto verunglückt, das unbenutzte Eisenbahnbillett in der Jackentasche, am Steuer des Autos sein Verleger. Ein Strauß frischgepflückter Astern, der vor dem Stein liegt, stört.

In seinem Stück ‹Le malentendu› sagt eine Frau: ‹Ich stelle mir voll Entzücken jenes andere Land vor, wo der Sommer alles unter seiner Macht begräbt.› Lourmarin liegt nicht in diesem ‹anderen Land›. Wir stehen als Fremde, als Gäste da. *‹L'étranger›* und *‹l'hôte›* sind Titel und Themen seiner Bücher: Der Fremde. Der Gast.

Als man ihn nach seinen Lieblingsworten fragte, soll er aufgezählt haben: ‹Die Welt, der Schmerz, die Erde, das Lachen, die Menschen, die Wüste, die Ehre, das Elend, der Sommer, das Meer.› Alles gewichtige Worte, Hauptworte. Ich suche nach meinen Lieblingsworten, teile ‹Sommer› und ‹Meer› mit Camus, füge ‹Freude›, ‹Mut›, ‹Verläßlichkeit› und ‹Baum› hinzu, auch ‹Trauer› und ‹Schlaf› und hebe mir ein Wort auf.

Ich habe uns Rosmarinzweige von Camus' Grab gepflückt.

Wart ihr denn nicht in Aix-en-Provence? fragt man uns. Es gibt keine schönere Straße als den Cours Mirabeau! Doch. Aber wir haben dort nichts gesehen, was andere nicht auch sähen: grünes Platanenlicht und strömende Brunnen. Ein Gewitterregen ging nieder. Das Wiedersehen war unbefriedigend, meine Verheißungen erfüllten sich nicht.

Als wir – ein anderes Wir als heute – vor mehr als zwanzig Jahren dort waren, tranken wir den ungewohnten Pernod, durstig nach Leben und Fremde, sagten: «Ex-en-Provence!» und leerten das Glas. Ein radikaler Trinkspruch.

Wir beide gehen besänftigt, aber ungerührt durch die berühmte Platanenallee. Wir geben den schmalen Chausseen, die die kleinen Provinzstädte verbinden, den Vorzug; wir wollen nicht mit anderen teilen, auch nicht Bewunderung. Autos können hier einander begegnen, aber nicht überholen. Wer möchte den wohltuenden Platanenschatten so bald wieder verlassen? Wir singen während des Fahrens Kinderlieder: *«Frère Jacques, frère Jacques, dormez-vous? Dormez-vous?»* Ich sitze nach fünf Jahren Angst wieder sorglos auf dem Beifahrersitz. Keiner der alten Bäume trägt Spuren eines Unfalls. Man hat sich für die Bäume und gegen die Straßenverbreiterung entschieden und den Tod außer acht gelassen.

Verzauberung setzt erst ein, als wir dort stehen, wo Cézanne gewohnt und gemalt hat, am Stadtrand von Aix. Ein dunkler Garten, ein helles Haus. Wir läuten, werden eingelassen, die einzigen Besucher. Immer zieht es uns an die Tatorte und an die Gräber. Keine Spuren von Ruhm und Reichtum; ein paar Aquarelle, wenige Skizzenblätter. Als man in seiner Heimatstadt die Bedeutung des Malers erkannte, konnte man seine Bilder nicht mehr bezahlen. Tisch und Stuhl, Staffelei, auf dem Fenstersims ein paar Töpfe mit trockenen Gräsern; Schalen, auf denen Früchte schrumpfen. Vorbilder zu Bildern, die man im Gedächtnis hat, die berühmten Stilleben. Im Französischen sagt man *‹nature morte›*, tote Natur. Wir sagen Still-Leben. Wir sagen ‹Lebensgefahr›, die Franzosen dagegen schreiben an ihre Hochleitungsmasten *‹danger de morte›*.

Cézanne und van Gogh, die berühmtesten unter den Malern der Provence, malten, was sie vor Augen hatten; damals wirkte es befremdlich, unseren Augen ist es vertraut.

Gordes. Hoch gelegen auf mächtigen Felsen ein gewaltiges Schloß, von Vasarély zu einem unmusealen Vasarély-Museum ausgebaut. Immer wieder finden wir in unserem Reiseführer den beachtenswerten Satz: ‹Ein Renaissanceschloß, in dem heute Künstler und Gelehrte leben.› Draußen das weiche Grau-Grün der Natur, die runden Formen von Ölbaum, Fichte und Stein; drinnen die blauen, roten und weißen Farbraster Vasarélys. Abstraktion und Konstruktion, Verleugnung der Natur: eine Kunst-Welt, von der Kühle ausgeht; dazu Renaissance-Musik und Free Jazz aus Lautsprechern, Filmvorführungen. Ein didaktisches Museum. Wir sind nicht belehrbar.

Vor dem Schloß dann wieder Provence, die man käuflich erwerben und mitnehmen kann, Honig und duftende Kräuter, dickwandige Töpferware, Stoffe in provençalischen Mustern und Farben. Viel junges Volk aus aller Welt, das sich hier sammelt, auf den Mauern im Schatten der Bäume sitzt, ißt, trinkt und musiziert; mit einigen Francs als Spende bezahlen wir, daß wir nicht mehr zu ihnen gehören.

Der Blick geht über die Berge des Lubéron hinweg, geht bis hin zum weißhäuptigen Mont Ventoux, bleibt an den *Bories* haften, die auf den Feldern stehen.

«Wir machen jetzt einen kleinen Umweg», sagst du und verläßt die ohnehin schon schmale Provinzstraße.

Die Umwege waren die lohnendsten Wege in der Provence. Wir umfuhren auf geschotterten Straßen die tief in die Berge der Haute-Provence eingeschnittenen Canyons, folgten auf Feldwegen einem Schild, das ‹Notre-Dame-de-Bellevue› verhieß. Die Kirchentür war verschlossen, aber im Chor hatte ein Maler sich sein Atelier eingerichtet; seine Kinder spielten auf Gräbern. Bitterer Buchsbaumgeruch, der an den Kirchhof meines Heimatdorfes erinnert.

Wo der Lavendel noch nicht geschnitten ist, dunkelt er unterm Sommerregen; seine gestutzten Stücke liegen wie graue Igel auf den Feldern.

Wolkige, sonnenlose Tage, ohne Vögel, ohne Farben; *Bories* und Steinhütten bieten uns Unterschlupf vor den rasch einsetzenden heftigen Gewitterregen. Wir ducken uns, ziehen die Köpfe ein. Ein Lager aus Laub und Gestrüpp, wieder eine frische Feuerstelle...

Auf Seitenstraßen erreichen wir die Chapelle Saint-Gabriel. Ein junger Mann läßt die Sichel sinken, nähert sich uns, lacht uns friedlich an, ein Halbidiot. Er öffnet uns die Tür der Kirche; sie ist ausgeräumt und ungenutzt. Wir möchten sie, so wie sie dasteht, sieben- oder achthundert Jahre alt, gegen unsere Gemeindekirche eintauschen, die im Jahr 1960 erbaut wurde und noch immer keine Frömmigkeit ausatmet. Sie steht da ganz für sich. Ohne Glocken, ohne Altar, ohne Kanzel. Sie braucht den Menschen nicht. Ein Haus Gottes. Nur eine steinerne Rosette schmückt die Westwand.

Völlig abseits: Oppedette. Wir treffen auf einen jungen Mann, einen Franzosen, der seine Töpferscheibe in die Sonne gerückt hat; im schattigen Inneren des alten Hauses verkauft seine junge deutsche Frau Krüge, Schalen und kleine Töpfe, mit Lavendelessenz gefüllt. Ihr Kind spielt auf der Straße, ungestört, mit einer Katze...

Diese verlassenen und verfallenen Ortschaften! *Provence perdue.* Ein paar Einwohner leben noch immer – oder leben wieder – in ihnen. Die geblieben sind, sind alt und oft sonderlich; die gekommen sind, sind jung, meist Künstler oder Kunsthandwerker, die Natur und Romantik suchen und Konsum und Komfort verachten. Eine stille Rückeroberung, ein bescheidener und behutsamer Wiederaufbau. Die Mauern aus Feldsteinen, die Dächer aus gebrannten Ziegeln, von Maurern gemauert, nicht von Architekten entworfen. Sie kannten die Winde – jedes Haus eine Festung gegen die Überfälle des Mistrals –, kannten die barmherzige und die unbarmherzige Sonne, kannten den Regen und kannten jene, für die sie bauten.

Ein Haus in Oppède-les-Vieux: eintürig, einfenstrig, selbst die Bank neben der Tür aus Stein; der Blick geht über die schmale Schlucht hinweg, übers gehügelte Land. Da ließe es sich leben und arbeiten; meist finde ich auf Reisen nur Plätze, an denen ich begraben sein möchte.

Barfüßig in Sandalen, in grobem Leinen, mit einem aufsehenerregenden Kopf, kommt ein Mann die Gasse herauf, verschwindet hinter der neuen Holztür eines wiederhergerichteten Hauses, am Arm einen Korb mit frischgepflückten grünen Bohnen. Später in der Stadt drunten, im Schaufenster einer Buchhandlung, meinten wir seinen Kopf auf einem Buchumschlag wiederzuerkennen...

Die Entscheidung der Großeltern wird von den Enkeln rückgängig gemacht. Sie haben kaum das Nötigste. Aber, was ist das Nötigste? Wärmende Sonne und kühlender Platanenschatten, ein Boule-Spiel, ein Glas Wein, ein Gespräch. Wir sahen Alter, Armut und Schönheit. Schön sein im Alter, das möchte man doch, anspruchslos, geduldig. Ich glaube nicht an die Verbesserung des Lebens durch Atommeiler und Kanalisation, so verkünde ich, stehe aber abends im Hotel unter der Dusche. Wir wohnen dreisternig und gedenken oft des ‹alten Quindt› aus meinem letzten Roman, eine erdachte Figur, die uns jetzt die Reise finanziert. Wir fahren in die nächstgelegene große Stadt, nach Avignon, um zu erkunden, welchen Platz auf der Bestsellerliste des *Spiegel* der Roman gerade einnimmt.

Nach zwanzig Ferientagen, nach mehr als zweitausend Kilometern, die wir auf provençalischen Straßen zurückgelegt hatten, endlich der Augenblick, in dem ich sage: Halt an!

Südlich von Les Baux, das doch ‹Beaux› heißen und nicht an Bauxit erinnern sollte, das hier gewonnen wird. Erregung und Glück des Wiedererkennens. Während des langen Schreibwinters habe ich mir das vorgestellt: Im Sommer auf der Provence liegen! Unter mir zdehnt sich die Erde, über mir dehnt sich der Himmel. «Bist du nun zufrieden?» fragst du. Was ich sehe, ist grau wie lange nicht geputztes Silber, die Steine, die Berge der Alpillen, die Ölbäume und der Himmel. Die Sonne taucht Griechenland in Gold, die Provence in Silber. Die Mittelmeerländer sind vergleichbar, die Provence erweist sich als beschreiblich schön. Im kommenden Winter werde ich mich daran erinnern, daß ich im vergangenen Sommer auf der Provence lag...

Die Düfte und Geräusche wechseln im Verlauf des Tages. Die Grasmücke singt, die Zikaden schreien, der Nachtkauz ruft. Im Gemisch der Düfte drängt sich der Salbei vor, manchmal die Minze und abends zarter Myrtenduft. Meine Entdeckungen beschränken sich darauf, daß die Schoten des Ginsters in der Mittagshitze mit leisem Knall explodieren. Das Innere der Disteln ist samtweich! Wie ein Nabel liegt das runde Fenster in der Westwand der Kapelle. Tauben trinken Regenwasser aus steinernen Weihwasserbecken...

Wir essen Wachteln im Schlafrock, trinken weißen trockenen Chablis. Laß die Erben Coca-Cola trinken!

Bei flackerndem Windlicht lese ich Daudets ‹Geschichten aus meiner Mühle› vor. Die Fledermäuse streichen um die Felswände, in die das ‹Mas d'Aigret› hineingebaut ist. Die Ziege des Herrn Seguin! ‹Du wirst sehen›, schreibt Daudet an seinen Freund Gringoire in Paris, ‹was dabei herauskommt, wenn man in Freiheit leben will!› Und er erzählt ihm von jenem M. Seguin, der kein Glück mit seinen Ziegen hatte; er büßte sie alle auf dieselbe Weise ein. Eines Tages zerreißen sie ihre Stricke und laufen ins Gebirge. Weder Liebkosungen noch gutes Futter, noch die Warnungen ihres Herrn halten sie zurück. ‹... und am Morgen fraß sie der Wolf!› Daudets Geschichten tragen Halbtrauer.

Als ich anfing zu schreiben, hatte jemand zu mir gesagt: «Wenn Sie sich zutrauen, von Eisscholle zu Eisscholle zu springen, dann gehen Sie in einen freien Beruf.» Ich habe zurückgefragt: «Und was ist im Sommer?» Und habe es mir zugetraut. Irgendwann wird mich der Wolf fressen. Aber jetzt trinken wir Chablis! In früheren, schlechteren Zeiten hatte ich mir einen Satz von Balzac an die Wand geschrieben: ‹Die Ziege muß dort weiden, wo sie angebunden ist.›

Wir statten unserem französischen Kollegen einen Besuch ab, fahren nach Fontvieille. Ein Ausflugsort für Schulkinder. ‹Die Mühlen›, schreibt Daudet 1869, ‹machen die Freude und den Reichtum unserer Gegend aus!› Die Freude ist geblieben, der Reichtum dahin. Wir stellen uns vor, wie der kostenlose und freundliche Wind eines Tages wieder das Korn mahlen könnte. Jener Wind, den Daudet noch ‹den Atem des lieben Gottes› nannte; der männliche Mistral, der die harte, trockene Kälte aus den Cevennen durchs Rhônetal bläst, und die weibliche Tramontane, die den Regen bringt. Mistral, was für ein Land, wo die Winde die Namen der Dichter tragen und die Dichter die Namen der Winde! Frédéric Mistral, der das Provençalische in seinen Gedichten bewahrt hat, einst die Sprache der Königinnen, heute die Sprache der Hirten. Als ich zum erstenmal in der Provence reiste, schrieb ich ein paar Verse. ‹Pinien und Oliven / Es duftet der Majoran / Melonen tropfen vor Süße / Hinter den Büschen schläft Pan...› So einfach war das damals noch.

Wenn wir nichtsnutzig auf der Provence lagen, sagte einer zum anderen: «Aber am Morgen frißt uns der Wolf!»

Die Provence des Meeres. Wir haben weiße Reiher gesehen. Wir haben die berühmten langstieligen Flamingos der Camargue gesehen, die im rechten Augenblick aufstiegen, ihre Flügel aufspannten und als lachsrote niedrighängende Wolke davonflogen; morgens haben Möwenkolonnen uns den Strand gereinigt, auch ein paar Kraniche haben wir gesehen. Wir haben gesehen, was zu sehen war: die halbwilden Pferde und die halbwilden Stiere. Wir sind in einem ratternden Bähnchen dorthin gefahren, wohin man sonst nur zu Pferde gelangt, auf Bohlendämmen durch Schilf und Röhricht, Heide und Moor, am Étang-de-Vaccarès entlang. Und wir erinnerten uns dabei an einen Tag in Histria, am Schwarzen Meer gelegen, und tauschten die Bilder aus: Donaudelta und Rhônedelta. Niemandsland zwischen Erde und Wasser. Es war vergleichbar schön.

In Aigues-Mortes, was ‹totes Wasser› heißt, hatten wir Bedürfnis nach einem Schnaps, weil der Mistral uns zusetzte, der den Lake- und Kloakengeruch der Salinen verstärkte; wir kauften eine Flasche ‹*Eau de vie*›, was ‹Lebenswasser› heißt. Das Licht änderte sich, der Reiz wurde zum Überreiz. Der Wind blies das Meer fort, aber es gab ihm nicht nach, es wich nur zurück, keine hohen Wellen, nicht die erwartete Brandung. Am Strand wurden Warnfahnen aufgezogen.

Das Meer gehörte allen! Keine Strandgebühr, kein hoteleigner Strand. Ein demokratisches Gesetz, von einem König erlassen.

Mittelalterliche Wehrkirchen, mittelalterliche Stadtmauern, die heute von den Fremden, gegen die sie einmal gerichtet waren, besichtigt werden. Die Betonbunker des 20. Jahrhunderts wurden gesprengt, sehenswert waren sie nicht. Aus unserem Jahrhundert stammen die weithin sichtbaren Wassertürme. Es wird nicht mehr verteidigt, es wird versorgt.

Und schließlich dann Les-Saintes-Maries-de-la-Mer, das mir kein Wiedersehen wert schien, so grau war es in meiner Erinnerung, ohne Glanz. Inzwischen hat man das Städtchen herausgeputzt, keine Hotelbauten stören das malerische Bild; sogar drei Zigeunerinnen haben wir gesehen – am Wallfahrtsort der Zigeuner. Auf dem Markt boten prachtvolle naturschwarze Männer aus Afrika den frischgebräunten Touristen Schmuckstücke und Kleidungsstücke zum Kauf an, Teppiche und Elfenbeinschmuck und Ebenholzmasken. Vor hundert Jahren verkauften die Weißen an der afrikanischen Küste das Entsprechende: weißer und schwarzer Tinnef.

Mittags, als wir nicht die Bouillabaisse der Wohlhabenden bestellen wollten, aßen wir weiche, scharfgewürzte Kutteln. Ein Mann betrat das Restaurant, schön von Gestalt, kein Jüngling mehr, schwarzbärtig, mit südlichen Augen; er zupfte die Gitarre und das Banjo, sang Chansons und provençalische Lieder dazu; er hätte kein Mikrofon, keine Kamera und kein Konzertpublikum zu scheuen brauchen, aber er zog es offenbar vor, wie ein zu später Troubadour durch die Lokale zu ziehen. Ein Lächeln, eine Verbeugung, ein paar Francs für den Hut...

Eine Woche lang wohnten wir nahe bei Le Grau-du-Roi, in einem ‹*village marin*›, einem Touristenzentrum für Leute, die mit ihrer Yacht vor der Haustür anlegten. Nachts schlugen die Drähte an die

Masten der Boote, es klang wie lockender Unkenruf. Gegen Morgen, wenn die Boote ausfuhren, standen Mondsichel und Stern und Nebenstern am Himmel. Ich rüttelte dich wach, damit du sehen solltest, was ich sah, aber du magst seit dem Krieg die frühen Morgenstunden nicht mehr.

Wir holten uns unseren täglichen Wein unmittelbar beim Erzeuger, in den *‹Caves›*, deren Aluminiumtanks man von weitem erkennt. Kurze Stichstraßen, von Platanen gesäumt, führen dorthin. Wir legten uns unter eine der Platanen am Rand eines Weinfeldes. Drei Mädchen spielten auf der Straße, eine Weinranke diente ihnen als Springseil. Zwei von ihnen ließen die Ranke in sanfter Bewegung über den Boden schwingen, das dritte sprang darüber. *«La mer est calme»*, sangen sie, sangen dann schneller, unverständlich, schwangen die Ranke immer höher, die Wellen gingen immer höher, überschlugen sich, wurden dann wieder flacher, und wir hörten die Mädchen wieder singen: *«La mer est calme, la mer est calme.»* Das Meer ist ruhig. Wir schliefen darüber ein.

Wart ihr denn nicht im Kreuzgang von Saint-Trophime in Arles? Doch, sagen wir, aber da waren die anderen Touristen auch; wir sind weitergefahren zur Abbaye-de-Montmajour, sie liegt nicht weit von Arles, auf einem Hügel, halb verfallen. Im Kreuzgang waren wir ganz allein.

Habt ihr denn keinen Stierkampf in der römischen Arena von Nîmes gesehen? Wir haben einen Stierkampf in der Arena von Arles gesehen; aber wir sind bald wieder weggegangen. Schöner und heiterer war das Rodeo im Mas-de-Cacharel, mitten in der Ebene der Camargue gelegen; der Wind war salzig und sandig, wir standen auf einer Umwallung, durch Weidengeflecht notdürftig vor den Stieren geschützt. Mut und Übermut der jungen Männer, wenn sie die Stiere bei den Hörnern packen oder sich auf ihrem Rücken zu halten suchen. Wir zählten, laut rufend, mit: «Un! Deux! Trois! Quatre!» Meist fiel der Reiter dann schon in den Sand, aber einer von ihnen hielt sich bis ‹quatorze›. Als er stürzte, wurde er vom Stier angegriffen, und es stockte uns der Atem. Doch die Hörner waren durch aufgesteckte Kugeln stumpf gemacht, der Stier war seiner natürlichen Waffen beraubt. Es wurde Dressur geritten. Im Steigbügel hängend, auf drei ungesattelten Pferden stehend und im Galopp – wild und schön und jung und kaum dressiert: die jungen Männer und die jungen Tiere. Gelächter und Herzklopfen, aber kein Blut und kein Entsetzen wie beim Stierkampf in Arles.

In Avignon, in der Kirche Santa Chiara, sah Petrarca zum erstenmal Laura Noves, die Gattin eines Herrn de Sade, liebte sie fortan und schrieb ihr ein lebenslanges Lied: die Sonette an Madonna Laura. Der Dichter, aus Italien stammend, suchte und fand Einsamkeit im Vaucluse und beschrieb dort die Schönheit und Tugend seiner unerreichbaren Geliebten, ihre Augen, ihr Haar, die Wangen, die Lippen. Nur Träume, nur Lieder.

Wir standen unter der Felswand, an der unauslotbaren, wasserreichen Quelle der Sorgue, wohin er täglich von seinem Haus in Fontaine-de-Vaucluse aus gewandert sein soll. Nun wissen wir Bescheid; hier sind alle die Tränen geflossen. Unsere Gespräche über die befruchtende Wirkung, die eine unerfüllte Liebe auf die Poesie ausgeübt hat, dehnen sich aus; den, den man liebt, in Ruf- und Reichweite, die Gedichte Petrarcas in der Hand und im Ohr. ‹*Quando 'l Sol bagna in mar l'aurato carro* – Wenn rot im Meer verglüht der Sonne Pracht.› Was für eine Zeile: ‹Und aus den Angeln hebt mein Lied die Welt!›

Als wir dieses Sonett lasen, befanden wir uns bereits auf dem hochgerühmten Mont Ventoux, wo auch Petrarca im Jahr 1336 gewandert ist, wo man den Petrarca-Preis zum erstenmal verliehen hat. In Arezzo haben wir vor seinem Geburtshaus gestanden. Wir reden über die Reichweite eines Gedichts und über die Auswirkungen der Lebenswelt auf die Schreibwelt. Ist es gleichgültig, wo ein Schreibtisch steht? Ob man die mittelmäßigen hessischen Berge vor Augen hat oder die Berge des Lubéron, die Alpillen, die Montagnetten. Du sagst: Man muß nur etwas zu sagen haben!

Im Augenblick habe ich nichts zu sagen! Ich gebe das Wort an Petrarca zurück. Und aus den Angeln hebt die Welt mein Lied. – Was schön ist, werde ich schön nennen. Das habe ich mir vorgenommen, daran halte ich mich. Den häßlichen Verschiebebahnhof in Avignon, wo wir bei Ankunft und Abreise viele Stunden vertan haben, will ich vergessen. Wir haben uns nicht ausreichend um die Sorgen der südfranzösischen Weinbauern gekümmert, wir haben statt dessen ihren Wein getrunken, den leichten Vin de Listel aus der Camargue und den schweren Wein der Päpste aus Château-Neuf und manchmal auch Chablis auf das Wohl des alten Quindt. Als wir im Liegewagen des Autoreisezugs zurückfuhren, floß links die Rhône durchs Mondlicht, reifte zur Rechten der ‹Côte du Rhône› unterm Mondlicht, Jahrgang 1977, dem man die fehlende Süße, den französischen Weingesetzen gemäß, schon beibringen wird; dies war kein überhitzter Sommer.

Manchmal, im Winter, bereite ich uns eine provençalische Ratatouille aus Auberginen, Zucchini, Zwiebeln, Paprika und Tomaten, vergesse die Knoblauchzehe nicht und nicht das Lorbeerblatt. Wir nähren unsere Erinnerungen.

Mit Rosmarin von Camus' Grab würze ich das Fleisch. Wenn du ein hartes Rosmarinblatt auf deinem Teller findest, sagst du: Das ist ja absurd. Und wir erinnern uns an Lourmarin.

MARGARETE HANNSMANN

Provence, dreiundzwanzig Jahre später

I

Konzentration auf das Straßengeflecht
Augen von Schildern gefangengenommen
Stoßstange an Stoßstange
taub im Geheul
übertönt von dem einen Schrei
wie das einst war
als man weithin sah
angefüllt von der wunderbaren
Angst vor Schluchten
dem Mont Ventoux
als ich ins grüne Wasser der Sorgue tauchte

Abbiegen
wo man das Meer erst ahnt
hügelwärts
zu den Hütten mit Bett
Tisch und Stuhl
Elektrizität
um Wein und Käse kühl zu halten
Melonen Brot aus dem Kofferraum

Eingehüllt in den Mantel aus Sternen
in andere Düfte als die man kennt
sitzen bis der Mond untergeht
bis die Zikaden aufhören

II
Von hier aus kann man Aufbrüche ertragen
zu den Arenen der Parkplatzkämpfer
Städten am Meer
Millionen Körpern
strandentlang
oder dorthin wo die Dörfer
verlassen sind
Klöster zerfallen
Kathedralen
sterbende Fensterrosen

Don Quichotte
auf sehr alten Tapisserien
reitet zwischen brechenden Fäden
die keiner mehr aufnimmt
Moder und Mörtelgeruch
schon fängt er an
sich in Picassos
Krieg und Frieden einzuschleichen
in Vallauris
töpfern sie für Durchreisende

Dann liegt man im Sand
vor den Brandungswellen
wieviele Surfbrettsegel halten
dem Mistral stand
sieht den Hubschraubern zu
wie sie Wasser auftanken
sich davonmachen
wo Rauchfahnen die Sonne verdunkeln
und der fernher ziehende Geruch
der brennenden Wälder des Var uns erreicht

VOLKER BRAUN

Avignon

Ich lief betrunken auf der alten Brücke
Von der es heißt: dort tanzt man Ringelreihen
Nichts ahnend als, das Ding fährt übern Fluß.
Nach hundert Metern trat ich in die Leere
Die abwärts hing hinter dem vierten Pfeiler
In Flußmitte. Das Wasser schien mir warm
Geheizt vom Abwasser, stinkend, aber
Am Grund von flachen weißen Steinen flimmernd
Wo Oleander oder Zedernarme
Mich auffingen.

Die Wesen dort am Platze
Saßen an dichten Tischen, eingedeckt
Mit Muscheln Krebsen Käse zum Rotwein.
Noch eh ich einen Fuß am Boden hatte
Küßte man mich rechts und links auf die Kinnbacken
Das war mir fremd. Sie fraßen ausführlich

Mit lockeren Bewegungen und Sätzen
Andere in der Hocke schnarrten
Auf Spazierstöcken die Marseillaise.
Aus ihren Kleidern glitschten Brüste und Nabel
Daß mir das Wasser, unter Wasser, aus
Dem Mund troff:

Ich vergaß beinah
Wo ich mich derzeit aufhielt. Die Griechen
Wußten hier im Ausland den Eingang
Zur Totenwelt: ich wußt es besser, diese
Unter Normalnull, leben hier wie Gott
In Frankreich. Satt voll singend
War ich bekehrt gleich zu dem Glauben
An nichts, als was ich griff mit meinen Lippen
Oliven Augen nackte Sätze, un-
Verkleidet, wie im Wasser üblich.

Dann lag ich in den Algen, meine Knie
Zwischen zwei andern, eine Einwohnerin
Nahm mich ins Gebet. *Wir kennen keine*
Sprach sie, *Sünde, nämlich keine Strafe*
Vor der ihr oben zittert. Uns kann keiner
Fuhr sie fort, ihr Mund an meinem Leib
Töten, noch zu Unbeliebtem nötigen
Wir fließen durch die Grenzen. O Mann
Wir leben nicht für morgen sondern heute
Was heute: jetzt! drang sie in mich, ich aber
In sie ein, *nicht die reine Fahne*
Über den Köpfen, unsre Haut
Ist das Banner, mit dem wir marschieren!

Ich mühte mich, auf meine Art, plump
Sie zu verstehn, doch blieb sie kalt
Wie andrer Fisch, mit angemaltem Lächeln
Und klammert sich an meinen Strohhalm
Flötend: *Mach dir nichts draus*

Wir fühlen nichts, oder wie Katzen, die
Mit Schmerz empfangen und mit Wollust werfen
Ohne ein Leid sind wir ohne Freude
Indem wir unter Wasser sind, am Leben
Hängend wie die Raupen, aber tot

So sprach die Beiwohnung, und ich zog aus

Ach wären wir an eurem Platz, im Offnen
In der Luft! wie würden wir verkehren
Totes in Leben. Ich schlug auf den Strand.

ROSE AUSLÄNDER

Avignon

Schönes
beschädigtes
Gemälde

Zwei breite Ebenen
altes
neues
Avignon

Auf Papsttapeten
singen
blaue Schwärme
lautloser Vögel

Im kleinen Kloster
schläft
die Zeit

Carmen Kotarski

les Baux

der Feigenbaum schon kahle Äste zeigt
aus sanften Büscheln stößt sich ein Geweih
Geflecht aus Wurzeln ringelndem Gezweig
säumt die zerfallene Mauer
der Fels ist mein grauweißer Totenkopf
ich kratze Muscheln aus dem Augenloch
Kalk fällt ins Haar mein weißbemehlter Rock
säumt die zerfallene Mauer
wie jung du bist wie ausgebleicht das Haus
aus Ruinen bricht ein Fliegenschwarm auf
ein Schwarm von Seidenkleidern grün und braun
säumt die zerfallene Mauer
schrapp schrapp singen die Zikaden das Lied
von Liebe Grausamkeit hier schon vergilbt
das Lachen Schwatzen von König Tourist
säumt die zerfallene Mauer
mir aber im Totengebein gefällt
dein Kuß vielleicht auch ein Einbruch ins Herz
ein Absturz ins Laub ein Olivenfeld
säumt die zerfallene Mauer

HANS JOACHIM SCHÄDLICH

Bergtechnik

Die Frau und der Mann in hellgrünem Automobil fahren auf schmaler Straße in das Gebirge; sie wollen am Mittag von einem Berg auf Berge blicken, an deren Abhängen Bäume in Genauigkeit zu erkennen sein sollen trotz Entfernung und Nebel. In ausreichender Höhe, auf steinigem Plateau, halten sie an. Ein Weg zwischen niedrigen Bäumen ist zu begehen bis zur Kuppe des Berges. Das Automobil kann noch gesehen werden nach der ersten Wegbiegung. In menschenleerer Gegend einen unbekannten Weg hinangehen, an dessen Rand seltene oder fremde Pflanzen wachsen. Auf der Anhöhe die Hitze der Tageszeit vermischt mit der Kühle des Bergwinds. In Händen Gräser, Zweige, die erinnern sollen. Sie werden abgelegt auf dem Waldboden für eine kurze Weile der Ruhe.

Auf dem Rückweg, der leicht ist, betrachten der Mann und die Frau auch Steine des Weges, verharren lange, tragen kleine Steine absonderlicher Form mit sich fort. Vor der letzten Biegung des Weges wieder im Blick das hellgrüne Automobil auf grauem steinigem Grund vor dem dunklen Grün von Baum und Wiese. Erleichtert von der Aussicht auf schnelle kühlende Fahrt in das Tal treten die Frau und der Mann an das Automobil. Der Mann bemerkt es zuerst: die Tür des Automobils ist offen, das Türschloß zerstört. Auch das Schloß der anderen Tür. Die Kofferklappe ist geschlossen, aber das Schloß beschädigt und kann nicht geöffnet werden. War es offen, ist die Tasche mit Geld und Pässen gestohlen? Das Automobil ist durchsucht worden, fehlt etwas? Der Mann und die Frau stehen ratlos.

Daß hinter mannshohem Busch ein jüngerer Bewohner der Gegend hervortritt und herankommt, als könne er helfen, wisse, daß Hilfe gebraucht wird, beschämt die Frau und den Mann. Fast verdrossen erklärt die Frau den Schaden wie eine Wiederholung von Bekanntem.

Ich kenne ein kleines Gehöft in der Nähe, sagt der Bewohner. Dort gibt man Rat.

Der Weg zu dem Gehöft ist mit dem Automobil, dessen Türen klappern, verwunderlich kurz. Die Frau und der Mann verzichten darauf, den Bewohner der Gegend, der den Weg erklärt hat, zu erwähnen vor der alten Frau am Zaun; nur den Schaden benennen sie. Die alte Frau geht in das Haus, das verfallen ist, doch haltbar, kommt bald zurück und erklärt den Weg in ein Dorf, es sei dort die einzige Werkstatt weit und breit.

Der Weg zu der Werkstatt ist weit. In der Zeit, die vergeht, nennt der Mann den Schaden schon geringfügig vor der Vorstellung von größerem: zerschlagene Scheiben, verwüsteter Innenraum, zerstochene Reifen. Die Frau sagt hinzu, Das Automobil. Der Inhaber der Werkstatt ist nicht erstaunt. Die Schlösser der Türen kann er nicht auswechseln, aber die Kofferklappe vielleicht öffnen. Die Arbeit ist schwierig ohne Gewalt, das Schloß der Kofferklappe widersteht. Endlich müssen der Mann und die Frau zufrieden sein mit gewaltsamer Öffnung. Der Inhalt des Kofferraums ist unangetastet, das Geld in der Tasche verfügbar, es kann bezahlt werden die schwere Beschädigung der Kofferklappe, die notwendig war. Wer kann die Kofferklappe und die Türschlösser auswechseln? Der Inhaber der Werkstatt telefoniert mit dem Inhaber der Werkstatt in einer nächsten Stadt, kündigt allen Schaden an, nennt der Frau und dem Mann den Namen der Stadt, die Adresse der Werkstatt.

Am folgenden Tag, in aller Frühe, sind der Mann und die Frau auf dem Weg.

Jetzt gänzlich erleichtert in der Hoffnung auf die Geschicklichkeit des vorbereiteten Inhabers der zweiten Werkstatt.

Alle benötigten Stücke für das hellgrüne Automobil liegen bereit.

In der Zeit der Arbeit an dem Automobil gehen die Frau und der Mann durch die Stadt, die ihnen bald gefällt.

Der Preis für die vielstündige Reparatur ist hoch, aber der Mann und die Frau sehen das hellgrüne Automobil wie unversehrt vor sich stehen; da wollen sie die Bewohner des Berges, des Dorfes und der Stadt für hilfsbereit halten.

Sarah Kirsch

Der Süden

Wenn es nach mir ginge, ich säße den Tag
Angelehnt auf dem Faulbett, den Himmel
Vergleichend und Bilder vor Augen.
Über die Straße flattert ein Landhund;
Die alten Papierfabriken! Das grüne reine Wasser.
Mein Arm drinnen, der andere
Zugereicht. Höchstens vier Grad die Sorgue.
Petrarca kommt mit Laura den Weg uns entgegen
Auf einem Maultier. Beide über siebzig und Laura
Rauchte Zigarrn. Der Maler Klapper holt aus einem Schuh-
karton
Fünfundzwanzig angefangene Bilder. Ein Ockertagebau
Ein Schwemmsystem um den Farbstoff zu fangen – alles
Unterm Mont Ventoux eines Tags im September, der
Währt schon ein Jahr

Günter Kunert

Am Mont Ventoux

Nur Geröll
besteht hier die Jahreszeiten.
Klappernd entflieht
ein Kiesel der Totenstille.
Für einen Augenblick
erscheint ein Geist des Ortes
in der gigantischen Öde
und verflattert gleich wieder
in Vogelgestalt.

PETER HAMM

Cannes, Mai 1984

Zwei junge Hunde
in einem Schaufenster –

um den Hals
Preisschilder.

Das Lachen einer Frau,
die vorübergeht
mit entblößten Schultern.

Ihr Begleiter verlor
sein Gesicht: den Rest
soll er behalten –
zur Abschreckung.

Das Meer führt
Kriegsschiffe
und glänzende
Exkremente.

Aux Frontières Historiques

Ror Wolf

der vater spricht von dem franzos

der vater spricht von dem franzos
des kaisers maßkrug schwarzweißrot
steht zugeklappt auf der kommod
der vater spricht der krieg ist groß

der vater mittlerweile spricht
von dem franzos das kind lauscht still
die mutter lauscht es lauscht die magd
es lauscht der knecht der hund lauscht nicht

magd mutter knecht und kind und hund
die sitzen stumm am heißen herd
der vater spricht von dem franzos
tut auf den mund bis auf den grund

und hebt sein langes schießgewehr
der vater hat die zipfelmütz
die mutter hat die haube an
und knecht und magd die atmen schwer

auf dem gestell der gugelhupf
an dem die mutter gestern buk
auf der kommod der maßkrug steht
und der franzos im unterschlupf

der vater sich die pfeife stopft
moment franzos ist noch nicht tot
das zündholz brennt der maßkrug steht
auf der kommod die standuhr tropft

die mutter hat die haube an
der vater spricht der knecht ist stark
die magd ist rund das kind ist klein
der hund hat seine pflicht getan

der schinken in der kammer hat
die maden und am harten käs
macht sich die ratte fett und pfeift
die fliege schwirrt die magd wird matt

die mutter macht die haube los
das kind muß auf den topf und schreit
und knecht und magd die sind zu zweit
der vater spricht von dem franzos

WOLFGANG KOEPPEN

Reisen nach Frankreich I

Die altmodischen, die lächerlichen, die gefährlichen, die blutgetränkten Grenzen zwischen den Ländern des kleinen geschichtsbelasteten Europas sind an der Saar von den Zöllnern beseitigt worden, von einer vorläufig noch beargwöhnten, aber doch erfreulichen Güterfreiheit, die auf dem deutschen Boden Saarbrückens lustig französische Fähnchen über Alkoholflaschen, Modewaren, Parfums und gar über Automobilen wehen läßt. So ist Saarbrücken eine Stadt unserer Zukunft. Deutschland und Frankreich begegnen sich freundschaftlich auf Gartenschauen, und Minister schütteln einander die Hände. Die vielen großen Freiflächen, die noch immer ausgedehnten Schutthalden der Zerstörungen des letzten Krieges geben der Stadt ihr mittelalterliches und zugleich doch utopisches Gesicht, Kirchen und Wolkenkratzer erheben sich gleichermaßen jung und unmittelbar aus dem Nichts, ein großer Brückenbau über den Fluß ist wie ein Holzschnitt anzusehen, der ein altes Bauhüttenwesen zeigt. Stahlgerüste wachsen wie in Amerika in die Höhe, und eine Kontinuität des Geistes und des Schaffens offenbart sich zwanglos vom Dom bis zur Bank der Montanunion. Reaktionäre der begrabenen Großdeutschheit murren im wilhelminischen Ratskeller beim Bier und unter dem rührenden Bild des Trompeters von Säckingen. Das bevorzugte Kind der Zeit, der wendige Geschäftsmann, nützt die Chance der offenen Grenzen, der sich weitenden Verhältnisse, er tauscht, er kauft, er bietet an, er ißt im Bahnhofsbuffet nach der französischen Karte und lobt von Herzen den vaterländischen Riesling. Amerikanische Soldaten, Kreuzritter von den Farmen des Mittelwestens, am Rhein kaserniert, warten, einen Tölzer Trachtenhut kühn auf dem kurzgeschorenen Haupt, auf den Zug nach Paris: die Welt ist ein Traum. In Völklingen drohen die Schlote der Röchling-Werke den engen Spitzweggassen und legen über die alte Stadt eine immerwährende Wolke schweren schwefelgelben Rauches. In den Hochöfen schmilzt das Erz, um das sich der dritte Napoleon und Bismarck, Clemenceau und die Alldeutschen, Hitler und eigentlich niemand zum Unglück ihrer Völker gestritten haben. Die Werkmauer zieht sich wie um eine Festung. Doch wessen Vorposten sind die Kneipen, die vielen Bierhähne ringsum? Weder deutscher noch französischer Wein scheint gefragt zu sein. In den Schaufenstern kleiner Krämerläden aber glänzen die Cognacflaschen und sind hier billiger als in Cognac selbst. Bücklinge von der Nordsee liegen neben Artischocken aus der Bretagne, und die heimischen Kartoffeln werden schon französisch in Fett gebacken. Auf der Tür eines Werkbüros steht das Wort «Arbeiterstammrolle» geschrieben, was streng und militärisch klingt. Ein junger Mann in Röhrenhosen kämmt sorgfältig sein überlanges Haar, bevor er hineingeht und sich erfassen läßt. Ein Schild sagt, hier sei ein Parkplatz für Kleinwagen. Es ist aber kein Wagen zu sehen. Auch der Autoabstellplatz vor der Werkbücherei ist leer. Überschätzt das Unternehmen die Motorisierung seiner Arbeiter? Die Saar fließt gemächlich durch ein ländlich grünes, kein steingefaßtes Bett, und selbst wo Häuser stehen, Fabriken sich erheben und Schlote ragen, bleibt das Bild dörflich vor freundlich bewachsenen Hängen, und die schweren Kohlenkähne liegen doch leicht auf dem Wasser und wirken bäuerlich und kindlich zugleich.

Die Natur ändert sich nicht, wenn das Land französisch regiert wird: auch nach Forbach zu behält sie ihr fast bukolisches Gesicht. Das Stahlwerk in Forbach ist wie das Stahlwerk in Völklingen eine Festung im lieblichen Gelände, und der schwefelgelbe Rauch über dem Gewirr von Gestängen, bauchigen weißglänzenden Röhren, hohen Metallkuppeln gleicht einem gigantischen Versuch, die Industrie unter eine Tarnkappe zu legen. Die Arbeiterwohnungen, niedrige Häuser im Schatten der Werkmauer, sind noch aus der Zeit vor der Vierzigstundenwoche: nur enge Schlafstätten. Erst in der Hauptstraße von Forbach merkt man, daß man in Frankreich ist. Das Wetter ist kalt und trüb, aber die kleinen Cafés haben bunte Stühle vor die Türen gestellt und zaubern einen Boulevard. Er ist ein Boulevard der Einsamkeit. Von seiner Werkburg abgesehen, ist Forbach, wie Völklingen, eine rechte Kleinstadt geblieben: selbst die Einheitspreisfiliale eines Pariser Warenhauses hat sich dem glanzlosen Stil traurig-provinzieller Läden angepaßt, in deren grauer Reihe eine geräumige helle Buchhandlung mit allen großen Namen der französischen Literatur überrascht. Der Bahnhofsvorplatz verwundert in seiner Verwahrlosung und läßt an eine Zivilisation denken, die sich aufgibt. Der Putz des Gebäudes ist abgesplittert. Den rohen Stein frißt der Regen. Müll scheint das grobe Pflaster zu decken, und unheimlich öd wie in einem Gespensterfilm steht an einer Ecke das «Hôtel de la Gare». Kein Reisender wird angelockt. Italienische Arbeiter lungern fröstelnd und wie verloren auf dem unheimlichen Platz; manche hocken auch, als ließe man sie obdachlos, auf ihren schäbigen, abgestoßenen, doch bis zum Platzen gefüllten Koffern. Ein sehr altersschwaches Automobil zeigt den Äskulapstab des Arztes. Kleine arabische Mädchen, mit Augen, als blickten sie noch immer aus Schleiern, huschen in die Schule, das französische, das europäische ABC zu lernen. Die lange Straße der Ortsausfahrt ist fast unbegangen, und die Häuser ducken sich ängstlich unter der Rauchfahne des Stahlwerkes. Vor der Stadt erheben sich dann plötzlich auf Hügeln und im Ackerland mächtige neue Wohnblöcke aus Zement. Sie ragen da himmelauf wie die grauen Schlösser eines neuen glanzlosen Ritterstandes. Die Landschaft zeigt sich weiterhin unbekümmert, lieblich und parkähnlich. Über Bäume, Berge, Täler und Wasserläufe schwebt eine Transportseilbahn, deren Anfang und Ende nicht abzusehen sind. Schwarze Kübel voll Kohle oder voll Erz gleiten lautlos durch den Himmel, sammeln sich wie die Gleise eines Verkehrszentrums um Sarreguemines, verschwinden im Rauch der Hütten oder tauchen wieder auf aus den dunklen Schächten, deren Fördertürme Sarreguemines umlagern. Dennoch, welch stille Stadt ist dieser Ort! Alle Männer scheinen zur Schicht gefahren, alle Kinder brav in der Schule zu sein. Aber was machen die Frauen? Man sieht nur ein paar alte schwarz oder grau gekleidete schattengleich, oft von einem weißen Spitz begleitet, über die Bürgersteige zu den kleinen Geschäften wandeln. Vor einem traurigen Café sitzt ein Jüngling, nach düsteren Filmvorbildern nachlässig gekleidet, und liest den Roman der neuen literarischen Welle. Er haßt Sarreguemines, er haßt die alten Frauen, die kleinbürgerlichen Spitze, es ekelt ihn vor der Stille, den leeren krummen Straßen, den Rauchschleiern des Himmels. Es gibt kein Dornröschen zu befreien und zu erobern im schlafenden, im arbeitenden Sarreguemines. Der Freund der Literatur trinkt das überall angepriesene Mineralwasser, er schlürft die Bitternis des Romans, und sein Traum vom Quartier Latin wird von der Provinz, an der er leidet, allmählich erstickt. Wann werden all die Flaschen geleert, die Flaschen mit den grünen, den gelben, den roten, den weißen, den immer giftig schillernden Bränden? In der Kirche Saint-Nicolas kniet eine sehr junge Nonne, und die alten, die hohen Pfeiler des Gotteshauses schließen sie wie in einen viel zu großen Käfig ein.

Die Technik hat, so sagt man, die Entfernungen besiegt und die Welt nahe gemacht, aber manchmal läßt gerade das technische Vehikel die Räume groß erscheinen. Das Auto fährt durch Frankreich, und das französische Land, die französischen Dörfer wirken weitläufig und menschenarm. Die Straßen sind immer schön, sie sind gepflegt, sie sind von schattenspendenden Bäumen begrenzt, und für deutsche Augen sind sie überraschend wenig befahren. Lothringens Reichtum sind nicht nur seine unterirdischen Bodenschätze; es ist auch überirdisch ein fettes Land. Überall Weiden, Kühe und Milchwirtschaft. Die Herden grasen in Umzäunungen ohne Hirten. Eine Ausstellung landwirtschaftlicher Maschinen steht ohne jeden Besucher seltsam selbstgenügsam auf freiem Feld. Ein Mann allein umkreist auf einem Traktor pflügend einen bis zur Horizontgrenze reichenden Acker und symbolisiert so eine neue Einsamkeit des Landmannes: auch er ein homo faber, der, auf dunkler Erdenreise, wie eh und je ein Riesenwerk unter einem unergründlichen Himmel tut.

In Nancy, der lothringischen Hauptstadt, führen alle Wege zum schönen Platz des polnischen Königs Stanislaus, der hier der Herrliche genannt wurde. Die Straßen verlaufen schnurgerade, und wie in einem barocken Park die Alleen auf erhebende *Points de vues* gerichtet sind, lenken sie alle den Blick auf das Denkmal des aus seinem Land vertriebenen Polen, der als Schwiegervater Ludwigs XV. mit dem Herzogtum Lothringen für den Verlust seines östlichen Königreiches getröstet wurde. Stanislaus zeigte sich dankbar und baute in Nancy seinen Louvre, aber die geraden Straßen, ihre Fluchtlinien über den Platz hinweg gleichen heute merkwürdigerweise von Buffet gemalten düsteren Perspektiven: sie glänzen nicht, sie sind einöd. Die Cafébesucher der Place Stanislas wirken vor der höfischen Kulisse klein, bieder, unelegant, und sie benehmen sich, obwohl sie Franzosen sind, laut und unerzogen. Überall erhebt sich, summt, dröhnt die Plage transportabler kleiner Musikgeräte; man unterhält sich nicht mehr, sondern man läßt sich von unsichtbaren Manipulanten unterhalten, und auf der Place Stanislas in Nancy darf man fürchten, daß sogar Frankreich das Denken verlernen wird. Araber wandern geduldig und doch deutlich fordernd von Tisch zu Tisch und bieten schmutzige Erdnüsse zum Kauf an. Es scheint sie nicht im geringsten zu stören, keine Kunden zu finden, und in schäbigster Kleidung zeigt sich ein Stolz, als wären diese armen Emigranten sicher, die Konkursmasse einer europäischen Kultur zu übernehmen. Im Hotel hält man sich an das Zeremoniell der großbürgerlichen Zeit. Das Restaurant zeigt Spiegelwände und weißgedeckte Tische, doch das Glas ist stockfleckig und das Linnen schon zu oft gewaschen. Die Speisekarte liest sich großartig, aber was aufgetragen wird, enttäuscht. Der alte Kellner serviert jeden Gang wie zu einem Fest, doch das Kotelett ist klein und zäh. Viel zuviel Lärm um ein Omelett, und der Aufwand läßt nichts Rechtes mehr auf die Tafel kommen. Nur an zwei Tischen im großen Saal sitzen Gäste und vervielfachen sich gespenstisch in den hohen Spiegeln. Im Schlafzimmer prunkt ein breites Messingbett unter leuchtend roter Decke wie ein Großmutterthron. Die Toiletteneinrichtung verbirgt sich hinter einer Milchglasscheibe, und man sieht den Zimmerpartner in dieser Ecke wie in einem Striptease-Schattenspiel agieren. In der ehrwürdigen Grande Rue, die zum alten Palast der Herzöge von Lothringen führt, haben sich die schönen kleinen Adelspaläste proletarisiert. Der Gewinn ist ein buntes Volksleben. Die Könige der Geschäfte sind die Motorradhändler. Scharen von jungen Leuten sind ihnen tributpflichtig. Am Sonnabendnachmittag kommen sie vor die Läden geknattert und legen ihre Wochenraten auf den Zahltisch. Es gibt aber auch Buchhandlungen in der Grande Rue, und, wie immer in der französischen Provinz, wirken sie wie verlorene Vorposten von Paris. Blasse Schulkinder werfen Bälle über die Gräber der alten Herzöge. Es gibt Weinkneipen für arabische und Weinkneipen für italienische Arbeiter, in beiden ist das Licht dunkel und klingen die Stimmen wie Streit. Ein paar Schritte abseits werden Springbrunnen und Nymphen und die Heiterkeit des Rokoko von Scheinwerfern angestrahlt. Verliebte gehen über die Wege, und Katzen streifen über die Beete des einst königlich-polnischen Parkes. Schreie von Tieren und Rufe junger Leute. Unter Bogenlampen wird Minigolf gespielt und Limonade getrunken. Die zwielichtigen Pfade führen zu Käfigen. Man hat Schakale, Wölfe, Wildkatzen, einen Esel, Raubvögel eingegittert, und die engumschlungenen vorübergehenden Liebespaare betrachten noch zur Mitternacht die unglücklichen Gefangenen und lauschen ihren wehmütig klagenden Lauten.

Bei Frouard fließt die Meurthe in die Mosel, und über den grünen Inseln zwischen den ländlichen, den freundlich gebliebenen Flüssen hängt der rote Rauch aus den Öfen der Gießereien und breitet sich kilometerweit wie ein gefährliches Morgenrot über Pompey und Pont-à-Mousson. Diese kleine Stadt fügt sich, als sei dies ihre Aufgabe und ihr Stolz, um einen großen, kahlen, staubigen Platz, den anheimelnde alte Häuser und dämmerige Arkaden begrenzen. Es baut sich alles wie zu einer Metropole in einer Nußschale auf, zu einem übersichtlichen Zentrum mit Geschäften, Cafés, einem Damenfriseur, der Praxis einer Hebamme, die weiß gekleidet wie eine Waschmittelreklame aus dem Fenster blickt, und der Liter algerischer Rotwein kostet 1,25 Francs, aber der Platz ist menschenleer, die Arkaden sind ohne Promenierende, die Cafés bleiben ohne Gäste, und die Läden scheinen keine Kunden zu haben. Hier und da fegt eine Frau den Steinboden vor ihrem Haus. Fegt sie ihn für die Katze, die ihr zuschaut? Jenseits der Mosel, hinter der 1944 zerstörten, 1949 schmucklos, zweckmäßig wiederaufgebauten Brücke erhebt sich groß, ja imponierend kathedralengleich die Fassade der Hauptkirche des Ortes und besitzt, da sie von den Wellen des Flusses getragen erscheint, einen überirdischen Schimmer. Und ein Denkmal für die Toten der Kriege reckt sich steil – ein wahrer Zornesschrei – gegen den Himmel.

Traurige, provinzielle, eintönige Einfahrt in Metz. Noch immer ist die Stadt eine Festung. Man parkt zur Orientierung auf der Place de la République gegenüber einer bedrückenden Kaserne aus rotem Ziegelstein. Die Kaserne wirkt heute noch so preußisch, daß man fürchten mag, Bismarck oder Kaiser Wilhelm hätten sie gebaut. Doch tut man dem deutschen Kaiserreich hier unrecht. Es hatte die Kaserne vorgefunden, es hat sie genutzt, es hat sie geräumt, und die Franzosen, wieder in ihren anrüchigen Besitz gekommen, erhalten sie preußisch wie die Preußen. Den Bauten des militärischen Zwanges ist es gleichgültig, unter welcher Fahne Soldaten über den Exerzierplatz robben. Ein alter saurer Geruch von Schweiß und Furcht dringt durch das weite Tor. Doch bald schon wird Metz gemütlich und menschlich. Krumme Wege, verwinkelte Geschäftsstraßen führen zur Kathedrale, und auf den Terrassen der provinziellen Cafés, die den hohen Bau umgeben, bewundern die Städter wie die zum Markt gekommenen Landleute die alten Türme. Metz liegt wie Essen oder Bochum inmitten von Tätigkeit und Reichtum, auf Erz und Kohle sind seine Häuser gebaut, Industrie umgibt es, aber dennoch wirkt Metz still und arm, die alten Viertel eng und traurig und die neueren so deutsch garnisonstädtisch, daß man an den Prachtbauten im Gründerjahrestil, am Bahnhof, an der Post, am Gouverneurspalast das Schild «Königlich-preußisch» vermißt. Zwischen Bahnhof und Post promenieren gegen Abend gefällig breithüftige Damen, und von den Terrassen der Bierlokale blicken ihnen sehr martialische französische Unteroffiziere begehrlich und eigentlich altmodisch nach. Die Epoche von 1870–1914 scheint das Gesicht der Stadt für immer geprägt zu haben. Erst die Bauten der neuesten Zeit, die Beseitigungen der letzten Zerstörungen, die Neusiedlungen der Peripherie sind von französischem Charakter. Die Kirche der heiligen Therese gleicht von außen einem Elektrizitätswerk und hat ihre Schönheit. Innen empfindet man das Wohlbehagen eines vorzüglichen Raumgefühls. Schräg geführte Steinwände vereinen sich im First mit den mächtigen Betonstrebebogen und schaffen zusammen mit den bunt verglasten Fenstern Geborgenheit, Ruhe, Frieden und die Bereitschaft zur Andacht. Zuweilen meint man in dieser Kirche, unten in einem gekenterten kielobentreibenden Schiff zu stehen, aber der Gedanke des Untergangs ängstigt hier nicht. In einem Vorort von Metz gibt es noch eine andere zeitgerechte Kirche, ein Gotteshaus der Armut. Es ist eine Wellblechbaracke, eine Art Nissenhütte, die im Schatten eines wirklich riesigen Wohnblocks, einer unheimlichen Übermietskaserne steht. Im Unterbau dieses geordneten Labyrinths bilden Garagen eine tote Front festverschlossener Luftschutztüren, und darüber ziehen sich elf bis zwölf Zementgalerien wie Wehrwülste eines Bunkers und sind das Haus umziehende Straßen, auf denen man die wabenartig in den Beton geschnittenen Türen der Wohnungen erreichen kann. Die kleine Kirche aber, die Eisenblechplatten, auf die ein Kreuz gesetzt wurde, ist innen mit einfacher Pappe verkleidet, hat rohe Biergartenbänke aufgestellt, aus billigen Kunststoffvorhängen Beichtstühle gebildet und wirkt mit all dieser echten Armut sehr rührend, sehr schön und sehr feierlich und merkwürdigerweise sogar hell und freundlich. Die utopische Wohnburg aus grauem Beton und die beinahe früh- oder schon wieder neuchristliche Kirche aus Eisenblech fügen sich, betrachtet man sie, die Stadt im Rücken, vor dem Horizont sanfter Berge, überraschend zwanglos in eine noch immer romantische Landschaft ein. Das französische Industriegebiet um Metz ist von schöner Natur, und die großen, die mit Recht berühmten, die technisch vollkommenen Fabriken liegen so lieblich gebettet, daß man meint, durch das Reich des Novalis, durch die von Magie und Glauben verklärte Welt des Heinrich von Ofterdingen zu reisen. Keine Autobahn, ein schmaler Pfad durch Wald und Feld führt von Metz nach Briey, ins Zentrum des gleichnamigen Erzbekkens und in das zu Spaziergängen einladende grüne Tal der Orne, wo in der Nacht überall die geistergleichen Flammen der Abgase über den Hochöfen brennen. Auf dem Wege aber findet man und seltsam ausgestoßen aus der Schönheit des Landes den kleinen Ort Saint-Privat, berühmt durch eine Schlacht von 1870 und von Schullehrern den Kindern ins Gedächtnis gepreßt. Angesichts der historischen Stätte kann man nur rufen: es hat sich nicht gelohnt, um sie zu kämpfen. Das Dorf ist eine lange traurige Straße aus nicht dörflichen, sondern vorstädtischen Häusern. Farblose rissige Fassaden. Vortreppen, auf deren Steinstufen die Einwohner in einer gespenstigen, an Negerdörfer des amerikanischen Südens erinnernden Leblosigkeit sitzen. Briey, Moyeuvre, Hagondange – triste Städte, freundliche Berge, quellklare Bäche, romantische Schluchten vor der Kulisse der Erzschmelzen, die wie Laboratorien des Doktor Faust aussehen. Der Anblick ist unverständlich, wirr, unordentlich und zugleich gigantisch. Es sind Zauberhütten! Der Rauch steigt aus ihren Schornsteinen schneeweiß, kohlschwarz, giftgelb, hephaistosrot. Überall ziehen sich Röhren hin; manchmal über den Fluß und in die Wälder. Schwere Kähne schwimmen anscheinend unbeweglich auf schmalen Kanälen. Die Wohnungen der Menschen liegen unter Rauch, an Fabrikmauern in engster Nachbarschaft in langen Reihen, dann wieder auf Hügeln mit weiten Ausblicken in die Landschaft, die so verblüffend unberührt und nicht wie aus unserer Zeit ist, und wo man kann, hat man neben dem rußgetünchten Haus kleine Bauerngärten umzäunt und bestellt, und da blüht es in allen Farben, die der Rauch zum Himmel trägt. Gegen Abend steht viel Volk in den Straßen. In Gruppen, doch fast ohne Bewegung, Männer für sich, Frauen für sich, junge Leute und die Diaspora der Italiener, der Araber, der Polen. Überall ist ein wenig Kirmes: ein Kettenkarussell, eine Schießbude, der ranzige Geruch von Backfett und Zucker. Aber die Gondeln schwingen leer, das Schießbudenweib gähnt über den ruhenden Gewehren, und die Schmalznudeln verschrumpfen in einem allgemeinen Warten. Plötzlich dann stolz und großstädtisch die Lichtreklame eines Café du Rond Point: hinter unverhangenen Fenstern Männer beim schwarzen algerischen Rotwein und die grünen Beete der Billardtische mit den wie nie bewegt ruhenden gelblichen Kugeln. In Thionville war gerade der Bürgermeister gestorben. Man hatte ihn in der Kirche zwischen roten Vorhängen und festlichen Kerzen prächtig aufgebahrt, Polizisten hielten die Totenwache, und die Notablen der Stadt kamen vorgefahren, dem verschiedenen Oberhaupt die letzte Ehre zu erweisen. Die Trikolore wehte. Was empfand das Volk? Es füllte die Läden, es drängte sich in den Cafés. Auf den Plätzen glitzerten Tausende von abgestellten Motorfahrrädern. Die Mädchen waren aus billigen Läden wie Filmidole gekleidet. Soldaten marschierten hemdsärmelig wie unter afrikanischer Sonne. Ein Neger hatte sich winterlich vermummt und stapfte wie durch tiefen Schnee. Im «Hôtel du Parc» blickten Stahleinkäufer auf die breite schöngefaßte Mosel. In Hayange wurde der größte Hochofen eingeweiht, der täglich zwanzig Waggons Koks fressen wird und eine Gußproduktion von 1200 Tonnen erreichen soll. Er sah zu allem entschlossen und neu schon finster aus. Der Hauptpriester von Hayange segnete auf einem kleinen Altar den Koks, das Erz und kleine Kreuze aus Wachs. Madame la Comtesse de Mitry wurde dann vor den Ofen wie vor ein Ungeheuer geführt; doch sollte sie nicht hineingeworfen werden, sondern war berufen, ihn zu entzünden, was sie, von den Arbeitern bestaunt, in der Tradition der guten Gesellschaft selbstsicher und charmant mit einer langen Fackel tat, die nur ein wenig in ihren spitzenbehandschuhten Händen zitterte.

Die Landstraße nach Verdun führt über kleine, Täler beherrschende Höhen, und sie waren es wohl, die die Generalstäbler angezogen und die Feldwebel wild gemacht haben. Es klingt wie Indianerspiel und hohe Wissenschaft, «die Höhe 112 ist zu nehmen oder zu halten», und ringsherum liegen Friedhöfe. Da sind die alten Schlachtfelder von Gravelotte und Mars-la-Tour, öde Nester, verlorene Welten, ein Hahn kräht auf dem Mist, und manchmal gibt es ein vom Schuldiener verwaltetes verstaubtes Museum mit den Erinnerungsstücken an 1870, ein durchschossener Küraß vom Garde du Corps – wie fern liegt das! Nähert man sich Verdun, hört man Maschinengewehrfeuer, und Flugzeuge dröhnen in der Luft. Keine katalaunische Schlacht! Man übt wieder den Krieg auf einem Boden, der von Granaten aufgewühlt, mit Menschenfleisch gedüngt war. Schweres amerikanisches Gerät gräbt sich über die Wege, und in den Straßenkreuzern überseeischen Wohlstandes rollen die Familien hinterdrein. Auf der letzten Höhe vor der Stadt und dem Tal der

Totenmale steht eine kleine Wirtschaft, verschont geblieben in neunzig Jahren, und sieht den ewigen Heerbann an sich vorüberziehen. Eine freundliche Greisin, ein alter Mann, mythische Erscheinungen fast, reichen dem Gast ein Glas Wein und sprechen an dieser Stätte des Grauens und des Sieges deutsch. Sonst hat man das Entsetzen in einen Park gepackt, dem Tod das saubere Kleid der Statistik übergeworfen, und von weither kommen die Autobusse wie zu einem Festspiel gefahren, die Touristen schreiten über gepflegte Kieswege und lesen auf schöner Erztafel die Kunde: hier ruhen fünfhunderttausend Tote. Oder waren es eine Million, waren es zwei Millionen, die starben? Die große Zahl löscht das Leid. Weithin schwarze Kreuze. Darüber die Trikolore und das Sternenbanner. Dahinter das Knochenhaus, Massengrab und Denkmal zugleich. Wie ein aus dem Hades aufgetauchtes Unterseeboot liegt es da, und wenn am Abend von seinem hohen Turm Scheinwerfer wie des Sensenmannes bleiche Finger über die Leichenfelder und die Gräben und Kasematten verbissener Kämpfe streifen, mag man wohl doch in den Lüften Schatten und Lärm der katalaunischen Schlacht wahrnehmen. In den Gewölben des Beinhauses hallt hell die Stimme eines Knabenchors. Durch gefärbte Fenster flutet das Licht rot auf die endlosen Totentafeln des Foyers. Namen junger Menschen, achtzehn Jahre alt, zwanzig Jahre alt, im August 1914 von einem Dämon aufgerufen. Man darf den Turm besteigen. Es bietet sich ein Panorama grüner Hügel, ein Gelände, wie der Stratege sagt, und ideal für ein Planspiel. Die Touristen schlendern in Gruppen zu den besonderen Sehenswürdigkeiten. Da ist der schauerliche Graben der Bajonette: die blanken Waffen wachsen wic Nesseln aus der Erde, und unter der Verschüttung steht die Abteilung aufrecht, bis heute vierundvierzig Jahre lang. Man kann in die Höhlung der Festung Douaumont kriechen; ein wohlgeschminktes Fräulein, eine Hostess der Unterwelt, nimmt einen bei der Hand und nennt die Zahl der Gefallenen. Oben auf der unzerschmetterten Betonkuppel des Forts schläft ein junger französischer Soldat in der Sonne. Ein wie für die Ewigkeit gebautes granitenes Denkmal erinnert an die Unzulänglichkeit menschlichen Planens: es ist André Maginot geweiht, der bei Verdun als Sergeant verwundet wurde und später als Kriegsminister Frankreich durch eine Chinesische Mauer schützen wollte. In Verdun, der kleinen Stadt, stehen entschärfte Granaten vor den Türen der zahlreichen Bonbonläden und werben für die Süßigkeiten, der lokalen Spezialität. Verdun ist Provinz, Verdun ist bourgeois. Mittagshitze, Mittagsstille. Amerikanische Soldatenfrauen wie bunte fremde Vögel in einer grauen Straße vor kleinen geschlossenen Geschäften. Schlafende Karussells und Buden eines Jahrmarkts. Die Maas ist ein hübscher Fluß. Am Abend verklärt ihr sanfter Spiegel das Bild der Stadt. Im Offizierskasino brennen Lichter wie zu einem Fest. In einem alten Turm an der Brücke trommeln Pfadfinder die alten siegversprechenden Märsche. Kinder reiten nun auf stolzen Karussellpferden in die Schlacht. Es riecht nach saurem Hering und süßem Fett. Über Verdun aber erhebt sich die Kriegsgöttin, von Scheinwerfern angestrahlt, auf ihr Schwert gestützt, das «Monument à la Victoire et aux Soldats», an diesem Abend von Maikäfern bestürmt, die an dem gemeißelten Stein zu Tausenden den Tod fanden.

Glück und Unglück von Sedan sind vergangen. Ein Deutscher mag sich der Schulfreiheit des Tages erinnern. Vergessen sind Wilhelm der Große, Bismarck der Mächtige, Napoleon der Geschlagene. Ein Denkmal feiert Turenne, den General eines französischen Königs. Alte Bauten provinzieller Enge und neue Hochhäuser bürgerlicher Phantasielosigkeit, ein Kleinstadtmarkt. Suppengrün für den *Pot-au-feu*. Aus öffentlichen Lautsprechern rieselt sentimentale Musik über die Salatköpfe, über die Verkäuferinnen und ihre Kundschaft. Auf der Straße, vor den Türen der Geschäfte werden elektrische Nähmaschinen vorgeführt. Verkaufskanonen, kleine Napoleone des Handels, schlagen Breschen in das bourgeoise Budget. Eine vielfenstrige Textilschule deutet nüchtern auf die neuen Realitäten. Das Gymnasium aber heißt nach Turenne und träumt vom französischen Europa – eine schöne kaiserliche Fassade. Der kleine Empereur überreichte dem Sieger seinen Degen. Es war die letzte ritterliche Narretei vor den Materialschlachten in den Ardennen. Im Café Central sitzen auf kalten frischgestrichenen Bänken polnische Emigranten und träumen nun ihren Traum von einem vergangenen oder zukünftigen Europa.

Auf dem Wege nach Charleville hängen Nebel über dem Tal der Maas, und Raben krächzen in der bleichen Luft. Es sind die schwarzen Vögel des Arthur Rimbaud, «die teuren Raben lieb und fein». Und da ist auch schon der Bahnhofsplatz von Charleville und ist genau wie in Rimbauds Gedicht «À la Musique», eine Anlage zur Erbauung rechter Bürgersleute, wo Bäume, Blumen und Gras in strengster Ordnung stehen und *«au milieu du jardin»* der schmiedeeiserne Pavillon der Militärkapelle alle Katastrophen überdauert hat. Der kleine Park ist umzäunt, und am Tor belehrt eine lange Verbotstafel den Besucher darüber, was er in diesen Alleen alles nicht tun darf. Doch man kam nicht umhin, ihm dem Spötter, dem Unruhestifter, dem Knaben, der unter den Kastanien frühreif flüsternd hinter den kleinen Mädchen her war, ein Denkmal zu setzen. Der Poet blickt kühl zu einem großen neuen Hotel hinüber, in dem Geschäftsleute absteigen und seine Verachtung mit Nichtbeachtung erwidern. Charleville wirkt verschlafen; doch schläft es wohl nicht: im Hotel war kein Zimmer zu bekommen und im Bahnhofsbuffet kein Stuhl frei. Breite Tafelrunden hatten sich um große Rotweinflaschen zusammengefunden. Welche Abschlüsse feierten sie? Gestärkte weiße Hemdkragen, Ordensbänder im Knopfloch. Ein altes Ehepaar trank Champagner. Die Flasche stand im Eiskübel. Sie tranken einander zu wie auf der Hochzeitsreise. Kein Gedanke an den Tod. Rimbaud ist in Charleville geboren und in Charleville begraben. Er zog aus, Paris zu erobern, entdeckte neue Horizonte, die weit in die Zukunft reichten, erschöpfte sich, schwieg, räuberte in Abessinien und fand ein bürgerliches Grab. Man sucht den Friedhof und fährt herum. Auf einem kahlen Schulhof zittern noch am Sonnabendnachmittag kleine Jungen unter eines trillerpfeifenden Lehrers Fuchtel. *«Les pauvres Jésus!»* Wilde Gesichter! Der Trotz, die Angst und all die schnell erlöschende Genialität der Kindheit. Der Pauker pfeift. Die Buben traben ins Joch. Im Kino gegenüber die Leinwandrevolte der Gangster. Zum Friedhof kommen Pilger. Auf einer hölzernen Wegweisehand steht geschrieben «Tombe du poète Arthur Rimbaud.» Er liegt zwischen seinen Schwestern begraben, zwischen Vitalie, die mit 17 Jahren starb, und Isabelle Dufour, die für die bürgerliche Wohlanständigkeit der Grabstätte sorgte: *«Priez pour lui.»* Vor dem Friedhofstor steht die Kneipe Zum letzten Sous. Der Wirt wartet auf fette Leichen und reibt sich die Hände. Der literarische Pilger trinkt einen fünfundsiebzigprozentigen Rum auf den *Poète maudit*, auf das Trunkene Schiff und die immerwährende Revolte! Im Museum verwertet man den seltsamen Knaben der Stadt. Viele haben Rimbaud als ein Kind gezeichnet oder gemalt, und alle versuchen redlich, in der Unschuld der Jugend den Dämon darzustellen. Cocteau hat eine Hommage geliefert, die Cocteau ehrt. Der eigentliche Saal «Rimbaud» des Städtischen Museums ist aber geschlossen. Der Museumswächter läßt den Besucher hineinblicken, aber nicht eintreten. An die Tür ist ein geharnischter Wisch des Bürgermeisters von Charleville genagelt, ein Ukas, der die Schließung der Erinnerungsstätte bis auf weiteres befiehlt. Es wurde ein Brief Rimbauds kürzlich aus der Sammlung gestohlen, und das empörte Stadtoberhaupt bestraft nun alle, die manchmal von weither kommen, die ehrwürdigsten Reliquien der modernen Literatur zu sehen. Am Quai Arthur Rimbaud fließt die Maas uneingedämmt und ländlich in eine grüne Vorstadtlandschaft. In roter auf gelben Grund geschriebener Schrift empfiehlt sich das Café du Port. Ein alter Säufer sitzt auf den Steinstufen. Eine Frau hockt hinter der Theke und löst das Kreuzworträtsel der Lokalzeitung. Ihr Gesicht ist totenbleich gepudert und wirkt klein unter einem hochgetürmten Dutt fettigen schwarzen Haares. Ein Musikautomat funkelt neonlichtig und schweigt. Zur Nacht spiegeln sich der Himmel, die Wolken, das Abendrot wie die alte Erdkarte einer Weltumsegelung im stillen Fluß. Chöre von Fröschen: unsichtbar quakend aus dem Untergrund der Stadt. An den alten Bäumen hängt wieder eine Anordnung des Bürgermeisters, sein Verbot, Wagen am Quai Arthur Rimbaud zu waschen. Armer Bürgermeister! Immer kommt ihm der Name des Aufrührers aufs amtliche Papier. Wie lief er durch den Abend, versteckte sich koboldisch unter den Arkaden der hierarchischen Place Ducale. Sie ist im gleichen schönen Stil wie die Place des Vosges in Paris gebaut, doch hat man das Gefühl, die zierlich wirkenden, aus Ziegeln errichteten Fassaden schweigen, durch irgendein Ereignis beleidigt, seit vierhundert Jahren. Ein kleiner Modeladen versichert stolz, er sei *«comme à Paris»*, aber schon um neun Uhr am Abend schert sich in Charleville kein Mensch um Paris. Leere Straßen, geschlossene Fensterläden. Der Schritt des Wanderers hallt wie anderswo nach Mitternacht durch die Stille. Dabei werden die alten Häuser der Place Ducale von Scheinwerfern angestrahlt. Das ist sehr eindrucksvoll, aber es könnte in Vineta sein. Bürgerwohnungen über fest verriegelten Geschäften, verborgenes Licht hinter geschlossenen Vorhängen. Man denkt an Balzac, an Väter, die über Rechnungen brüten, an dem Geiz geopferte Ehefrauen, an Töchter, die an einer heimlichen Liebe sterben. Im großen Hotel am Bahnhof tagte die Table Ronde, angesehene Herren in Amt, Würden und Geld, und zugleich gab es den Ball des Jahres, das Fest der gehobenen Stände. Eine Zofe, schwarz gekleidet, die Spitzenschürze gesteift, nahm in der Halle die Mäntel ab. Eine Jazz-Band war engagiert. Die jungen Mädchen sahen in weißen Gewändern wie Bräute oder wie Gespenster aus, und die Arme der Kavaliere hielten die jungen Damen in sittsamer Entfernung. *«Chéri, je t'aime, Chérie, je t'adore.»* Rimbaud lauschte unter den schleiernden Bäumen der Nacht den banalen Schwüren. Es war eine bürgerliche Saison, eine bürgerliche «Saison in der Hölle». Und die Herren der Tafelrunde hatten gewiß alle ihren Rimbaud gelesen, und ihre Söhne und Töchter studierten ihn pflichtgemäß für das Baccalaureat, die populäre, die überaus wichtig genommene, die aufregende Schulabschlußprüfung.

Maubeuge ist eine Stadt von größter Unschönheit. Man zögert, man schämt sich, dies zu sagen. Das alte Maubeuge, das vielleicht schön gewesen ist, wurde im Krieg zerstört – und der Krieg war nicht die Schuld der Stadt. Aber wie lieblos hat man den Ort wieder errichtet! Einige der roten Klinkerbauten haben wohl einen holländischen Charakter, aber es ist leider nichts von der großen Baugesinnung zu spüren, die sich beim Wiederaufbau von Rotterdam so würdig gezeigt hat. In Maubeuge schuf man sich nur vier Wände und ein Dach über dem Kopf. Die halbhohen Gebäude sind weder der Erde verbunden, noch streben sie in den Himmel. Sie scheinen keine Vergangenheit und keine Zukunft zu haben, nur eine häßliche nützliche Gegenwart. Die Bewohner der Stadt sind fleißig, sie sind wohlhabend. Auf allen Dächern ragen Fernsehantennen, die Geschäfte halten die Preise hoch, und die vielen Automobile hindern einander, irgendwo stillzustehen. Die Cafés sind zahlreich. Sie sind in Zementblöcken und in Backsteinburgen untergebracht, ein jedes ist nur zimmergroß und bis zum letzten Platz von Karten- oder Dominospielern besetzt. Das größte Hotel liegt wie ein Flughafengebäude in offener Landschaft, und der Bahnhof macht, wie zuweilen in der französischen Provinz, einen verlassenen, einen trostlosen, einen gänzlich verkommenen Eindruck. In den jedem Wind geöffneten breiten Straßen stehen am Sonntag gutgekleidete Leute und wissen nichts mit sich anzufangen. Junge wie alte starren auf eine Tafel mit den Ergebnissen der Fußballspiele, und aus kleinen mitgetragenen Radioapparaten spricht die Reklame und manchmal de Gaulle.

Der weiße Nebel, ein melancholisch phantastischer Schleier macht Nordfrankreich, macht die Gegend um Lille, das Industriegebiet an der belgischen Grenze mit seinen Gruben, seinen Gießereien, den Keramikfabriken, den Wollspinnereien und Webereibetrieben meernah, die Landschaft wird schleswig-holsteinisch, die Städte holländisch. Die immer feuchten Wiesen, die trägen schwarz-weißen Kühe, die hohen Linden, in deren Wipfel Spukgespinst hängt, die roten Häuser der Dörfer und ihr Spiegelbild in den dunklen Kanälen lassen erwarten, daß Lübecks Türme aus den Wolkenschleiern steigen werden, und nur die Schar der alten Männer, die in grauen Gummistiefeln durch das Gras waten, einen Leinenbeutel umgehängt, Gnomengestalten, die Frösche fangen, erinnern daran, daß man durch Frankreich fährt, wo die Frösche auf die Tische der Feinschmecker springen. Auch Valenciennes, die alte Stadt der Spitzen, hat der Krieg zerstört, aber hier ist der Wiederaufbau, anders als im benachbarten Maubeuge, artistischer und humaner geschehen, moderner und traditioneller zugleich, und alle zu Hochhäusern aufeinandergeschichteten Betongeschosse fügen sich schließlich zu einer freundlichen Stadt, die stolz die behutsam renovierte Fassade ihres Rathauses aus Flanderns großer Zeit zeigt. Es riecht nach Desinfektion und nach Wein; die Jugend wird zu kostenlosen medizinischen Reihenuntersuchungen geführt; Männer in blauen Schlosseranzügen probieren mit Kennermiene den jungen Beaujolais; und im kerzenerhellten Dom halten andere in schwarzen Anzügen, unbeweglich wie Statuen düsterer Engel, die Totenwache für einen verstorbenen Kaufmann.

Saint-Amand-les-Eaux, einst ein Wallfahrtsort, ein Kloster, eine Heilquelle, fast ein nordisches Lourdes, jetzt von der Industrie besetzt, verändert, aufgefressen, zeigt sich in eigenartiger Mischung aus Tristheit und altem Glanz. Eine schier endlos lange Straße rauchschmutziger einstöckiger Häuser schließt sich fast unmittelbar an die lange eintönige Straße einstöckiger rauchschmutziger Häuser von Valenciennes an. Man denkt an «Germinal», an die Trostlosigkeit des Bergarbeiterromans von Zola, aber es gibt in Saint-Amand-les-Eaux keine Bergwerke, es ist eine Stadt der Webereien und der Fabriken von Tongeschirr. Doch mit einemmal steht man auf einem weiten grobgepflasterten Platz vor den Resten der alten zerstörten Abtei, vor ihrem hohen verwitterten Turm, der der Zeit trotzt und auf den Himmel weist. Dahinter liegt ein Park mit dem üblichen eisernen Musikpavillon und der Büste eines Bürgermeisters. Es brauchte des Regens nicht, um traurig zu stimmen. Am Mittag gehen die Schulkinder durch die Anlage. Sie eilen zum Essen nach Haus; sie werden um zwei Uhr zurückkehren. Die Schule sieht streng aus, eine Kaserne aus rotem Ziegelstein. Die Schulschürzen und die Halstücher der Kleinen flattern im feuchten Wind. Vom bewahrten Turm schlägt ein mächtiges Glockenspiel und erinnert an eine verlorengegangene Frömmigkeit. In den geborstenen Mauern ist das Museum von Saint-Amand-les-Eaux untergebracht. Ein Gipsmodell zeigt die Abtei erhalten, glaubensstark und mächtig. Dann sieht man schöne Fayencen aus der Steingutfabrik. Zwischen farbenfroh schillernden Töpfen blickt ernst der Gründer der Manufaktur aus einer alten Fotografie, ein energischer Geschäftsmann der achtziger Jahre, von dem man vermuten möchte, daß er seine Angestellten und Arbeiter knappgehalten hat. Unter Glas ruhen Erinnerungsstücke an die deutsche Besatzung von 1914–1918. Man zeigt die unfreundliche Seite von Deutschland: Arrestbefehle, Strafverfügungen, peinliche Anordnungen. Die Verwalterin des Museums aber ist freundlich und trägt dem deutschen Besucher nichts nach. Sie läßt ihn vertrauensvoll allein, und aus ihrer Küche riecht es urfranzösisch nach einem Huhn im Topf. Im Gasthof am großen Platz warten die Stammgäste, leidgewohnte Junggesellen, auf eine wäßrige Gemüsesuppe. Ein kleiner blasser Kellnerjunge hetzt atemlos von Tisch zu Tisch, angetrieben von der herrischen Stimme der strengen, hinter der Kasse thronenden Madame.

Lille empfängt den Gast an jedem Tag wie zur großen Handelsmesse. Es schickt seinem Besucher schöne breite Autobahnen entgegen, die freilich, nur ein paar Kilometer lang, nicht viel mehr als ein höflich hingebreiteter Läufer sind, an dem dann schon die hellen, farbenfrohen, sehr selbstbewußten Gebäude der Foire Commerciale stehen und verkünden, daß man in Lille großzügige Geschäfte liebt und optimistisch in die Zukunft blickt. Doch schon drängt einen der dichte Verkehr, die Trillerpfeife des Schutzmanns in alte enge Gassen und unweigerlich in den Schatten der mächtigen Kirche Saint-Maurice, die nordländisch, backsteingotisch über der blühenden Gemeinde wacht, in ihrem Schiff todesernst und mit tributfordernden Bettlern vor ihren schweren Türen. An den Mauern drängt und stößt man sich, das Auto zu parken. Hier stehen die großen Hotels, Karawansereien aus dem Beginn unseres Jahrhunderts, stuckverziert, plüschgepolstert, portierenüberladen, düster und pompös wie ein Begräbnis in einer reichen Familie. Dem Tag verschworene Geschäftsleute sitzen gewinnerpicht auf riesigen Messingbettstellen und umschmeicheln mit Hilfe museumsreifer Telefonkästen den Kunden, während im sonnenscheuen Café unten gut noch die große Kokotte erscheinen könnte, das flandrische schöne Schiff des Baudelaire und des Félicien Rops. Die stolzen Verführerinnen sind aber auch in Lille ausgestorben. Über den alten Markt, den Hauptplatz, nun nach dem General de Gaulle genannt, schlendert die Schuljugend, französisch lernblaß, eifrig, wohlgesittet, und nur manchmal eine kleine Lolita. Der Platz mit seinen Caféhäusern, ihren immer, selbst bei kaltem Wind besetzten Terrassen, ganz Lille gibt sich flämisch behäbig, ja hanseatisch bürgerstolz, und alle Häuser erzählen von einer wechselvollen, bewegten und immer wieder gemeisterten Geschichte. Vor der von dem fleißigen Vauban erbauten Zitadelle steht das Denkmal der Erschossenen, aufrechte trotzige Bürger, die einem unsichtbaren Feind die Stirn bieten, und Marschall Foch reitet als ernster und anscheinend bekümmerter Sieger auf einem schönen Pferd durch eine stille Allee, in der die Angestellten der Industrie und des Handels zu Mittag flirten. Der erste Friseur der Stadt ist in einem Stil von 1920 eingerichtet, und überall in Deutschland blinken die Spiegel und Geräte heller. Den germanischen Kunden fragt der Meister, ob man Marburg kenne. Er war dort in Gefangenschaft. Er fährt mit dem Messer gewandt über den Hals und schneidet einem nicht die Kehle durch. Er schwärmt von Marburg. Er sagt auf deutsch «Marburg schön».

Der Krieg wird nicht fortgesetzt. Für einen Augenblick ist Europa aus dem Seifenschaum geboren.

Lille, Roubaix, Tourcoing, selbständige, rivalisierende Gemeinden und doch ein einziger Handelsplatz, eine ausgedehnte Industrielandschaft, Straßen, die ineinander übergehen, Fabrikmauern, die einander berühren, aber immer ein eigenes Rathaus, die eigene Geschichte, die besondere Tradition, die gepflegte Spezialität, das eigene Börsengebäude uralter Kaufmannschaft und natürlich Kirchen einheimischen Eifers, lokalpatriotischer Opferpfennige. Roubaix ist am flämisch-gemütlichsten. Deftige Fabrikantenvillen auf geschorenen Rasenteppichen. Dann breite Straßen, breite Plätze, breite Hauseinfahrten, überall Raum, sich zu regen. Tuche und Webwaren vor den Ladentüren in der Nachbarschaft fetter, runder, gelber Käselaibe. Dazu ein Geruch nach süßen Vanille- und Zimtwaffeln. Und dicke Fässer mit schwerem Bier werden von kleinen Kränen in tiefe kühle Keller hinuntergelassen. Bourgeoise Katzen sind die trägen Symbole der Heimischkeit und alter Wohlgenährtheit, während Araber, die in fadenscheinigen Anzügen schmächtig an ihnen vorübergehen, die alte Klasse der fahrenden Leute darstellen: verdächtig, vor der Tür gehalten, manchmal ausgenützt. Aus einem Viertel rauchgeschwärzter einstöckiger Reihenhäuser der Jahrhundertwende und des Zwölfstundentages erhebt sich plötzlich ein Stern modernster Architektur, sozialen Fortschritts, erkämpfter Freiheit, ein Fabrikturm aus Glas und Stahl, aus Licht und Luft und Rationalisierung der Arbeitskraft und der Zeit. Aber unten in der Gasse schwelt es nach alten Essigsuppen. Eine Mädchenschulklasse geht an einer langen roten Mauer entlang. Die gestärkten weißen Hauben der strengen Schulschwestern schwingen wie kühn gesetzte Segel über der unruhigen Gischt vor einer gefährlichen roten Klippe. Nach Tourcoing führt eine unheimliche triste Allee in ihren Kronen gestutzter Bäume. Alle die kahlen Stämme sehen wie für eine Massenhinrichtung bereite Galgen aus. Dieser Boulevard Gambetta endet auf der Place de la Victoire vor einem Siegesdenkmal aus prächtigem Marmor, und von hohen Masten weht, ein bunter schwingender Wald, die Trikolore.

Das große Kohlenbecken südlich von Lille, die schwarze Landschaft von Marchiennes, Lens, Béthune ist noch immer die traurige alte Welt Zolas, seines großen Bergarbeiterromans *«Germinal»*. Es wurde nicht gestreikt. Die verbreiteten Arbeitsniederlegungen der Nachkriegszeit, die eine Regierung gefährdeten, an der Kommunisten beteiligt waren, sind vorbei. Das Land ist ruhig. Die Straßen sind still. Man verdient. Man wartet. Lenin ist nicht vergessen, Thorez hat seine Stunde verpaßt. Man schweigt über de Gaulle. Ein Land der schwarzen Pyramiden. Wie die Gräber höllischer Pharaonen beherrschen die Halden der Minen den Nebelhorizont und stehen breitwuchtig, himmelweisend, ein fremdes Menschenwerk auf schwerem dunklem Ackerboden. Die Dörfer sind lange Reihen unverputzter Ziegelhäuser unter schmutziger Altersschminke und von ergreifender Trostlosigkeit. Aus der Eintönigkeit hebt sich immer der Kaufmannsladen heraus, und die Gemeinde scheint ihm, genau wie in *«Germinal»*, verschuldet und hörig zu sein. In Nœux-les-Mines standen vor dem Laden Scharen von Gartenzwergen zum Verkauf. Welcher Kundschaft galt das Angebot? Daneben lagen prächtige Blumen aus buntem Metall für die Gräber. Das Gotteshaus ist im Stil einer preußischen Garnisonskirche errichtet. Am Vormittag gehört sie den Kindern. Sie sitzen blaß im bleichen Nebellicht, das durch die Fenster dringt. Auch der junge Priester, der sie belehrt, ist blaß, schemenhaft, während seine Gehilfinnen, die Ordensschwestern, hier den Glucken auf einer Hühnerweide gleichen, vor Raubvögeln besorgt. Hinter einer abweisenden bösen Festungsmauer liegt ein unsagbar vernachlässigter, verjauchter Bauernhof. Ein regenverwaschenes Plakat ruft: Bratfertige Hennen! In der Kneipe steht der Wirt in Pantoffeln. Er sieht magenkrank aus, ist mürrisch, doch einem Gespräch nicht abgeneigt. Sein Schnaps ist aus Essenzen gebraut, brennt auf der Zunge und ist gefährlich billig. Auf dem Tisch liegt als einziges Journal die kommunistische Zeitung, die *Humanité*. Das Kino, ein Saalbau aus der Zeit vor der Erfindung des Films, heißt «Palais des Fêtes». Vor den Häusern liegen schwarze Haufen, die Deputatkohlen der Bergarbeiterfamilien. Die Straße ist menschenleer. An ihrem Ende verriegelt eine Grubenpyramide die Welt.

In Béthune und Lens werden die Minen verwaltet und wird Handel getrieben. In Béthune bilden die Niederlassungen der Großbanken einen kleinen quadratischen Platz, und auch das Polizeibüro sieht hinter Eisengittern wie eine Bank aus. Das kleine Café *Au petit sapeur* kämpft schwer gegen den Auftritt der Macht. Hinter einer hohen, recht finsteren Mauer schallt frommer Chorgesang. Die Mauer gehört zu einer Fabrik für Arbeitskleidung. Singen die Arbeiterinnen so frohes Gotteslob? Ist es eine Schallplatte, sind es Lautsprecher, die sie zu flinken Händen anfeuern? Das Gebäude hat ein sehr technisches und doch auch klösterliches Aussehen. In der Straße zum Bahnhof gibt es Schaufenster von Geschäften, die das Selbstschneidern lehren wollen, und man sieht dort sonderbar schäbige, mumienhafte Puppen, die mit verblichenen Papierschnitten aus einem Modeheft der Jahrhundertwende bekleidet sind. Das Hotel der Geschäftsleute liegt an einem hübschen Platz. Ihre Automobile parken vor einem *Beffroi*, einem alten Wachtturm mit einer Sturmglocke. Im Restaurant trennt ein großer, grüner, ein russischer Vorhang das Speisezimmer von einem Vorraum. Schmutzige, aber leinene Tischtücher. Glasierte Töpfe mit künstlichen Blumen. An jedem Tisch ein einziger, ein seltsam isolierter, ein seltsam verbitterter, ein bewundernswert disziplinierter Gast. Die Herrscherin im Haus, die übliche Madame, ist hager, streng, säuerlich. Die Kellner sehen krank aus, und zuweilen seufzen sie. Man speist nicht wie Gott in Frankreich, sondern wie ein armer Sünder im Fegefeuer. Bei der wäßrigen Suppe glaubt man an eine schwere Wirtschaftskrise, beim zähen Fleisch an einen verlorenen Krieg. Um zehn Uhr am Abend ist die Stadt tot, ist menschenleer, als habe es lange schon Mitternacht geschlagen. Auf einem dunklen geraden Wasserlauf ruhen stille Kähne. Ein hagerer arabischer Mann trägt ein langes Weißbrot durch die Nacht. Der alte Wachtturm ist aus Werbungsgründen schön erhellt und von seltsam unheimlichen Leuchtschildkröten umlagert, die einen Verkehr ordnen sollen, den es nicht gibt.

Lens ist ein Ort aus Fördertürmen, Gleisen, endlos langen Kohlenzügen, schwarzen Halden, einem großen modernen Bahnhof, dem kleinstädtischen Hauptplatz Jean Jaurès', einer neonlichtstrahlenden Buchhandlung kommunistischer Schriften, in der die Verkäuferin aus Gesinnungstreue einen roten Arbeitsmantel trägt, und der Generaldirektion aller Minen, die in einem prächtigen Gebäude residiert, ähnlich dem Friedenspalast in Den Haag, eisengitterbeschirmt, auf gepflegten Rasen gestellt und doch schon verloren in einer ungeordneten Welt. Ringsum und zwischen den Kohlengruben liegen riesige Friedhöfe, stehen hohe Beinhäuser, ruhen französische, deutsche, englische, kanadische Soldaten. *«À l'horizon, le ciel est d'un rouge d'enfer…»*

Ilse Aichinger

Ausgedacht

Wenn die Foltern gebündelt sind,
geh ich nach Bayonne
und schieb mich durch die Gitter,
die ich meine,
und hör den Gips dort knistern,
den ich wollte,
wie ich wollte,
ohne ihn zu streicheln
und solang ich will.

Ilse Aichinger

Dem Ende zugedacht

Wenn aber das Gericht tagt,
werde ich weit von Bayonne sein,
weit von den bonnes vacances,
ob sie mich finden?

Josef Einwanger

Moritaten

Ein Nest in Frankreich, ein Versteck für ein paar Tage, sage ich, es darf romantisch sein. Zerbröckelnde Steinmauern, Blumenranken in den Ritzen.

Flavigny, rät mir der Freund. Du kannst dort Aquarellmalen lernen. Der Schulraum im Dachboden eines Wehrhauses. Durch Fensterschlünde blickst du ins Burgundische. Der Ort wirklich unverdorben, ein volles Jahrtausend alles.

Flavigny, nie gehört, sage ich, erfülle mir den Wunsch und finde hinter abgeschiedenen Hügeln das Wegschild. Flavigny. Eine Bergauffahrt. Oben sitzt auf dreieckigem Felsschemel die Stadt, kauernd. Sie ist mit ihren abschüssigen Steinwänden und Gartenhängen den überfallenden Röcken eines alten Weibes ähnlich. Vor dem Tor stelle ich das Auto ab. Ein kleiner sandiger Platz zieht sich an der Mauer entlang, begrünt von haubigen Bäumchen. In den Steinritzen wirklich gelbe Blüten.

Ich halte mich bei den alten Männern auf, die Boccia spielen. Sie bewegen sich langsam, schleudern dann, aus der Beuge zuckend, die Steinkugel in den Sand, richten sich auf, lachen, rempeln sich an. Ha. Eine fliegende Kugel knallt gegen die im Sand sitzende. Der Sand spritzt auf. Der kleine Alte schiebt seine Schildmütze in die Stirn, blickt verschmitzt in die Runde, zwinkert auch mir zu. Ich grinse zurück, verliere sofort die Zeit, nehme etwas vom Gleichmut der Alten an. Es ist warm. Ich freue mich über die kleinen Aufregungen nach einem Wurf. Die Sonne sinkt hinter der Steinmauer mit den gelben Blüten ins dunkle Häusergeschacht. Vielleicht wohnt sie darin. Anisduft weht, als es lauer wird, über die Stadt. Ich gehe durchs Tor. Tausend Einwohner, schätze ich, trinke in der einzigen Teestube Tee.

Wie kommen Sie hierher, fragt mich eine junge Französin. Sie spricht deutsch. Ich bin froh darüber. Im Schwarzwald hat sie einmal gearbeitet, ist einer Liebe nachgezogen, vermute ich.

Wie finden Sie Flavigny?

Ich bin dem Anisduft nachgereist.

Sie geht zur Theke, holt ein Tütchen mit den weißen Kügelchen. Hier werden sie gedreht. Gedreht? Die Fabrik pustet den Anisduft über die Stadt.

Wieviel Einwohner, frage ich.

Zweihundertfünfzig. Jedes zweite Haus steht leer. Ein paar Künstler, die Bonbonsiederei und ein Männerkloster.

Ich greife ins Tütchen, streife zwei Kügelchen heraus, lutsche achtsam, entdecke mit der Zungenspitze das winzige Fruchtknäuelchen in der Mitte. Die Zunge wird sehr aufmerksam in Frankreich, sage ich. Es gefällt ihr.

Sie kommen zum Malen, sind ein Kunstsinniger.

Ich schüttle den Kopf, sehe in den Vitrinen Kunstgewerbliches, Schnickschnack auch. Mein Blick fällt auf ihre Halskette. Bunte Glasperlen.

Es liegt nur ein mattes Licht im Raum, Abend, ich breche zur Malerburg auf, finde sie an der Stadtmauer. Die Hauswirtin führt mich ins kleine Appartement. Der Professor kommt morgen, sagt sie. Aus Paris.

Sie will mir nicht glauben, daß ich kein Malschüler bin. Ich lasse mich auf der abgewetzten Couch nieder. Die Finger kriechen in Lederfalten, holen schimmelige Brotrinden hervor. Ein Seidenschal ist über ein Regal geworfen, den ich wegziehe, gleich sonnenverbrannter Haut abschäle von den Tonköpfen darunter. Sie sind von fremden Fingern geschaffen, die mich nichts angehen. Die Mauern wirklich meterdick, Schlünde die Fensternischen. Grüne und gelbe Hügel draußen. Zum Malen schön, sagt die junge Französin aus der Teestube, die mich am nächsten Tag aufsucht. Josette ihr Name. Ich halte mich, den Arm über ihre Schulter gestreckt, am Mauersims fest, flüstere in mich hinein: Josette, streife dann mit ihr durch die Stadt. Es fängt zu regnen an. Porzellanschwalben in niederen Fenstern, Fatimamadonnen. Ein schorfiger Hund springt in die Regengasse. Josette hüpft über eine Pfütze. Die Spatzen rücken nur eine Fußbreite zur Seite, sind wie in den Pfützen vertäut, schlagen mit den Flügeln.

Haben Sie je das Gefühl gehabt, sagt Josette, kurz vor der Lösung einer jahrelang verblendeten Erwartung zu stehen?

Was, stotterte ich. Wie kann eine Französin überhaupt einen so komplizierten deutschen Satz aussprechen?

Der Regenguß hört auf. Kinder tollen an uns vorbei, Eis am Stiel in den Händen. Eines verliert die schon rundgeleckte Vanillekugel, bückt sich, reibt mit dem Finger die gelbe Soße auf dem nassen Stein auseinander. Die Sonne schiebt sich, fransig wie ein Stofffleck über den milchigen Himmel. Wir kaufen Baguettes, Käse, Wein.

Josette setzt sich auf die abgewetzte Ledercouch, legt ein Kissen mit gehäkeltem weißem Überzug hinter ihren Rücken. Ich hocke ihr auf wackeligem Stuhl gegenüber.

Über uns, in der Dachstube, findet der Malkurs statt. Wasser verläuft auf wattigem Papier, Farben rinnen in die Fasern hinein. Wir bleiben an der Tür lehnen, schauen einige Minuten lang zu. Es wird dann noch ein heißer Spätnachmittag. Und nachts die abgekühlten schwarzen Steine und dunklen Wege und die leergewordenen Gesichter der lauten Frauen, deren Männer in anderen Orten arbeiten.

Josette schaut mich an. Wir sagen Du. Augen müssen bewohnt sein. Am Morgen liegt sie ungeschützt, zerbrechlich und entspannt da. Sie schlägt die Augen auf und sagt: Wir fahren zum Mt. Auxois.

Wohin, rufe ich.

Alesia. Nie von Vercingétorix gehört?

Ich habe dutzendmal den Berg gezeichnet, in der Schule, sage ich, und als wir dann davorstehen, sieht er aus wie meine Bilder. Zweihundert Meter hoch, ein Tafelberg und ringsherum die Felskrone. Oben auf dem Plateau die Viertelmillion Gallier.

Wir haben längst Cäsars Ringwall durchstoßen, sagt Josette, greift nach ihrer Halskette.

Der Schurke, rufe ich, ausgehungert hat er die Gallier. Und Vercingétorix schleudert ihm beim Ergebungskult seine Waffen vor die Füße, auf die Zehen, ans Schienbein, anstatt ins Herz. Cäsar springt auf, hüpft im Kreis und flucht, sage ich, und Josette schüttelt längst den Kopf.

Doch, es war so.

In kürzester Zeit habe ich es geschafft, meinen Geist in eine Verwirrung zu locken, die zu erreichen ich sonst einige Schnäpse und die plötzliche Aussicht auf das heiße Zugeständnis einer Frau brauchte. Himmel, rufe ich, und erahne die verzweifelte Zärtlichkeit der verlassenen Frauen, die hitzig dem nächstbesten Liebhaber um den Hals fallen.

Hier sitzen geschichtsträchtige Berge und hochstrebende Kathedralen so eng beisammen wie anderswo Fabriken und Mietskasernen. Die Heiligen müssen aus Platznot übereinander gebettet werden, und die Frauen wischen sich seit Jahrhunderten die Tränen aus den Augen und feuchten sich die Lippen an. Reglos hängen die Arme der Verwundeten an den Körpern. Die Krüppel poltern auf Krücken daher, und ich bekomme in der frischen Luft endlich den Kopf klar für das, was hier geschehen ist.

Josette bleibt lieber beim Kaffeetrinken im leeren Restaurant, das für Busladungen von Sightseern geschaffen ist. Ich beschleiche den Berg, eile Vercingétorix zu Hilfe. Die Gallier schmieden oben in ihren Werkstätten Schwerter und Lanzen, spießen unten einige Römer auf, zu wenige. Der Hunger reißt ihnen das Fleisch vom Leibe. Zum Ausfall rate ich, aber sie torkeln bloß auf die runden Schilde der Römer zu, humpeln wie alle geschlagenen Heere am Sieger vorbei. Langhaarig, schnauzbärtig und sehnig ihr junger Führer. Er schleudert Cäsar seine Waffen vor die Füße.

Ich suche die Felsenbühne, in der die Jugend, wie im Kasperletheater, vermute ich, die Szene nachspielt, finde sie und darüber den riesenhaften gußeisernen Vercingétorix, der über die Hügel blickt und von der Aughöhe aus wahrscheinlich auch Vézelay erspäht. Und während ich schreie: verfluchter Cäsar, und nun selber Gestalt und Geist des gallischen Heerführers annehme, brüllt mir der abgemagerte Bernard von Clairvaux drein, voll seiner honigfließenden Beredsamkeit zieht sich der Schall herüber, Ostersonntag 1146.

Bleib mir jetzt fern, antworte ich, ich komme nach Vézelay hinüber und sage dir separat meine Meinung, und ich ahne nicht, daß mir am Gebeinplatz der frommen Hure Magdalena die Versöhnung widerfahren wird.

Ein Glück, daß Josette beim Kaffee ausharrt, so kann ich mir hier noch einige Zeit ungeniert Zorn und Eifer von der Seele reden, zur späten Ehre der Gallier. Josette spricht Vercingétorix französisch aus. Es liegt ein Klang nach gutem Wein darin. Die zusammenrinnenden Silben schwabben auf der Zunge hin und her, und aus dem

Gurgeln schlüpft der Endlaut X. Ich lauere, ob mein Rufen ein Echo zurückwirft. Nein. Ich müßte schon gegen die kleine Felsbühne brüllen. Du hinterhältiger Römer hast unsere Frauen und Kinder in den Dreck gestoßen. Auf offenem Feld hätten wir dich mit Waffen und Fäusten geschlagen. Aber wir sind dir in die Falle gelaufen. Und ich lasse dich, wie alle es tun, am Leben, damit du deine Mordzüge beenden kannst, die ruhmreich die Geschichtsbücher füllen werden. Du mußt noch *De bello Gallico* schreiben, verdirbst den Schülern für Jahrtausende ihre eigene Sprache, du zwingst ja die Gemüter der Menschen wie der Wind die Wolken, hast in schlaflosen Nächten, den Kopf auf das harte Feldlager gepreßt, nicht gleich Alexander vom homerischen Achill geträumt, dir ist die Flexion der Haupt- und Zeitwörter deiner lateinischen Soldatensprache am Herzen gelegen. Zu Hause, in Rom, im Faulbett, hast du dir die Trauben in den Mund stecken lassen, hast Verse geschmiedet, lächerliche, sag ich dir, und mit Liebeshändeln dir die Zeit vertrieben, hast dich, Fatzke, in die Toilettenweisheiten einweihen lassen, in alle Rasier-, Frisier- und Manschettenmysterien, und der Duft deines Parfums begleitete dich, während du links und rechts der Straße die Völker niederwarfest, mit der einen Gehirnhälfte liebevoll an deine Mutter Aurelia denkend, mit der anderen den Triumphzug durch Rom inszenierend. Ich kauere derweilen fünf Jahre im Erdkerker, vertiere, und du läßt mich auf einen Karren fesseln, mit meinen eigenen Haaren ansträhnen. Deine jubelnden Untertanen spukken, wenn sie mich anspucken, auf dich, sie wissen es bloß nicht. Und während du mich erhängen läßt, geht dein Theaterstücklein weiter. Sie wetzen die Messer und stechen dich nieder. Und die Weltbühnen haben für alle Zeiten einige berühmte Worte mehr. Auch du, mein Sohn Brutus. So geschehen an den Stufen im Theater des Pompeius.

An dieser Stelle, einen Fuß auf den Fels gestützt, die Faust zitternd in der Luft, stocke ich, höre ich wieder den rasenden Bernard. Ich drohe zurück, bin heiser genug, aufzugeben, und als ich dann ins abgewetzte Ledersofa in der Malerburg zu Flavigny sinke, schiebt mir Josette das weiße Häkelkissen hinter den Rücken und kollert mir aus ihrer Hand ein paar Anisbonbons in den Mund.

Wir schlendern durch die Stadt. In steilen Strähnen stürzt Regen in die Steingassen, ein streunender Hund streift die Mauern entlang. Plötzlich setzt der Regen aus, die Gassen dampfen, lehmfarben tropfen noch vereinzelt die Dächer ab, Rinnsale verlaufen sich, überschwemmen in der Eile hie und da eine Steinplatte.

Josette platscht ins Nasse, heult auf, und der im Gemäuer verjapsende Ton hat etwas vom Tier.

Dann wieder ihr beschwörendes Flüstern beim Wein. Sie erzählt vom Elternhaus. Es war von Reben umwaldet. Sie habe als Kind erlebt, wie alle krummen märchenhaften Rebstöcke aus dem Boden gerissen wurden, ein großes Umbringen der Rebstöcke, die doch knorrig genug waren zu widerstreben. Ich denke mir die rackernden, sich bückenden, sich aufrichtenden Menschen dazu, und mir steigen die mit Gabeln bewaffneten Teufel und trunkenen Engel von den gotischen Kirchen herab.

Josette wischt ihre Lippenstiftabdrücke auf eine Papierserviette.

Am nächsten Tag brechen wir nach Vézelay auf. Hühner hocken auf Mauern, eine Katze mit grünen Augen schreitet über die Steine und springt einen Spatz an.

Wir fahren auf den Hügel zu. Ein schleichender, sich duckender Berg, sage ich, der unzufrieden ist mit dem Pelz seiner Häuser und der Bürgerlast. Nein, sagt Josette, ein aufstehender, träger Löwe. Bernards großer Auftritt vor dem Heerhaufen.

Du mußt Berg und Stadt und Kirche malen, sagt sie, obgleich sie weiß, daß ich nicht male. Hunderttausend hingelagert, König Ludwig VII. dabei, Richard Löwenherz, zahllos die Ritter, Narren, Huren, Heiligen, Adelsleute, und Bernard schreit sich die Seele aus dem Leib. Scharrende Pferde, die Ritter in Panzerhemden und die weißen wehenden Mäntel der Kreuzfahrer. Immer die kleinen Ränder, Flecken und Lücken im Aquarell, die Räume. Man sagt und malt nicht alles.

Bernard, die Hände beschwörend gen Himmel gestoßen, Kreuze in die Luft schlagend: auf nach Jerusalem. Rache an den Sarazenen, die Jerusalem und das heilige Grab schänden. Sara, Sara, Weib des Abraham, welche Sippe ist aus deinem Leib gekrochen. Sarazenen. Und all die Unseligkeiten der Zeit, brüllt Bernard.

Was, was sagt er, fragen die Hinteren am Bergfuß, was? Und die Oberen schreien kopfwendend hinab: All die Unseligkeiten der

Zeit deckt er auf, Buße verlangt er. Vom unseligen päpstlichen Schisma redet er, von der perfiden französischen Politik.

Meint er, kehren einige die Fragewelle um, meint er auch die Ausbeutung? Sie seufzen. Meint er auch die Adels- und Lehensherren?

Unmensch, ruft ein Ritter und knebelt den frechen Mund. Vom sittlichen Verfall redet Bernard, und daß ihr die Weiber huren lasset.

Im Durcheinander eilen die Worte Bernards, zerstückelt, den Berg hinab. Die Hingelagerten recken sich, legen die Hände an die Ohren. Was, was meint er?

Die sichtbare Gärung beschimpft er, die Verhältnisse, die Universitäten mit ihren Gescheitheiten, die neuen Künste. Und nur die heilige Mutter Kirche, sagt er, kann alles in Griff und Knebel bringen. Zur Hebung der Frömmigkeit, rufen sie den Berg hinab, halten die Hände vors Maul, hallen es weiter: Und eine christliche Wissenschaft, eine christliche Kunst, eine christliche Politik. Nach gemeinschaftlichem Sündenbewußtsein verlangt solcher Geist, nach Buße, Buße. Gott will es. Auf nach Jerusalem, auf zum heiligen Grab. Lasset die Weiber und Kinder zurück. Gott will es. Auf zur Buße, Jerusalem, Jerusalem.

Sie bedrängen oben Bernard, der nicht genug Kreuzzeichen verteilen kann. Er zerschneidet seinen Mantel, sein Oberkleid, reißt alles in Fetzen und Fransen. Sie zerpflücken ihn, rupfen ihm die Kreuzlein aus dem Gewand, raufen ihm die Haare aus. Gott will es. Wollkreuzlein, Fransenkreuzlein, Nahtkreuzlein.

Die Erleichterung pflanzt sich fort. Niemand kann sich verweigern. Die Waffe in die Hand, die Rüstung um die Brust. Nur die Kirche macht die Idee wirklich, knüllt sie zu einem Gesichtspunkt zusammen, macht den Aufbruch flüssig, die Worte mundgerecht, legt dem Vorhaben Demut und Buße zugrunde. In die Knie gesunken und auf. Zur Durchdringung aller Verhältnisse, aller Seelen, aller Herzen. Gott will es. Es ist Vorsehung.

Bernard erschöpft, noch magerer und heiliger als zuvor, einem Toten ähnlicher als einem Lebendigen, schreibt an den Papst: der Erfolg. Sie ziehen los. Die Städte und Schlösser werden leer, und kaum finden sieben Weiber einen Mann. Schon bei Lebzeiten ihrer Männer werden die Weiber verwitwet.

Ich wische mir über die Stirn, greife zur Seite und berühre die Hand Josettes. Wir lehnen an der lichten Mauer von Sainte-Madeleine. Seitlich des Tympanons. Gott, das Tympanon, Christus überragend in der Mitte und die getauften und ungetauften Völker im Halbkreis, ein Weltwunder. Durch die Vorhalle gehen wir ins Innere. Raum. Am elfenbeinhellen Kalkstein brodelt das lebendige Licht, in Punkten und Streifen, durch die Fenster gesammelt. Mystische Mühle heißt eine Kapitelplastik. Wollust und Verzweiflung eine andere. Aus Bauch und Brüsten einer Frauengestalt schlüpfen Schlangen. Die Gebeine der rothaarigen Magdalena, sage ich, haben sie Bernard so ereifert? Wieso rothaarig, sagt Josette.

Jesus, seufze ich, die Gebeine der sündigen Magdalena. Ihre Hände müssen zu den zärtlichsten Händen der Welt gezählt werden.

Josette hüstelt. Ich folge ihren Blicken in die Höhe zu den Kapitelplastiken. Jakobs Kampf mit dem Engel. Lehren und Kostbarkeiten, sagt sie, Vézelay, Zierde Frankreichs, Ziel und Beispiel für Könige, Heilige, Sünder.

Dank der Gebeine von Magdalena, sage ich, konnte Frankreich werden, was sich die Welt von Frankreich erhoffte. Süchtige Liebe.

Draußen treten wir an die Bergkante. Ich sehe Josette im Gras mit hochhackigen Schuhen einen zähen Tanz beginnen. Am Berghang zertrümmert ein Bauer ein altes Weinfaß. Die Schläge auf die Eisenringe hämmern die Musik. Die Faßhölzer zerfallen, brechen nach innen. Noch ein Ächzen des Faßgerippes. Der Bauer tritt mit dem Fuß nach.

Am späten Nachmittag sitzen wir in der Malerburg, trinken Rotwein. Ich stütze mich im Sessel auf die Armlehne, blicke durch den Fensterschlund ins Land. An der Tür scharrt der Hund des Professors. Oben malen sie, setzen Farbpunkte ins saugende Blatt.

Josette ringelt sich in die kurze Ledercouch. Ihr Gesicht glüht vom Wein.

Im wattigen Papier Wasserflecken, sage ich. Mir fällt Motorgebrumm ins Wort. Draußen tuckert ein Rasenmäher, der uns bis in den Abend hinein keine Ruhe mehr läßt. Ich stelle mich ans Fenster. Jenseits der Mauer, in den Klosterwiesen, schiebt ein Mönch den Motormäher. Manchmal taucht über dem Mauerrand sein Glatzkopf auf. Im steilen Hang mit den vielen Obstbäumen hat er es nicht leicht. Als ich mich umdrehe und zu Josette sage: Was wünschst du dir, antwortet sie gähnend: eine Tochter mit hellen Augen.

Sie dreht ihren schläfrigen Körper beiseite.

Am nächsten Tag reise ich ab, werfe noch einen Blick in die Malstube. Einer hat Vézelay aufs Papier getupft. Die Häuser geraten mir zu hinaufkrabbelnden gepanzerten Rittern. Als ich dann, ich weiß nicht warum, unzufrieden die Treppe hinabspringe und ins grelle Sonnenlicht gerate, das sich wie ein Tuch auf mich wirft, lacht Josette. Sie lehnt an der Steinmauer. Eine Katze, hinten auf ihrer Halshöhe, schnurrt, miaut.

Weißt du, sagt Josette, was sich nicht verändert hat?

Ich welcher Zeit nicht verändert, frage ich.

Seit Cäsar und Bernard und Madeleine.

Nein, was?

Katzen, sagt sie.

Wir setzen uns noch einmal ins Teehaus.

Die zwei Hügel hängen für mich nicht zusammen, sage ich. Große Reden und Tote gibt es überall.

Eine Frau, antwortet Josette, hat von Alesia einen Karren mit einer Sargkiste bis nach Vézelay geschoben. Den zweirädrigen Karren und das tote Kind darauf.

Von Alesia nach Vézelay? Damals?

Oder umgekehrt, sagt Josette, und weiter bis Verdun. Den Sohn.

Die Tränen der Steine, sage ich und überspringe alles andere.

Bei den Bocciaspielern verweile ich eine Viertelstunde, freue mich über gute Würfe, leide unter den Fehlschüssen. Ich erschnuppere Anisduft.

Dann sitze ich alleine im Auto, fahre durch die Burgundische Pforte zurück nach Deutschland. Die Berge der Südvogesen steigen im Norden hoch, und mir erscheint zwischen den Telegrafenstangen und Gärten der Häuser die Frau mit dem Karren.

Im Westen nichts Neues. Mein Vater hat mir erzählt, was ihm sein Großvater erzählte. Stellungskrieg. In den Löchern und Gräben festgeschossen. Habt Wacht. He, haben sie zu den Franzosen hinübergeschrien.

Vierzehnerkrieg, oh, wie ich die Ohren aufriß, wenn mein Vater erzählte, was ihm sein Großvater erzählte. Westwärts Metz. Die

Franzosen weggeputzt. Bis auf vierzig Meter haben wir sie herangelassen, dann umgemäht. Wie die Strohhalme auf dem Feld sind sie gepurzelt. Der Großvater des Vaters hat den Patronengürtel weich über seine Hände hüpfen lassen. Er rüttelte die Patronen locker hin, damit sie das Maschinengewehr ohne Stocken abfeuern konnte.

Sie haben so ein stechendes lebendiges Auge, die Franzosen, und ein so weißes Augenweiß.

He, haben sie dann wieder hinübergerufen. Wieviele Monate noch? Spielen wir doch lieber Karten. Und einmal haben sie sich zusammengehockt, die Blauroten und die Bayern, und haben Karten gespielt. Im vordersten Graben. Und gleich darauf auf Kommando einander erschossen. Wollt ihr nicht verrecken fürs Vaterland. Auf in den Gottesacker.

Morden hat mein Vater mit mir gespielt, das Spiel, das sein Großvater mit den Franzosen im vordersten Graben gespielt hatte. Bub, spielen wir doch Morden, das Spiel der Könige. Moritaten machen wir daraus. Gleich den Bänkelsängern. Ich erkläre es dir. Vier Könige stehen gegeneinander, vier Könige verschieben und sich zuschieben. Auf in den Kampf. Die Kinder werden aussortiert. Weg mit den kleinen 6er- und 7er-Karten. Alle anderen müssen ran. Die Zehner sind was wert. Und die Buben sind Spitzbuben. Schön die Eichelunter, Eichelober, Eichelfrucht und Eichellaub und Eichel mit Schwert. Aus den Mordtaten werden Moritaten, Bänkellieder. Hoch zu Roß der Mann und darunter das Weib. Am Schweif. Es gilt, vier Könige zu versammeln. In einer Hand hingefächert. Aber die Sau sticht darüber.

An der Grenzstation krachen die scharf an die Stangen gezurrten Fahnen im Wind. Ich nicke, und die Grenzer winken mich durch.

NATASCHA SELINGER

Bleischwer in der Ohama Beach

Neben einer ostfriesischen Großmutter hatte das Leben mich mit einer französischen Großmutter bedacht, eine Tatsache, die ich unangemessen spät erfuhr.

Im Alter von elf Jahren kam mir zu Ohren, daß in der Normandie in einem Ort namens Colleville s/mer der 75. Geburtstag einer gewissen Marie Dieudonné bevorstände. Ein Mann, der ein Prisonner-of-war-Hemd trug, der rauchte, mich in seine Arme riß und sich als mein Vater bezeichnete, umarmte auch meine Mutter mehrmals am Tag, bis er gegen Abend beiläufig erwähnte: Er müsse wieder fort, nur kurz, gewiß. *Promis*! Schließlich handele es sich um den 75. Geburtstag seiner Mutter Marie Dieudonné.

Das Schweigen gelang meiner Mutter großartig, ich kannte es zu gut und hätte dem Mann gleich bedeuten können, daß er auf dem besten Wege war zu verlieren, wenn er weiterredete. Der Ahnungslose! Immer schneller kamen die Wörter, die Ausrufe, die Erklärungen. Schließlich ergriff er sogar mich, ein lebendiges Argument in seinen Händen:

«Deine Großmutter, die nur einmal, ein einziges Mal in ihrem Leben ihren 75. Geburtstag feiern wird, soll dies ohne ihren Sohn tun! Tun müssen! Deine Mutter will es!»

Hier wurde, das begriff ich, etwas ausgetragen, von dem ich mich besser fernhielt. Schnell war ich im Wintergarten zwischen den Clivien und duckte mich.

Eine französische Großmutter! Ich ging hausieren mit dieser reichen Neuigkeit, die, dessen war ich gewiß, mein Leben verändern würde. War doch die ostfriesische Großmutter die Gebärmutter alles Schweigens dieser Welt: märchenlos, liederlos, die mit stumpfen Messern dem Scherenschleifer unter der Nase herumfuchtelte und den Hühnern die warmen Eier aus den Nestern wegstahl, wenn sie einmal im Jahr zu Besuch kam und wochenlang dablieb.

Meine Fragen nach der französischen Großmutter beantwortete man, ja, ja. Ich erfuhr, daß sie die Mutter meines Vaters sei, in Colleville s/mer lebe und man sie bisher nicht zu Gesicht bekommen habe, schließlich sei Krieg gewesen.

Der Mann, der doch genauere Auskünfte hätte geben müssen, zumal er sich auch in den folgenden Tagen und Jahren als mein Vater bezeichnete, dieser Mann reiste damals nicht fort und sagte mir ins Gesicht, Neugier verführe nur! Ihn verführe sie zu Reisen, die man zu diesem Zeitpunkt besser unerwähnt ließe. Gib's auf mit den Fragen, sagte er noch.

Jahre später, ganze Jahre, in denen mir die Dieudonné nicht aus dem Sinn ging, zumal die ostfriesische Großmutter sich ins endgültige Schweigen davongemacht hatte. Ich aber war fest auf der Erde, und die wurde immer wortreicher. So kam es mir zumindest vor, als ich glücklich entdeckte, daß für Vorstellungen, für Gefühle und Gedanken Wörter bereitstanden, die, wenn ich sie genau ordnete, dem Anspruch der Schildernden genügten. Dies geschah täglich, es geschah mit schamloser Inbrünstigkeit auf deutsch, auf englisch und auf französisch.

In dieser Zeit – mittlerweile war ich sechzehn Jahre alt – wünschte ich mir immer stärker, der französischen Großmutter zu begegnen, zumal sich ihr 80. Geburtstag näherte und meine Mutter dieses Mal keine schweigenden Einwände gegen eine Reise erhob. Sie schien im Gegenteil erleichtert, als sich die ersten zaghaften Andeutungen mit Paß, Straßenkarten und dergleichen zu handfesten Reisevorbereitungen mauserten.

Mitzukommen aber wies sie von sich. Für mich, sagte sie, ist eine solche Reise undenkbar. Sie sei keine Verräterin und schulde es dem Andenken ihrer Mutter, 1871 und 1918 und 1945 nicht zu vergessen.

Flott kamen die Zahlen aus ihrem Mund. Sie ging immer noch in Trauer; dabei hätte Rot ihr, die ich doch liebte, so gut gestanden.

Und rot-weiß-blau, nicht anders, sah ich Frankreich. An jeder Straßenecke erwartete ich, der Commune zu begegnen oder Jean Moulin und seinen Genossen. Daß der Existentialismus ein Humanismus ist, predigte ich erbarmungslos. Ich trat aus der Kirche aus und war verbittert, als niemand zu Hause mich daran hinderte, ja, nicht einmal den Versuch unternahm, dieses gottlose Verhalten zu unterbinden. Drohend ging ich mit dem ungefähren Zitat umher, daß ich meine Zeit nicht mit Gottesbeweisen zu vertun gedächte: Es interessiere mich nicht, ob Gott nun existiere oder nicht.

Aber meine Mutter lernte gerade Norwegisch, denn ihr war danach, Knut Hamsun im Original zu lesen. So bemerkte sie nicht einmal, daß ich von Kopf bis Fuß nur noch in Schwarz ging und mit rauher Gréco-Stimme wiederholte, wie sehr ich die Sonntage hassen würde.

Auch meinem Vater, den ich von nun an so nennen will, schien die Veränderung nichtssagend. Gedankenlos gab er mir von seinen Gauloises ab, wenn ich rauchen wollte und hustend auszog, Beweise für die Absurdität der Welt zu sammeln, um meine reiche Ernte dann gleich zu Papier zu bringen. *Malgré tout!* Zähneknirschend, als habe mich da ein verirrter Wüstenwind angeweht und mir den Mund voll Saharasand geblasen, ging ich durch die Monate bis zu den Sommerferien und färbte die weißen Blusen des vergangenen Sommers schwarz. Denn ich würde ja bald nach Frankreich fahren, weg von der aufbaugewaltigen Bundesrepublik, weg von den Anführungszeichen, weg vom Sogenannten, vor der blanken Tatsache der DDR, weg von Sissis Kaiserschmarren und den schönen Beinen der Dolores.

In Colleville würden sie das Lied singen: *Monsieur qu'on nomme grand, je ne veux pas le faire, je n'entre pas en guerre pour tuer les pauvres gens...* Da hörte ich die singen, die meine Freunde werden würden, die dachten, wie ich dachte.

Im eigenen Land aber, und das Land war ein Dorf und ein Schulbus bis zum Gymnasium und wieder zurück, war ich ein schwarzes Schaf geworden, das bewies mir jeder Tag, eine Tatsache, die sich wohl größtenteils aus meiner Kleidung erklären ließ.

Meinen Vater kümmerte in dieser Zeit der letzten Reisevorbereitungen nichts weniger als die düstere Gottlosigkeit seiner Tochter: Er würde bald dahin fahren, wohin es ihn seit Jahren trieb, nach Colleville, seiner himmelstürmenden Kindheit entgegen, seiner Mutter entgegen.

Wir fuhren an einem der ersten Augusttage fort, ließen Mutter und Frau mit Knut Hamsun allein, was sie als ein Geschenk des nordischen Himmels anzusehen verstand und darum die ferne französische Schwiegermutter, der sie nie begegnet war, insgeheim pries. Ausdruck der Erleichterung ob des ungestörten Sommers war ein kleines Paket, sehr hübsch verpackt und bleischwer. «Reist mit Gott!» sagte sie noch. Ich war glücklich genug, ihr diesen deplazierten Wunsch verzeihen zu können.

Der DKW fuhr, das Dach offen, und der Himmel kam näher, bis er ein französischer Himmel wurde mit französischen Wolken. Die Augen meines Vaters an der Grenze – zum erstenmal fehlte mir ein Wort: Glanz? Leuchten? Strahlen? Blitzen? Donnern... Mit leichter Zunge kamen ihm französische Sätze, Fragen, Bemerkungen. Seine Hände in neuen Bewegungen, die ich nie bei ihm gesehen hatte.

Aber je näher wir der Normandie kamen, desto einsilbiger wurde er. Seit Stunden fuhren wir. Die Chausseebäume, endlos, endlos! flankierten unsere Vorwärtsbewegung und ließen scheinbar keinen Ausbruch nach rechts oder links zu. Irgendwo dann ein spätes Abendessen und eine Übernachtung in einem Hotel am lauten Straßenrand. Meine Neugier litt, und in der Nacht träumte ich von Chausseebaumfluchten, St. Ra, St. Rapha, St. Raphael.

Caen, Bayeux, Port-en-Bessin anderntags. Die Straßen waren schmal geworden, ein enges Kilometerband, und an dessen Ende Colleville s/mer und dort endlich: meine Großmutter.

Ich sah plötzlich das Meer: augustblau; mein Herz sprang auf. Jetzt seien wir beinahe angekommen. Warum klang also die Stimme meines Vaters so nackt? Winterkalt klang sie, obwohl doch August war und das Meer dalag bis an den Horizont.

Er hielt an und ging schnell auf das Meer zu. Dort, sah ich, stand er bloß da und rauchte. Er hatte mir den Rücken zugekehrt. Währenddessen saß ich unruhig und ratlos im Auto, zog Camus zu Rate, befragte Sartre, aber außer der Feststellung, daß dieses Verhalten so kurz vor dem Wiedersehen mit seiner Mutter einfach absurd sei, kam mir nichts Existenzphilosophisches in den Sinn.

Sollte ich zu ihm gehen? Ließ ich es besser sein? Ich wartete also und überließ ihn der Freiheit zu tun, was er für richtig hielt. Er stand aber weiter tatenlos da, rauchte weiter und scherte sich nicht um die Tochter, die im Handschuhfach kramte, einen Riegel Schokolade fand, daran nagte, sich tief ins Gesicht die Haare kämmte und französische Sätze zurechtlegte: *Comme je suis enfin arrivée croyez-moi que...* Aber was sollte man mir glauben und wer denn? Tränen jetzt?

Tränen gab es in meinem Leben nicht mehr, vor Monaten schon hatte ich dergleichen Luxus abgeschafft. Wenn ich jetzt also dieses beklommene Gefühl – nicht geheuer! – da im Magen spürte, dann nur darum, weil ich selber nichts tat.

Der Mensch, sagte ich mir rücksichtslos, ist nichts anderes que *l'ensemble de ses actes.*

Nickte, stand auf, schlug die DKW-Tür zu und ging meinem Vater nach. Zudem wollte ich rauchen, in der Normandie rauchen, eine Gauloise rauchen. Jetzt.

Wir waren ja, mein Vater und ich, beinahe am Ziel.

Er drehte sich erst um, als ich fast neben ihm stand.

Setzen wir uns, sagte er, es wird eine Weile dauern.

Daß etwas entschieden nicht mehr stimmte, war nun klar. Bisher hatte er immer nur mich zum Sitzen aufgefordert: Setz dich, hatte es geheißen, Zurechtweisungen hatten so begonnen, für die er sich aber kaum Zeit nahm; vermutlich langweilte ihn Erziehung, eine Einstellung, die ich mit ihm uneingeschränkt teilte.

Nun dies!

Wir saßen nebeneinander, und mein Vater trat eine Schiffsglühbirne mit dem Fuß weg. Er las zwei, drei Muscheln auf und warf sie ihr nach.

Es war mir nicht geheuer.

Was ist denn, fragte ich, wir sind doch gleich angekommen. Warum fahren wir nicht weiter? Ich bin so neugierig – und dabei zog ich das O in die Länge, wie ich es als Kind getan hatte, und ärgerte mich sogleich darüber.

Ich verstehe nicht, warum wir hier herumsitzen, sagte ich noch und hörte mich gegen die Brandung sprechen.

Die Muscheln flogen und schlugen gegen das Glühbirnenglas, das nicht zersprang.

Du wirst es sofort verstehen. Deine Großmutter gibt es nicht. Nicht mehr. Das ist alles.

Die Augusttage in Colleville s/mer waren blau, wie das schöne Meer sie versprochen hatte. Wir machten so ziemlich alles, was die norddeutsche Tiefebene, was ein Hamsunland sich verbat: Bis spät in die Nacht saßen wir beim Dominospiel, tranken Café Calva, aßen Hälse und Hintern von Truthähnen. Am Grab der Marie Dieudonné standen wir mit leuchtenden Sommersträußen. Wir lachten über die Kathedrale von Lisieux und verwerteten sie für Konditoreitortenguß. *Pardon, Ste. Thérèse!*

An der Ohama Beach machten wir eines Tages sogar das bleischwere Päckchen für den 80. Geburtstag auf, in dem ein kleiner, gußeiserner Schmied drohend seinen Hammer über einem eichenlaubverzierten Amboß schwang. Es ging uns so gut zusammen, daß wir den Schmied im Ärmelkanal versenkten.

Wenn ich aber allein durch das Dorf den Weg ans Meer hinunterlief, in der Nase noch den Kolonialwarengeruch vom kleinen Laden nach Schuhcreme und Seilen, Fisch, grünen Augustäpfeln, nach Himbeerbonbons, Cassis und Stearin, dann legte ich mir Erklärungen zurecht, die zu geben meinem Vater offensichtlich nicht in den Sinn kamen.

Du bist, hatte er mir an jenem Tag beim Einsteigen leichthin gesagt und die letzte Muschel hoch in die Luft geworfen, doch eher *meine* Tochter, und eines Tages verstehst du, warum. Erzähl, wenn du mußt, zu Hause, daß deine Großmutter nicht mehr lebt. Ich werde es nicht tun von mir aus. –

Da kam es vor, daß ich am Strand lag und das Schwimmen vergaß und an Erklärungen für seine Lüge lötete und bog und schmiedete.

Bis ich es leid war und ins Meer rannte und alles vergaß. Dort hielt ich mich im August die meiste Zeit auf. Statt Sartres Genossin wurde ich Frei- und Fahrtenschwimmerin, denn von der Commune und dem Existentialismus hielten die Leute in Colleville nicht sonderlich viel. Der Wahrheit die Ehre zu geben: Sie lachten sich kaputt und schoben mir einen Calvados zu und ließen den General leben. Ich verschluckte mich daran. Mein Vater warf derweil wortreiche, schaumige Reden in die Luft, deren Sinn mir verborgen blieb. Ich hatte offenbar noch viel Conditionel II zu lernen.

In den Jahren nach dem denkwürdigen Sommer in der Normandie gab es keinen Grund dafür, keinen dagegen, nach Frankreich zu reisen. Es kam mir nicht in den Sinn, war es das? Ich hatte mich aus dem Existentialismus davongemacht, zugegebenermaßen halbherzig und mit einem sündigen Gewissen. Und Colleville war ein Ort geworden, irgendeiner.

Dem Vernehmen nach sah man meinen Vater auf den endlosen Chausseen Frankreichs in Richtung Colleville s/mer zum hundertsten Geburtstag seiner Mutter fahren.

Les Rêves à la Révolution

Walter Benjamin

Schönes Entsetzen

Der vierzehnte Juli. Von Sacré-Cœur aus übergießen bengalische Feuer Montmartre. Der Horizont hinter der Seine glüht. Feuergarben fahren auf und erlöschen über der Ebene. Zehntausende stehen am steilen Abhang gedrängt und folgen dem Schauspiel. Und diese Menge kräuselt unaufhörlich ein Flüstern wie Fältchen, wenn der Wind im Mantel spielt. Spannt man sein Ohr dem schärfer entgegen, so tönt darin noch anderes als Erwartung der Raketen und Leuchtkugeln. Erwartet nicht diese dumpfe Menge ein Unheil, groß genug, aus ihrer Spannung den Funken zu schlagen; Feuersbrunst oder Weltende, irgend etwas, das dies samtne, tausendstimmige Flüstern umschlagen ließe in einen einzigen Schrei, wie ein Windstoß das Scharlachfutter des Mantels aufdeckt? Denn der helle Schrei des Entsetzens, der panische Schrecken ist die Kehrseite aller wirklichen Massenfeste. Der leise Schauer, der die ungezählten Schultern überrieselt, bangt nach ihm. Für das tiefste, unbewußte Dasein der Masse sind Freudenfeste und Feuersbrünste nur Spiel, an dem sie auf den Augenblick des Mündigwerdens sich vorbereitet, auf die Stunde, da Panik und Fest, nach langer Brudertrennung sich erkennend, im revolutionären Aufstand einander umarmen. Von Rechts wegen begeht man in Frankreich die Nacht des vierzehnten Juli mit Feuerwerk.

Jean Améry

Reise ans Ende der Revolution

Notizen von einer Frankreichfahrt

5. Juni 1968

Grenzübertritt bei Maubeuge von Belgien nach Frankreich. Was dieser ganzen Fahrt, die mich vom Norden des Landes bis weit in den Süden hinunterführen soll, ihren eigentümlichen, schwer definierbaren Charakter geben wird, hier beginnt es schon: Ratlosigkeit, Desorientierung, Konsternation. Der französische Zollbeamte will nichts wissen von meinen Identitätspapieren, meiner Autoversicherungskarte. *«Service publique»*, sagt er sibyllinisch. Das soll wohl heißen, daß der Service Publique sich im Streik befindet, seinen öffentlichen Dienst nicht versieht, im Augenblick also das Gegenteil dessen tut, was sein Name aussagt. Der Zöllner steht da, ungerührt, wie die Pappeln, und Pappeln begleiten meine Fahrt in stiller Majestät wie streikende Zöllner. Das weite Land: altes und jedesmal sich erneuerndes Wunder für den Frankreich-Reisenden, der aus dichter besiedelten Regionen kommt. Landschaft in diesem Lande ohne Landschaftskult, unverschandelt auf weiten Strecken. Man atmet tiefer, und sei man auch gefaßt auf die Atemlosigkeit revolutionärer Erschütterung.

Wo aber ist die Revolution? 5. Juni. De Gaulle hat schon gesprochen: *«Je ne me retirerai pas!»* Und das Benzin fließt, und eben sind die Franzosen ins Pfingst-Weekend gefahren wie in Godards blutigem Film: der Pfingstblutzoll wird unendlich viel höher gewesen sein als der einer Revolution, die keiner versteht. «Wir werden Jahre und Jahre brauchen, um zu begreifen, was sich ereignet hat»: da steht es Schwarz auf Weiß in *Le Monde*, geschrieben von Edgar Morin, einem hochgescheiten Soziologen. Ist alles schon zu Ende, herrscht Ordnung in Frankreich? Noch steht in Laon die Kathedrale. Aber man findet keine Zigaretten in der Stadt, was die Hauptsorge der Bevölkerung zu sein scheint. *«Ça va mal en France»*, sagt man erklärend dem ausländischen Raucher, der hat das oft genug gehört. 1940, als *les Panzers* das Land überrollten; 1946 bis 1948, als die Befreiung in der Unfreiheit des Schwarzmarkts ertrank; 1953 bei den großen Streiks; 1958, im Augenblick des Zusammenbruchs der Vierten Republik. Aber da hatte Frankreich – *oui, ça allait mal!* – noch den Mann der «Vorsehung» in Reserve, der wurde dann fertig mit dem Algerienkrieg, mit den Regierungskrisen, mit der NATO. Auch jetzt gibt es ihn noch; oder gibt ihn wieder, seit er in Baden-Baden mit dem General Massu konferierte und die Unterstützung der Armee für weiß Gott welchen Preis einhandelte. Und gibt ihn doch nicht mehr. «Nichts wird wieder so sein, wie es war», das hat sogar Monsieur Pompidou gesagt. Nein, nichts, auch wenn die Revolution schon zu Ende ist. – Ist sie es in der Tat?

6. Juni

Die Métro fährt wieder in Paris, auch schon ein paar Autobusse. Doch häufen sich noch auf den Trottoirs die Abfälle, und die Ratten haben große Zeit. Auch wird die Post noch nicht befördert. Auch streikt man weiter in der Metallindustrie, bei Renault, Citroën, Peugeot. Paris hat zu essen, aber es schmeckt ihm nichts. Paris diskutiert, aber verirrt sich in Konfusion. Paris «débrouilliert» sich, doch mit einer Geschicklichkeit, die sich selber nicht traut. Denn schließlich, es haben weder die Studenten abgerüstet noch die Arbeiter, und die Aufrüstung der sinistren *Action Civique* des Staatsstreichspezialisten Roger Frey ist dem Bürger, für den man sie doch veranstaltet, auch nicht recht geheuer. *Ça va mal en France.*

Nein, es geht nicht gut, auch auf der besetzten Sorbonne nicht. Die rote Fahne weht – für wen? Nicht jedenfalls für die parteitreuen kommunistischen Studenten, die kaum zu Worte kommen, da Trotzkisten dreierlei Spielart, da Maoisten, Guevaristen sie niederbrüllen: «Stalinistische Schweinehunde!» Auch die schwarze Fahne der Anarchie weht – und für wen *sie* im Winde flattert, weiß erst recht niemand zu sagen. Vielleicht für die große Unordnung im Hof der Hochschule, wo zwischen Wandzeitungen, Ständen mit Propagandamaterial, leeren Coca-Cola-Flaschen die seltsamsten Soldaten der Revolution herumlungern, die ein in Volksaufständen nicht unbewanderter Besucher jemals gesehen hat? *«La Sorbonne – le Bateau ivre»*, schrieb ein Journalist. Aber jetzt ist es, als wäre aus der Trunkenheit *Schlaf*trunkenheit geworden, nun ja, die jungen Leute sind in der Tat übermüdet und reden nur noch wie in Trance von ihrer «Contestation». Wer bestreitet da was? Was für eine Spießerfrage, gestellt hier im Hofe der Sorbonne, inmitten von Auf- und Anrufen, die manchmal sehr schön sind, wie *Jamais les femmes ont été plus fières et plus belles!* Doch darf die kleinbürgerliche Frage trotz der Trunkenheit und Schlaftrunkenheit des steuerlosen Schiffs, an der auch der Besucher sich berauscht – denn, mein Gott, etwas von Büchners Danton ist ja da zu verspüren, und auch ein Widerschein von Sartres *fraternité terreur* wird sichtbar – es darf die Frage nicht umschlichen werden. Die Antwort, die sich aufdrängt, ist von erschreckender Simplizität: Angefochten wird hier, an der Sorbonne wie auch in dem unweit davon besetzten Odéon-Theater, die unheilige, die segenlose *Ordnung*, jederlei Ordnung. Gott ist mit ihnen, sagen revolutionäre Linkskatholiken, die in Kirchen eindringen und Gottesdienste durch improvisierte Debatten unterbrechen – Gott ist mit ihnen, denn sie wissen nicht, was sie tun. In der Aktion soll das Programm sich aufdecken, im Kampfe sollen die positiven Visionen einer gesellschaftlichen Zukunft erschaut werden. Während die bestehende Unordnung zerschlagen wird, soll eine neue Anti- oder Überordnung entstehen. *Liberté, égalité, fraternité*: endlich wollen sie sich, bedroht von den schildtragenden, Tränengas abschießenden Gymnasiasten in die Seine jagenden *Compagnies Républicaines de Sécurité* («CRS-SS!» schreit man im Sprechchor), in einer Gewalt verwirklichen, die als Gegen-Gewalt sich versteht.

Gerne würde ich wissen wollen, wer die jungen Menschen anführt, die da so tief in der revolutionären Aktion stecken, daß es den meisten von ihnen entgeht, wenn Untergruppen – sind das Provokateure der Regierung, des CIA? alles ist denkbar... – ehemalige Katanga-Söldner und OAS-Terroristen als «Interventionskommandos» engagieren. Wer steht an ihrer Spitze? Niemand, sagt mir mit kindlicher Überzeugtheit eine trotzkistische Assistentin an der Sorbonne. Niemand. Was sich da ereigne, das sei «spontan». Cohn-Bendit sei ein tüchtiger Agitator, nicht mehr. Jacques Sauvageot, Vizepräsident der Studentengewerkschaft UNEF, sei eher ein Bremser als ein Aufwiegler. Was sich rühre, das seien die «Massen». Unausrottbare Mythologie! Denn sicher ist nur, daß es in der Tat keine Führungsmacht, keine bewußtseinsformende Persönlichkeit im Felde der revolutionären Theorie von heute gibt. Die *maîtres à penser* schweigen. Als einziger unter ihnen hat Jean-Paul Sartre sich den Studenten in einer Diskussion gestellt: als einer, übrigens, der die Jungen nicht belehren, sondern von ihnen lernen will. Er wird respektiert, aber nicht mehr; sein ideologisches Rüstzeug, so sagen die jugendlichen Rebellen, sei schon überholt, denn er habe es unter den ganz anderen Umständen der Résistance und des Kampfes gegen den Algerienkrieg erworben. Was sie ihm danken – das Selbstgefühl ihrer Disponibilität, die Chance der Selbstüberschreitung und Entgrenzung, die in der *Critique de la raison dialectique* entworfene Dialektik des Tuns, das nur im Selbstverstehen zum Tun werden, und des Verstehens, das erst in der Aktion seine Möglichkeiten entdecken kann – sie wissen es nicht. Marcuse wird da und dort genannt, aber nur wenige haben ihn gelesen. Die Helden des Strukturalismus, eines erst zwei Monate zurückliegenden, aber wie tiefe Vorgeschichte sich ausnehmenden Gestern, die Lévi-Strauss, Althusser, Michel Foucault, Jacques Lacan, schweigen, betäubt vom Ereignis. Was sollten sie auch zu sagen haben mit ihren Systemen und Codices in einem Augenblick, wo alle Strukturen zu zerfallen scheinen? Nur die entschlossenen Reaktionäre wissen, wo sie zu stehen haben. Im *Figaro* beschwört Raymond Aron die Ordnungsmächte, Ordnung zu schaffen. Aber die haben gar nicht auf ihn und seinen Rat gewartet, die sind bereit. Die Panzer des Generals Massu haben in der Umgebung von Paris Stellung bezogen, es wird dem Ordnungsbürger an Zigaretten und Benzin nicht mehr fehlen.

8. Juni

Eine rote Fahne an einer Berliet-Fabrik (Schwerlastkraftwagen) in der Nähe von Bourges. Eine Aufschrift: «Werk von streikenden Arbeitern besetzt.» Der Reisende, der hier durchfährt, vergißt die Kathedrale, die schönsten Kirchenfenster Frankreichs, die weißgekleideten Erstkommunikantinnen, die unter barbarischem Orgelbrausen wie zu einem Kinderopfer an den Altar geführt wurden. Streik. Die Revolution ist noch nicht zu Ende, in den Automobilwerken so wenig wie in der Metallindustrie. Aber es ist nicht die gleiche Revolution wie die der Sorbonne. Heilige Ordnung, segensreiche: die KPF und die kommunistische Gewerkschaft CGT sorgen dafür, daß kein Unfug mit einer schwarzen Fahne getrieben werde, keine «Linksabweichler» die gerechten Forderungen der Arbeiterschaft ins Utopische zu steigern versuchen; daß nicht eine Routine-Aktion sich zur Revolte durch Selbstzündung entfache. Kein Zweifel: Frankreichs Kommunistische Partei haßt die Revolution wie die Sünde. «Die Revolution, das ist die Produktion!» sagte schon 1945 Maurice Thorez, und er sagte auch: «Man muß einen Streik zu beenden wissen.»

Die Ratlosigkeit, die mich erfaßt hat, seit ich bei Maubeuge über die Grenze fuhr, nunmehr ist sie total. Was geht hier vor? Ist das Zusammenspiel zwischen der Ordnungsmacht des Gaullismus, der seinen antikommunistischen Furor wiederentdeckt hat, und einer KPF, die ihr antigaullistisches Ritual in trostloser Phraseologie abschnurren läßt, nur ein «objektives»? Oder gibt es da ein geheimes Stillhalte-Abkommen? Haben die Kommunisten nur Angst bekommen, von links aufgerollt zu werden, oder ist einmal mehr die mysteriöse, belächelte, aber vielleicht doch nicht so ganz mit gutem Gewissen zu belächelnde «Hand Moskaus» im Spiele, die einen Wink gab? Noch schont, so sieht es aus, de Gaulle die Kommunisten, führt seinen antikommunistischen Feldzug nur verbal. Gewiß aber lassen die Kommunisten de Gaulle ungeschoren: ihr Spiel dabei ist, davon bin ich überzeugt, gefährlicher als das seine.

Die Revolution, die sie hassen, ohne sie offiziell von der Tagesordnung abgesetzt zu haben, sie wäre vielleicht in den letzten Maitagen möglich gewesen. Die geschichtliche Minute hatte getickt, knapp vor Pfingsten, und einmal wird man wohl im Parteihaus seufzen: «Wenn wir 1968...» Der insurrektionelle Streik hätte das Schwungrad in Bewegung gesetzt, für Frankreich gewiß, für Europa vielleicht. Die Panzer Massus hätten die Lokomotiven nicht zum Fahren, die Fließbänder nicht zum Laufen gebracht. Die Industriearbeiterschaft und mit ihr auch breite Teile der Bauern, namentlich in der Bretagne, waren verfügbar. Der uns von der empirischen Soziologie seit Jahren aufgedrängte Mythos vom «integrierten», mit seiner Selbstentfremdung einverstandenen Arbeiter mit Waschmaschine und Kleinwagen lag im Koma. Die KPF, deren Feind Nr. 1 – so erwies sich in diesen Tagen – weder der Kapitalismus war noch das semiautoritäre Regime de Gaulles, sondern die «Abenteurer», *les gauchisants*, hat ihn durch kühne Herzoperation wieder zum Leben erweckt.

Die rote Fahne hängt über dem Tor der Fabrik. Schlaff. Es weht kein Wind. Es fegt kein Sturm. Die Revolution, das ist die Lohnforderung, versichert die CGT. Die Revolution geht weiter am Verhandlungstisch. Die Revolution ist tot. Das Trägheitsgesetz der Selbsterhaltung, auf das die KPF spekulierte – ich weiß nicht warum, es wird, wie Edgar Morin schrieb, vielleicht Jahre dauern, bis wir es begreifen –, das Trägheitsgesetz triumphiert. Immer mehr Fabriken nehmen die Arbeit wieder auf, immer mehr Ratten bedrohen die Besatzung der Sorbonne. Täglich resoluter wendet das Volk – aber wer ist das «Volk»? Mein Wirt, der mir versichert, daß die Lebensmittelversorgung in *seinem* Hause jedenfalls nicht gefährdet sei? – sich seinem Alltag zu. «Wer wird die Rechnung bezahlen?» so höre ich von allen Seiten. Verluste an Produktion, der Tourismus ist kaputt für diese Saison, neue Steuern, und der Junge hätte um ein Haar ein Schuljahr verloren, wenn das...

Wer mag da hoffen, daß die Wahlen eine Klärung der unübersichtlichen Lage bringen werden? Natürlich wird auch von diesen Wahlen gesprochen. Aber wie gering das Interesse der Leute daran ist, ganz so, als wäre der Slogan der Studenten, *«Élection = Trahison»*, durch unsichtbare Kanäle in sie eingegangen! Niemand zweifelt, daß de Gaulle sie gewinnen wird, denn er hat die Angst mobilisiert. Doch sind selbst die geschworenen Gaullisten ohne Begeisterung, zu schweigen von den Sozialisten, den Kommunisten und all jenen, die vordem für ein in diesen Tagen völlig desorientiertes Zentrum stimmten. Auf den Barrikaden in der Rue Gay-Lussac und am Boulevard Saint-Germain wurde nicht die Revolution gewonnen; wohl aber wurden die Wahlen für *alle* Parteien, selbst die morgen siegreichen, verloren. Pompidou, Mitterrand, Jacques Duhamel, Guy Mollet, gibt es sie noch oder schon nicht mehr? Dieser oder jener von ihnen wird Minister sein oder Ministerpräsident: als ein lebender politischer Leichnam.

Am schwersten zu durchschauen ist, wie stets, Person und Zukunft des Mannes, der seit fast dreißig Jahren das Schicksal der Nation ist. Es heißt, er sei sehr müde, wirke unbegreiflich desinteressiert, wolle sich nur noch einen halbwegs guten Abgang sichern. Es heißt – von anderer Seite –, er sei entschlossener denn je, bitterer denn ehedem, von seiner legendären, bis zur Rachsucht sich steigernden Rankiine erfüllt. Es heißt, es heißt. «Am End' weiss kaner nix!» steht bei Raimund, und offensichtlich ist es so, daß die «eingeweihten Kreise» (vom amtierenden Minister bis zu den großen Pressekommentatoren) von den Plänen des Generals so wenig Ahnung haben wie der Mann auf der Straße.

Gestern, am 7. Juni, sprach de Gaulle in einem Interview, das er dem Journalisten Michel Droit gewährte. Das war kein Hindenburg-Popanz, kein seniler Pétain, kein sabbernder Churchill aus den letzten Unterhaus-Tagen, kein Sätze verbauender Adenauer. Das war de Gaulle: überlegen, kaustisch, der Geste und des Wortes sicher, sogar, ja: menschlich. Ein Schauspieler, wie Jacques Fauvet in *Le Monde* schrieb? Vielleicht. Wahrscheinlich. Ein tragischer Akteur jedenfalls. Was er sagte, war klug, zum Teil sogar kühn: Als erster Staatsmann der westlichen Welt hat er es gewagt, den Kapitalismus als ein nicht einmal unbedingt notwendiges Übel hinzustellen, hat, gerade so gescheit oder so banal wie ein beliebiger Popularphilosoph, vom Mißbefinden dessen gesprochen, was man «die Seele im technischen Zeitalter» nennen mag – es fehlte nur noch der Begriff der Entfremdung oder der Hinweis auf den «eindimensionalen» Menschen!

Ein demagogisches Zugeständnis an die Selbstbestreitung einer Gesellschaft, der französischen? Mag sein. Aber kann man in de Gaulles Worten nicht auch den Triumph eben jener Revolution auffinden, die der Achtundsiebzigjährige niederzuschlagen sich gerade anschickte? Man wird nicht fertig mit ihm. Der nationalistische Offizier der Zwischenkriegszeit, der Bewahrer der Republik in London und Algier, der Einsiedler von Colombey, der Staatsstreichtechniker von 1958, der Mann des algerischen Friedens und der Ost-West-Verständigung, die *er*, jawohl: er und kein anderer der westlichen Welt und der amerikanischen Führungsmacht aufgezwungen hat; Stilist von Rang, dem gleichwohl der rüde Kasernenton mit «Chien-lit» zu Gebote steht, Meister des Corneilleschen Pathos wie der demagogischen Polemik, Visionär und Realpolitiker, dessen ultima ratio in diesem Augenblick Blut und Eisen und die CRS sind; Verächter der Wirtschaft, der aber niemals aufgehört hat, mit

Unterstützung und zur höheren Glorie der herrschenden Klassen zu regieren, Jakobiner und Maurrassien –: Charles de Gaulle war präsent. Und niemand kann vorhersagen, was diese monumentale Präsenz dem Lande verspricht, womit sie es bedroht.

11. Juni

Auf dem Bildschirm einer im Streik befindlichen, gerade noch von Kollaborateuren unter Polizeischutz halb und halb funktionierenden ORTF ein Gespenst: Georges Bidault. Keinen anderen hat die Zeit so übel zugerichtet! 1944: Vorsitzender des Nationalen Rates der Résistance, dessen Leben an einem von der Gestapo gesponnenen Faden hing. Ein Jahrzehnt danach Außenminister der Vierten Republik, allzeit bereit, sich zum Befehlsempfang bei John Foster Dulles einzufinden. 1961 Verschworener der verlorenen Sache einer in Grausamkeit schon ertrunkenen *Algérie Française,* Komplotteur, dann ruhmlos Exilierter.

Geisterhafte Greisengeschwätzigkeit. Aus dem etwas eingefallenen Mund träufeln glatte Worte, die der Reaktion eingehen müssen wie Honigseim. Man steht und stand gegen de Gaulle. Man focht, ficht, wird fechten gegen die Weltgefahr des Kommunismus. Frankreich, Europa, die freie Welt: es ist alles wie vor dem Mai 1958, zur Zeit des abendländischen Dollar-Idylls. Betreten die Ratten das sinkende Schiff? Bidault ist aus dem belgischen Exil zurückgekehrt. Aus Spanien kommt der blutbeladene Colonel Lacheroy, auf dessen Konto die Tortur in Algerien zu schreiben ist; Henri Alleg hat sein Buch *La Question* umsonst geschrieben.

Mein Weg führt mich durch Tulle in der Corrèze. Dort schmachtet in komfortabelster Haft General Salan, Haupt des versuchten Offiziersputsches von 1961, er hätte de Gaulle im Falle eines Erfolges seines makabren Unternehmens gewiß vor ein Kriegsgericht gestellt. Die Bevölkerung des anmutigen, durch moderne Hochhausbauten kaum verunstalteten alten Städtchens weiß schon, was morgen ganz Frankreich wissen wird: Auch Salan soll amnestiert werden. Es scheint, dies ist der Preis, den de Gaulle einer ihm im Grunde immer noch feindlichen Armee in den letzten Maitagen, als Mendès-France sich schon auf demokratische Machtübernahme vorbereitete, bezahlt hat; den er hat zahlen *müssen.* Mehr und mehr festigt sich mir die Überzeugung, daß de Gaulle den Kräften der Erneuerung nur verbale Zugeständnisse gemacht hat und mit einem üblen *Rassemblement du Peuple Français* zu regieren gedenkt, wie er das schon 1948 vage geplant hat. Das heißt: mit einer Konzentration alles dessen, was in Frankreich für Ruhe und Ordnung steht und was ein farbenfrohes Spektrum gibt – Technokratie der jungen Kader, die so leben wollen, wie Simone de Beauvoir es in *Les belles images* beschrieb; Kleinunternehmer, die es paternalistisch treiben möchten, nach gutem Herkommen, und die schon daran sind, gewerkschaftliche Rädelsführer ohne Federlesens vor die Tore ihrer überalterten Fabriken zu setzen; Sparer voll ehrwürdigen gallischen Geizes, krähende Offiziere, rechtsradikale Bürgersöhne der nazistischen Bewegung «Occident», Gemäßigte, die maßlos sind in ihrer Besitzgier, die ganze *Vieille France*, die es 1940 mit Pétain hielt und die sich heute ihre festen Plätze ausbaut unter dem Beistand eleganter junger Herren, deren reaktionäres Vokabular sich um die Vokabel *efficiency* widersinnig und doch so harmonisch bereichert hat. – Bin ich ihm aufgesessen, dem alten Fuchs? Er redete von Partizipation und meinte, wie ich heute zu erkennen glaube, *human engineering*. Er sprach von Reformen und hatte nur die Rationalisierung des Unternehmens *De Gaulle-France-&-Cie.* im Sinne.

Lothar Baier

Der Bauer stund auf im Kopfe

Der Bauer stund auf im Lande
Lied aus dem Bauernkrieg

In unserem Bewußtsein ist der Bauer aufgestanden – aber es fragt sich, wer dieser Bauer ist und wie sicher er da steht.

Auf dem Larzac-Plateau, wo Bauern sich seit zehn Jahren erfolgreich gegen die Vergrößerung eines Schießplatzes zur Wehr setzen, strömten im Sommer 1973 an die hunderttausend Menschen aus allen Teilen Frankreichs zusammen, um dem bäuerlichen Widerstand ihre Huldigung darzubringen. Einer der Anziehungspunkte für die Besucher war ein geräumiger, von freiwilligen Helfern aus Natursteinen hochgemauerter, illegal gebauter Schafstall, der den Willen der Bewohner von La Blaquière, eines winzigen Weilers, signalisierte, sich niemals von ihrem Grund und Boden vertreiben zu lassen.

Auf einer Kundgebung vor dem Schafstall sprach Madame Guiraud, eine Bäuerin aus dem Weiler, zu den versammelten Sozialisten, Maoisten, Linksradikalen, Gewaltlosen, Kriegsgegnern, Umweltschützern, Regionalisten, Freaks.

Sie eröffnete ihre Rede mit den Worten: «Ich wohne hier in La Blaquière.» Die Zuhörer klatschten begeistert.

Madame Guiraud fuhr fort: «Ich bin Mutter von sieben Kindern.» Schweigen. Die Hände, schon zum Klatschen erhoben, erstarrten, aus geöffneten Mündern kam kein Laut. Etwas wie eine Lähmung hatte die Versammlung ergriffen. Sie hielt nur Sekunden an. Dann klatschten die Zuhörer, noch frenetischer als zuvor, und die Hochrufe nahmen kein Ende.

Was sich in dieser Schrecksekunde abspielte, enthält, straff gebündelt, die ganze Auswahl von Projektionen, Solidarisierungsbedürfnissen, Wahrnehmungsveränderungen und schlichten Blackouts, die das Auftauchen der Bauern im linken Bewußtsein der siebziger Jahre begleitet hat.

Den Revolutionstouristen auf dem Larzac-Plateau stockte der Atem, weil sich, vereinfacht ausgedrückt, eine revolutionäre Bäuerin vor ihren Augen und von einem Augenblick auf den anderen in eine reaktionäre Bäuerin verwandelte, und sie fanden ihre Sprache wieder, als sie entdeckten, daß sich das Reaktionäre unter Umständen – dialektisch, gelernt ist gelernt – revolutionär interpretieren läßt.

Als Madame Guiraud sagte, sie wohne in La Blaquière, war das nicht nur eine Wohnortsangabe, sondern eine Kampfansage an den Staat, der diesen Weiler dazu ausersehen hat, Zielscheibe für Granaten und Raketen zu werden, die sich dann an staunende zentralafrikanische Kaiser verkaufen lassen. Eine Bäuerin, die schon im ersten Satz ihrer Rede zu erkennen gab, daß sie sich mit dem Wohnen an einem beinahe verbotenen Ort identifizierte, daß sie damit zum Kämpfen entschlossen war, entsprach genau dem Bild vom revolutierenden Bauern, um dessentwillen zigtausende Städter auf das dünnbesiedelte, kahle Larzac-Plateau gefahren waren. Dann kamen die sieben Kinder und machten das schöne Bild kaputt. Sieben Kinder: hieß das nicht Festschreibung der alten Ehefrauen- und Mutterrolle, Reduzierung der Sexualität auf die Fortpflanzung. Ablehnung jeder Empfängnisverhütung, wahrscheinlich Verdammung der Abtreibung als Mord, jedenfalls Hörigkeit gegenüber der Kirche, vielleicht Bigotterie, alles in allem: ziemlich finster, zurückgeblieben, reaktionär?

Diese bäuerliche Mutter von sieben Kindern repräsentierte genau die Bauern, die wir nie hatten leiden können, die wir abgeschrieben hatten als dumpfen, hinterwäldlerischen gesellschaftlichen Bodensatz, Reservoir der klerikalen Rechten, Hemmschuh für den Fortschritt, korrumpiert durch bornierte Bodenständigkeit. War es aber nicht gerade die Bodenständigkeit, die wir jetzt beklatschten, weil sie Madame Guiraud und ihre Nachbarn auf dem Larzac-Plateau dazu trieb, den Geldangeboten und Versprechungen der Regierung zu widerstehen, die landzerstörende Armee zu verfluchen und antikapitalistische Reden zu halten? Offenbar gab es eine ‹gute› Bodenständigkeit, Quelle des Widerstands, und eine ‹schlechte›, Synonym für Unbeweglichkeit, Starrsinn, Abwehr alles Fremden, Anderen, Neuen.

In der Schrecksekunde nach Madame Guirauds zweitem Satz mag

in den Köpfen der Zuhörer der Gedanke aufgeblitzt sein, daß es nicht nur einen ‹schlechten›, katholischen, reaktionären Kinderreichtum gibt, sondern auch einen ‹guten›, das heißt staatsfeindlichen: wer sieben Kinder in diese Welt setzt, gab der nicht seine Entschlossenheit zu erkennen, noch etwas hartnäckiger als andere an dem Land festzuhalten, das der Staat ihm entreißen will?

Was an den Bauern ‹schlecht› war, konnte zugleich ‹gut› sein; was uns an ihnen störte, faszinierte uns zugleich. Wenn es nur mit dem Kampf zu tun hatte, wurde alles akzeptabel: Bodenständigkeit und Kinderreichtum, Katholizismus und Bauernschläue.

Nicht nur die Bauern auf dem Larzac-Plateau setzten sich damals zur Wehr, sondern auch die Viehzüchter in Westfrankreich und die Winzer des Languedoc. Allerdings war es schwer, zu Hause, in der Bundesrepublik, Interesse für die Bauernkämpfe zu wecken. Was willst du denn, wurde dem heimgekehrten Revolte-Touristen gesagt, Bauern sind und bleiben reaktionär, auch wenn sie einmal auf den Staat und die Armee schimpfen, verblendet von falschem Bewußtsein, halten sich für Besitzer und Unternehmer und solidarisieren sich mit dem Kapital, statt endlich zu erkennen, daß sie nichts anderes als Heimarbeiter sind, die von den Banken und den Konzernen abhängen. Dazu kommt noch die Schollenideologie, Blut und Boden, Reichsnährstand, alles vergessen?

Für die deutschen Bauern mochte das zutreffen, aber für die Bauern in Frankreich? Was wiederum unterschied die Bauern von hier und die Bauern von dort, beide unter dem Dach der EG vereint? Es waren eben *französische* Bauern. So wie die französischen Arbeiter etwas proletarischer sind als die deutschen, die Linken etwas linker und die Kommunisten etwas kommunistischer, waren auch die Bauern etwas rebellischer. Schafzüchter, die aus einer Kaserne auf dem Larzac-Plateau Dokumente klauten, und Winzer, die bei Narbonne mit ihren Jagdflinten auf CRS-Bullen schossen, waren wieder einmal ein Anlaß für uns, mit dem Textbuch von Marx und Engels in der Hand, Klagelieder über die ewige deutsche Misere anzustimmen.

Bis uns die Winzer von Wyhl das Wort abschnitten. Auf einmal gab es auch bei uns ‹französische› Bauern, das heißt Bauern, für die das als ehern geltende Gesetz, daß vom Land nur Rückschritt und

Staatsgehorsam zu erwarten sind, nicht mehr galt. Als die Bauern von Wyhl den Platz in ihrem Auwald besetzten, der als Standort für ein Atomkraftwerk vorgesehen war, als sie nach einer Schlacht mit der Polizei vor der Kamera erklärten, sie wüßten jetzt, wie man zum Terroristen wird, da waren die Bauern endlich würdig, in unser Bewußtsein einzutreten.

Aus diesem Bewußtsein, scheint mir, sind sie seither nicht mehr herausgekommen. Nicht weil sie sich dort so wohl fühlen, wohl aber weil wir uns so wohl fühlen, wenn wir sie in unserem Bewußtsein sicher aufgehoben wissen.

Wir konnten uns zwar eine Zeitlang vorsagen, daß die Bauern von Wyhl, Gorleben oder Schwabhausen uns als Vermittler, Relaisstationen, Popularisatoren brauchen, aber auf die Dauer ließ sich nicht verhehlen, daß vor allem wir es waren, die die Bauern brauchten, weil sie sich blendend dazu eignen, unsere angekratzte Identität zu stabilisieren.

Genaugenommen haben wir sie schon immer dazu gebraucht. Vielleicht hatten manche von denen, die auf dem Land aufgewachsen sind, noch das Glück, sich an das Glückgefühl zu erinnern, mit dem sie als Kinder warme Kuhmilch, frisches Brot, gerade aus der Zentrifuge genommene Butter genossen und Stallgeruch als warme Geborgenheit erlebten. Für die meisten der Generation, die nach dem Zweiten Weltkrieg heranwuchs, weckte das Landleben andere Assoziationen. Es war etwas, von dem man sich lösen mußte, wenn man erwachsen werden wollte. Wer konnte, haute ab in die Stadt, und an der inneren Entfremdung zu allem, was mit Provinz, Landleben, Bauern zusammenhing, lasen wir den Grad der Fortschrittlichkeit ab, den wir erreicht hatten. Sich nicht mehr mit der ländlichen Verwandtschaft zu verstehen, war ein Zeichen dafür, daß wir auf dem richtigen Weg waren, hinein in die Modernität. Sollten die da hinten in ihrer blöden Bauernidylle verkommen, wir waren mutig genug, der städtisch-industriellen Wirklichkeit ins Auge zu sehen, die Welt im kalten Licht der Aufklärung zu betrachten.

Mit Schadenfreude stellten wir fest, daß die Tage auch dieser Idylle gezählt waren. Anfang der sechziger Jahre war es eine Zeitlang Mode, Schulbücher zu kritisieren, und bei dieser Gelegenheit bekam man heraus, daß das in den Fibeln und Lesebüchern entworfene Bild vom Leben auf dem Lande längst nicht mehr der Realität entsprach. In den Büchern wurde immer noch mit dem Pferdegespann gepflügt, wurde das Korn mit der Sense geschnitten, banden Knechte und Mägde das Stroh von Hand zusammen. Daß es der Justitiar einer Landmaschinenfirma war, der den Hauptangriff führte und triumphierend auf die wachsende Mechanisierung der Landwirtschaft verwies, störte uns nicht. Denn jeder Trecker, der durch die Dorfstraße ratterte, schien uns die Gespenster der Rückständigkeit zu verscheuchen, die wir in Ställen und Scheunen hocken sahen, jeder Mähdrescher fegte ein Stück ländlicher Dumpfheit hinweg. Ein Echo unserer Schadenfreude fanden wir später bei Marx, der hundert Jahre früher in einer polemischen Rezension geschrieben hatte: «Es wäre übrigens zu wünschen, daß die träge Bauernwirtschaft Bayerns, der Boden, worauf die Pfaffen und Daumers gleichmäßig wachsen, endlich einmal durch modernen Ackerbau und moderne Maschinen umgewühlt würde.»*

Umgewühlt werden sollte der ländliche Boden vor allem, damit der Faschismus keinen Humus mehr fände. Es war für uns damals ausgemacht, daß der Nazismus ein Produkt provinzieller Rückständigkeit war. Die Blut-und-Boden-Literatur, deren Ausläufer noch lange in die Schulbücher hineinreichten, die Feier von Heimat, Verwurzelung, Volkstum und Muttersprache, die ja mit dem Jahr 1945 nicht abgeblasen wurde, das alles erschien uns das Herz- und Kernstück der Nazi-Ideologie zu sein. Deshalb hatten wir das Gefühl, unseren antifaschistischen Beitrag zu leisten, wenn wir nur der Technik, der Großstadt, kurz: der Modernität zu ihrem Recht verhalfen.

In diesem Gefühl wurden wir nur selber Opfer der Ideologie, die wir zu bekämpfen glaubten. Wir konnten damals nicht wissen, daß Hitler sich über die Schollenmystiker und Volkstümler in den Reihen der Nazis lustig machte, weil die Protokolle und Tischgespräche nicht veröffentlicht waren. Aber wir hätten durchaus den Gedanken erwägen können, daß die Messerschmitt-Jäger nicht auf ostpreußi-

* Marx/Engels, *Über Religion*. Rezension von Daumer, *Die Religion des neuen Weltalters*, S. 74f; zit. n. Alfred Schmitt, *Der Begriff der Natur in der Lehre von Karl Marx*, Frankfurt am Main 1979.

schen Kornfeldern gewachsen waren und das Zyklon-B-Gas für Auschwitz aus städtischen Chemiefabriken kam. Statt dessen glaubten wir der Wurzelpropaganda aufs Wort und merkten nicht, daß die Nazis recht wenig von Verwurzelung, dafür um so mehr von Mobilität hielten, wenn sie ganze Bevölkerungen umsiedelten, um die letzten Reserven zur totalen Mobilmachung der Produktionskräfte auszuschöpfen.

In unserem Aufklärungsfuror hatten wir uns ganz schön hinters Licht führen lassen. Wir waren nicht in der Lage, zwischen Nazi-Ideologie und Nazi-Realität zu unterscheiden, den reaktionären Blut-und-Boden-Kult zu kritisieren und *gleichzeitig* eine Modernität in Frage zu stellen, zu deren Durchsetzung die Nazis nicht wenig beigetragen hatten. Vielleicht war soviel Gleichzeitigkeit damals von uns zuviel verlangt, aber inzwischen sollten wir gelernt haben, zumal wenn wir uns in Sachen Land und Provinz so gern auf Bloch berufen, mit der Ungleichzeitigkeit auch in unseren eigenen Gedanken umzugehen.

Wenn ich mir unsere neuen Reden anschaue, die von Bauern, Landleben, Heimat, Provinz und Natur handeln, habe ich den Eindruck, daß wir wieder nichts begriffen haben. Nachdem sich, was ich mit den vorausgehenden Bemerkungen sagen wollte, unsere antifaschistische Politisierung auf dem Rücken der Bauern abgespielt hat, sind wir jetzt im Begriff, die Bauern in unserer ganzen neuerwachten Liebe zum Land und seinen Leuten ein weiteres Mal für dumm zu verkaufen.

Wir wollten wiedergutmachen, was wir an den Bauern, wenn auch nur symbolisch, verbrochen hatten, aber die Art der Wiedergutmachung zeugt lediglich von der Fortdauer der Arroganz, mit der wir sie seinerzeit als Reaktionäre und Hinterwäldler behandelt hatten.

Offenbar können wir es nicht verwinden, daß nicht wir die Bauern wiederentdeckt haben, sondern daß die Bauern es waren, auf dem Larzac und in Wyhl, die sich in Erinnerung riefen. Wir revanchieren uns dafür, indem wir jetzt Ansprüche an sie stellen, denen sie nicht ‹gerecht› werden können.

Seit Wyhl und Gorleben, seit Ökologiedebatten und Alternativbewegung kann ein Bauer nicht einfach mehr nur ein Bauer sein, wenn er in unseren Augen als Bauer bestehen will. Er muß rebellisch sein und kampfeslustig, darf nicht so sehr am Besitz hängen, daß er nicht bei einer Schlacht mit den Bullen seinen Trecker riskiert, aber gleichzeitig muß er ein so solides bodenständiges Grundbesitzerbewußtsein haben, daß keine Atomindustrie ihn bestechen kann.

Er darf natürlich keine Vorurteile gegen Freaks und Anarchos, Schwule und Lesben haben, aber es muß noch soviel von dem alten Mißtrauen gegen das Neue und Fremde in ihm stecken, daß er sich mit Händen und Füßen gegen jede Industrieansiedlung in seiner Nähe und gegen den Tourismus sträubt (denn als Öko-Touristen wollen wir unter uns bleiben).

Er muß tolerant sein, das Leben in Wohngemeinschaften und Kommunen als etwas Selbstverständliches akzeptieren, aber in seinen vier Wänden hat ordentliches Ehe- und Großfamilienleben stattzufinden, denn wo bliebe die therapeutische Wirkung unserer Bauern, wenn auch dort der Beziehungsknatsch ausbräche. Selbstverständlich muß er biologischen Landbau treiben (sonst reden wir gar nicht mit ihm), ihn wenigstens fürs nächste Jahr versprechen, muß den Strom vom Windgenerator, die Wärme vom Sonnenkollektor, das Gas aus der Biogasanlage beziehen, aber den 100-PS-Trecker soll er möglichst behalten, weil er auf unseren Demonstrationen so schön Eindruck macht.

Alles in allem soll er revolutionär sein, aber zugleich ein wenig rückständig, er soll sich verändern, aber zugleich der alte bleiben.

Seit Gregory Bateson wissen wir, daß jemand, an den ständig Erwartungen gerichtet werden, die sich gegenseitig ausschließen, der also in ein ‹*double-bind*› gerät, einige Chancen hat, verrückt zu werden. Unser Bauer hat also die Wahl, entweder uns zu gefallen und darüber verrückt zu werden oder sich von uns mit Verachtung strafen zu lassen. Wer's nicht glaubt, der soll einmal lesen oder hören was gestandene Spontifrauen und -männer zu erzählen haben, wenn sie von ihren Bauerntrips nach Hause kommen.

Nach dem Frauentreffen in Gorleben war zum Beispiel im *Frankfurter Frauenblatt* zu lesen, die Bauern dort oben seien etwas eigenartig, auf der einen Seite bekämpfen sie das Atomprogramm, auf der anderen aber regten sie sich auf, wenn man (Verzeihung, frau) in ihrem Wald Holz sammelt und Feuer macht.

Ein Frankfurter Sponti, der zu einem Bauernfest nach Schwabhausen gefahren war, wo Daimler-Benz tausend Hektar Ackerland unter den Beton einer Teststrecke verschwinden lassen will, erklärte, nachdem er gehört hatte, daß die Bauern dort erst allmählich mit dem biologischen Anbau beginnen, sich weder zu Kommunen zusammenschließen noch zur reinen Selbstversorgungswirtschaft übergehen wollten, jetzt interessiere ihn dieser Kampf gegen die Teststrecke nicht mehr. Ganz Spontideutschland zittert und leidet, wenn in einer Landkommune, die dank ihres Sinns für alternative Publicity einen legendären Ruf genießt, das heißgeliebte Hausschwein geschlachtet wird. Die Seelenprobleme solcher ‹Bauern› kennen wir in- und auswendig, aber von den Produktions- und Alltagsproblemen der gewöhnlichen Bauern haben wir keine Ahnung. Wir wollten es auch gar nicht genau wissen, weil unsere Vorstellung vom Land, wie es uns ans ökologische Herz gewachsen ist, dabei Schaden nehmen könnte.

Statt uns Informationen über die europäischen Anbau- und Marktverordnungen zu besorgen, die das Bonner Büro der EG kostenlos verschickt, statt in dem Rowohlt-Taschenbuch *Landleben* nachzulesen, was Bauern, Agrarexperten und Landärzte über das Landleben zu berichten haben, nehmen wir lieber John Seymours Märchenbuch *Leben auf dem Lande* zur Hand, kommen über den bunten Bildchen ins Träumen und bilden uns dann ein, wir wüßten was.

Mit diesem Wissen im Kopf treffen wir dann eine Einteilung, die unerbittlich ist: guter Öko-Bauer oder böser Chemiespritzer. Wir verstehen da keinen Spaß, denn steht nicht unsere Gesundheit und der gesamte Naturzusammenhang auf dem Spiel? Mag der Chemiespritzer auch Sozialist sein und der Öko-Bauer ein Nazi, solche vordergründigen Kategorien verblassen vor dem Höheren, um das es in der Welt der Tiere und Pflanzen geht.

Mir kommt gelegentlich der Verdacht, daß wir damals, als wir um jeden Misthaufen einen großen Bogen machten, weil er nach Reaktion und Faschismus roch, die Bauern mit größerem Respekt behandelten als jetzt, wo wir ihnen auf die Pelle rücken und glauben, weil wir zwei, drei Broschüren gelesen haben, wir müßten ihnen auch in ihre Arbeit hineinreden.

Aus der Ökologiedebatte, die, wovon ich nach wie vor überzeugt bin, noch längst nicht abgeschlossen ist und die stärksten Herausforderungen noch bereithält, haben wir genau das herausgezogen, was unserer alten großstädtischen Arroganz neue Nahrung gibt. Wieder einmal stehen wir als diejenigen da, die alles besser wissen, die das (ökologische) Ganze im Auge haben und sowieso alles als erste merken.

Aber so früh haben wir es in Wirklichkeit nicht gemerkt und als erste schon gar nicht. Jener Marx, Karl, den wir am liebsten für die ganze Öko-Misere verantwortlich machen, hat beispielsweise im 1867 veröffentlichten I. Band des *Kapital* auf Seite 529 geschrieben: «Wie in der städtischen Industrie wird in der modernen Agrikultur die gesteigerte Produktivität und größre Flüssigmachung der Arbeit erkauft durch Verwüstung und Versiechung der Arbeitskraft selbst. Und jeder Fortschritt der kapitalistischen Agrikultur ist nicht nur ein Fortschritt in der Kunst, den Arbeiter, sondern zugleich in der Kunst, den Boden zu berauben, jeder Fortschritt in der Steigerung seiner Fruchtbarkeit für eine gegebene Zeitfrist zugleich ein Fortschritt im Ruin der dauernden Quellen dieser Fruchtbarkeit.»

Vielleicht hat die kurze Zeit der ML-Phase nicht ausgereicht, um in der *Kapital*-Schulung bis zu diesem Kapitel vorzudringen, so daß es entschuldbar ist, wenn wir heute der Propaganda grüner Antikommunisten auf den Leim gehen. Aber wir haben nicht nur Marx schlecht gelesen, wir haben auch, wie unser Verhältnis zu Land und Bauern zeigt, aus den Lernprozessen danach, auf die wir so stolz sind, nichts gelernt.

Der Regionalismus zum Beispiel hat uns beigebracht, die Geschichte auch als eine Geschichte der Herrschaft der Städte über das Land, als Geschichte einer ökonomischen und kulturellen Kolonialisierung zu begreifen, aber unser eigenes kolonialistisches Verhältnis zum Land, das wir als Solidarität mißverstehen, durchschauen wir nicht.

Dabei ist die schlimmste Kolonisation nicht einmal diejenige, die sich in der Okkupation verlassener Täler und Dörfer durch Landfreaks ausdrückt, die dann der Monokultur des Ziegenkäses zum Sieg verhelfen. Gegen Landkommunen können sich die Einheimischen notfalls selbst wehren, wie in einem südfranzösischen Dorf, wo die Bauern zu ihren Flinten griffen, als ein paar Freaks zwecks Abschaffung des Eigentumsfetischismus damit begannen, die gegen den Ziegenfraß aufgestellten Zäune niederzureißen.

Wehrlos ausgeliefert dagegen sind die Bauern und Landbewohner der Besetzung ihrer Welt durch die Phantasien, die wir produzieren und zu deren Objekten wir die Bauern machen. Wir wollen vor allem, scheint mir, deshalb so wenig Genaues über das Landleben wissen, damit das Land eine unbeschriebene Fläche bleibt, auf die wir ungehindert unsere Wunsch- und Wahnbilder projizieren können. Diese Bilder, die wir so gerne als dokumentarisch ausgeben, sagen jedoch nichts über das Land, aber alles über unsere städtische Kaputtheit.

Ein Satz, den eine Bewohnerin des Landkreises Lüchow-Dannenberg immer wieder zu hören bekommt, wenn sie Besuch von Gorleben-Wallfahrern aus Berlin und Hamburg erhält, ist symptomatisch dafür: «Ich würde ja gerne aufs Land gehen, wenn ich wüßte, wie dann meine Therapie weitergeht.» Es sieht so aus, als säßen wir alle mit gepackten Koffern da, und nur die unabgeschlossene Psychoanalyse oder der nicht abgelaufene Mietvertrag hindern uns daran, noch heute aufs Land unserer Träume abzuhauen.

Sind wir alle jenem ökologischen Vulgärmaterialismus zum Opfer gefallen, der uns einreden will, unser Wohlbefinden lasse sich an niedrigem Lärmpegel, sauberer Luft und rückstandsfreier Milch ablesen? Haben wir denn vergessen, daß sich Stadt und Land noch durch etwas anderes unterscheiden als durch den Anteil an Grün und Beton, durch die Art der Beziehungen nämlich, die wir zueinander unterhalten, und die Kommunikation, die die Stadt möglich macht?

Offenbar bedeuten uns die Beziehungen zu anderen so wenig, daß wir bereit sind, sie etwas weniger Lärm und Dreck zuliebe aufs Spiel zu setzen, was wiederum erklärt, weshalb wir eine Therapie brauchen, und die neueste ist das Land.

Natürlich sind die Großstädte auf eine barbarische Weise verunstaltet, aber wenn wir die Stadt auch als Lebensgefühl aufgeben, wenn wir unsere Phantasie für ländliche Träumereien verschwenden, statt sie im Alltag unserer Arbeit und unserer Beziehungen anzustrengen, setzen wir das Zerstörungswerk nur fort.

Und zwar nicht nur an den Städten. Denn das Land ist auf keinen Fall ein Ausweg, nicht nur weil sein Fassungsvermögen begrenzt ist. Auch das Land ist längst vom Verstädterungsprozeß erfaßt, und das Land als Therapie ist ein Witz, wenn man sieht, was das Klima unerbittlicher sozialer Kontrolle, die Karikatur früherer Dorfgemeinschaft, zusammen mit einem mörderischen, durch keine Anonymität gemilderten Konkurrenzkampf an Therapiebedürftigkeit hervorbringt. Während wir immerhin zwischen Psychoanalyse und Urschrei, Encounter und Baghwan wählen können, stehen auf dem Land hauptsächlich zwei Therapieformen zur Auswahl: Alkohol und Selbstmord.

Ich kann mir nicht helfen, die neue Sehnsucht nach dem Land, die so laut vom besseren Leben spricht, kommt mir wie eine versteckte Todessehnsucht vor.

René Weiland

Die andere Seite des Traumas

Deutsch-französische Verwicklungen

Fragen nach nationalen Identitäten können, zumindest in Europa, kaum mehr gestellt werden, ohne daß ihnen nicht schon falsche Antworten vorauslägen. Was das Verhältnis Frankreich–Deutschland angeht, so läuft alles, zumindest aus deutscher Sicht, aufs Bild einer gedoppelten Einheit hinaus, wo gerade die Gemeinsamkeiten beider Kulturen trennend wirken, wie deren prinzipielle Andersartigkeit verbindend. Selbst die Kriege zwischen ihnen werden da noch als ‹fremde Sprache› eines weit in die Geschichte zurückreichenden, unabreißbaren Dialogs gedeutet. Wobei sich hierin schon recht deutlich die ganze Frivolität solch deutsch-französischer Wesensschau kundtut, die denn die übliche Allianz von Kitsch und Chauvinismus zur Folge hat. Etwa wenn Friedrich Sieburg, selbst nach Nationalsozialismus und zwei Weltkriegen, in Anlehnung an Madame de Staël schreiben zu können glaubt, der französische Geist bedürfe, um zu echter Universalität zu gelangen, des schwärmerischen Deutschlands, «das aus tieferen Quellen schöpft»*. Ein Frankreichbild, in das sich, unüberhörbar, Eifersucht mischt, wie umgekehrt ins Fasziniertsein an dem Anderen noch ein schlechtes Gewissen mit hineinredet, das sich, wie man weiß, blitzschnell in offenes Ressentiment wenden kann. So belegt die bundesdeutsche Presse französische Intellektuelle noch immer gern mit Attributen, die allzusehr an jenen aus wilhelminischer Zeit stammenden Vorwurf des «Zivilisationsliteraten» erinnern. Andererseits werden bestimmte politisch-philosophische Annoncen aus Frankreich, zumal wenn diese eine Neudefinition *unsererselbst* ermöglichen, verdächtig bereitwillig aufgenommen; dies aus Gründen allerdings, die mir zu schwerwiegend erscheinen, als daß es gelten könnte, die angebotenen Umwertungen leichthin zu verwerfen oder zu bejubeln.

Zwei Spiegel

Max Scheler hat einmal geschrieben, daß nicht die Utopie, sondern die Reue die revolutionäre Kraft darstelle, da sie dem ständigen Absterben der sittlichen Welt entgegenarbeite und, als eine Art aktiv werdender Erinnerung, in den Fluß historischer Determinationen eingreife, um uns darüber von einer in uns fortwirkenden Fatalität zu erlösen. Überträgt man die so verstandene, zur Geschichte kontrapunktisch verlaufene Reuebewegung einmal modellhaft auf das Verhältnis Frankreich-Deutschland, dann konterkarieren «französisches» und «deutsches» Denken einander heute wohl weniger aus einer ihnen ja eigenen nationalen Wesenheit, als vielmehr aus einer spiegelsymmetrischen Traumatisierung heraus, die die Rollen vertauscht und Raum für manches Paradox gibt. So sieht Jürg Altwegg sich 1940 einen entscheidenden Bruch in der französischen Kultur ereignen, als Heidegger in Spur und Schatten deutscher Panzer Ein-

* Friedrich Sieburg, «Germaine de Staël», in: ders., *Zur Literatur 1957–1963*, hg. v. Fritz J. Raddatz, Frankfurt/M.–Berlin 1987, S. 208.

zug hielt und mit ihm die ganze Tradition deutscher Phänomenologie. «Nie zuvor ist Frankreich in seinen tiefsten Schichten ähnlich gewaltsam – jedenfalls von außen – erschüttert worden. Neuheit und Aktualität des Nachkriegsdenkens haben mit dieser radikalen Erneuerung und mit der – mehr oder minder direkten, jedoch extrem simultanen – Verdrängung und Verarbeitung der Kriegszeit zu tun: Sartre – dem Julian Benda bereits das Verlassen der rationalistischen Pfade vorwarf –, Camus, Merleau-Ponty: Sie verarbeiteten das deutsche Erbe – auch das ‹befleckte›: Nietzsche, Heidegger – intensiver und vor allem sehr viel fruchtbarer als die Deutschen selber. (...) Das französische Denken seit den frühen vierziger Jahren ist eine vielfache Auseinandersetzung mit den Folgen einer traumatischen Situation, die die meisten sprachlos gemacht hatte und nur auf Umwegen angegangen werden konnte.»* Umgekehrt wird der französische Existentialismus, zuvorderst in Gestalt Albert Camus' und Jean-Paul Sartres, einen unvergleichlichen Einfluß auf deutsche Intellektuelle nehmen, die sich nun, in Abkehr von ihrer eigenen antizivilisatorisch-romantischen Tradition, neu an Aufklärung und Humanismus orientieren – bis hin zur Selbstverschließung gegenüber allem, was irgend an «Irrationalismus» erinnern könnte.

Man könnte die gegenläufigen Entwicklungen des Denkens im Nachkriegs-Frankreich und -Deutschland als Versuche deuten, auf die jeweils andere Seite des eigenen Traumas zu gelangen und dabei den Anderen mitsamt seinem Denken als Spiegel fungieren zu lassen, über den man sich im Fremden wiederfände. Dies um jene Schwelle herum, die den Namen ‹Auschwitz› trägt und einen absoluten Ernstfall markiert, vor dem nationale Fragestellungen zunehmend verblassen, ja mit dem Philosophie selber aufzuhören hätte, wobei diese sich vielleicht in gerade diesem Aufhören erst bewahrheiten würde: dies eine der Kernaussagen von Adornos *Negativer Dialektik*. Nur, daß eben diese Wahrheit selbst für ihren Autor zu früh kam und ihn zu seinen fatalen Dekreten eines «Nach Auschwitz» veranlaßte, wo alle Zukunft, noch ehe sie überhaupt anbrechen kann, im Nach-Auschwitz schon *vergangen* ist.

* Jürg Altwegg, *Die Republik des Geistes. Frankreichs Intellektuelle zwischen Revolution und Reaktion*, München 1986, S. 304.

Die geschichtsphilosophische Figur des Nach-Auschwitz gleicht da einem Schwamm, der die Horizonte aufsaugt und alles Neue mit einem traurigen *déjà-vu* belegt. Indem Adorno Auschwitz zum Anlaß eines «dialektischen Exerzitiums» (Jean Améry) nimmt, wird er eine Schuld ins Unendliche ausweiten, wo er selber nur nicht in der Lage war, sich von seinen eigenen Nostalgien zu lösen. Deren Selbstverfehlungen wird er nun zu einer Art methodischer Verzweiflung übercodieren müssen: dies der Motor seiner ‹negativen Dialektik›, die sich eigens das Unglück der Verlorenen Zeit zum Mentor gemacht hat. In deren Logik scheint noch zu gehören, daß Adorno und der Frankfurter Schule beharrlich so etwas wie ein Monopol auf Auschwitz-Verarbeitung eingeräumt wird, etwa wenn Detlev Claussen in seinem Buch *Grenzen der Aufklärung* (1987) behauptet, daß vornehmlich die «Verfechter kritischer Gesellschaftsanalyse» wie Horkheimer, Adorno, Marcuse und Löwenthal dazu geeignet seien, die nötigen philosophisch-gesellschaftstheoretischen Schlüsse aus Auschwitz zu ziehen, *eben weil* sie keine «Augenzeugen» waren und von daher, aus dem geographischen Abstand des amerikanischen Exils, in die günstigere Lage gekommen sind, von Auschwitz als einer «Erfahrung des Bewußtseins» Zeugnis zu geben.

Mit diesem Vorzeichen versehen, kann ein intellektuelles schlechtes Gewissen, wenn es nur versteht, die eigenen Insuffizienzen als objektiv vermittelte und folglich als solcher «Erfahrung» angemessen darzustellen, in der Bundesrepublik im höchsten Grade identitätsbildend wirken – derart, daß man sich erst in der gehörigen Larmoyanz so richtig heimisch zu fühlen beginnt. So nehmen sich die mittlerweile zu Bannformeln entsinnlichten Reden von allgemeiner Trauerunfähigkeit und kollektiven Verdrängungen als scheinkritische Konformismen aus, die sich immer kostenärmer abspulen lassen. Dies erklärt denn auch die intellektuelle Lähmung bei gleichzeitigem moralischen Elitarismus hierzulande; jene inszenierte Depressivität, auf deren Hintergrund sich der in den siebziger Jahren von Frankreich aus einbrechende philosophische Diskurs einer Selbstbejahung des «Begehrens», der sich erklärtermaßen als «antidialektisch» verstand, wie eine Erlösung ausnahm. Und dies in dem Maße, wie er hier auf eine, wenngleich latente, Mentalität beschwörerischer Ratlosigkeit stieß, die zunehmend nach *Übersetzungen* verlangte, wo eine bestimmte Spielart philosophischer Negativität ihre eigene Unüberschreitbarkeit suggerierte.

Umwertungen und Zukünfte

Nicht zu verwechseln mit einem «Lustprinzip in der Theorie», ist die Theorie einer Selbstbejahung des Begehrens wesentlich Nietzsches Kritik des Nihilismus verpflichtet – dies allerdings nicht nach Maßgabe einer in Deutschland favorisierten eschatolgisch-weltanschaulichen Lesart, sondern in einem Nietzsches «französischem» Stil angemesseneren aphoristisch-energetischen Sinne. Danach soll weniger ein künftiges Evangelium verkündet, sondern, aus einer kritisch-aktiv verstandenen Unzeitgemäßheit heraus, neue Denk- und Lebensweisen erfunden werden. Philosophie wird zur Philosophie der *Zukunft*, wie die Kritik zur Spielart einer *Umwertung*. So hat sich Michel Foucault als Archäologe und Genealoge empfunden – und eben nicht als Historiker, der trägen Herzens einen Weg beschreitet, auf dem die jeweilige Gegenwart sich im Vergangenen wiederzufinden und darin letzthinnige Bestätigung zu erlangen glaubt. Statt sich zum Agenten seiner Gegenwart zu machen, wird er, umgekehrt, versuchen, deren Fiktionsbildungen unter die Lupe zu nehmen. Und dies nach der Devise, sich wenigstens beim Schreiben die Moral zu ersparen, was nicht heißt, fortan etwa amoralisch zu schreiben, sondern lediglich, jene Übereinkunft aufzukündigen, nach der wir *auf eine bestimmte Weise* von uns selber sprechen. Danach wäre das philosophische Problem unserer Tage, wie Foucault sagt, weniger «zu entdecken, als vielmehr abzuweisen, was wir sind»*.

In gewisser Weise werden Umwertung und kritisch-aktive Unzeit-

* Michel Foucault, «Das Subjekt und die Macht», in: Hubert L. Dreyfus / Paul Rabinow, *Michel Foucault: Jenseits von Strukturalismus und Hermeneutik*, Frankfurt/M. 1987, S. 250.

gemäßheit noch bei der von Jean-François Lyotard Ende der siebziger Jahre ausgerufenen «Postmoderne» Pate stehen. Wenngleich diese Bestimmung die Unzeitgemäßheit, *als Standort des Denkens,* gegen eine neuerlich identitätsstiftende Epochalisierung eintauschen wird, die sich lediglich einer *einmaligen* Umwertung verdankt und wo der Focus einer Philosophie der Zukunft wieder in den Umkreis einer Selbstdefinition der Gegenwart zurückgebogen wird, die sich gleichsam als ihre eigene Zukunft präsentiert.

Dabei ist, wie auch Lyotard betont, der Begriff «Postmoderne» so neu nicht. Lanciert von dem Kulturanthropologen Arnold Gehlen, kam dies Schlagwort hier bereits in den fünfziger und sechziger Jahren als «Posthistoire» in Umlauf. Allerdings kommen hier schon die Ungereimtheiten einer anti-modernistischen Kulturkritik zum Ausdruck, insofern sie bei Gehlen eigens die Form einer Bejahung der *technischen* Moderne («Kristallisation») annahm und damit, wie Jürgen Habermas gezeigt hat, gerade die *politische* Moderne, d. h. die zunehmende Demokratisierung des gesellschaftlichen Ganzen, systematisch zu verhindern suchte. Nicht zuletzt wegen dieser unguten Patenschaft stößt die Rede von der Postmoderne bei vielen hier auf verständlichen Widerstand; denn noch immer ist das intellektuelle Klima in der Bundesrepublik vom Trauma der gescheiterten Weimarer Republik und des darauf folgenden antimodernistischen Kahlschlags *mit* den Mitteln der Moderne geprägt. Während sie auf der anderen Seite gewissen neoromantischen Gemütern Nahrung für deren Opferbereitschaft gibt, sich – und sei es um den Preis steter politischer Entsensibilisierung – von jedem geschichtlichen Skrupel befreien zu lassen, auf daß sie ihre Befreiung weniger in Form von Eigenständigkeit zelebrieren als mit sklavischer Zitierwut.

Habermas ließ denn auch nicht lange warten auf eine Verteidigung der Moderne, die ihm flugs zu einer Flucht nach vorne geriet. So zieh er 1980 in seiner berühmt-berüchtigten Adorno-Preisrede die gesamte Front französischer Philosophen unterschiedslos des Neokonservatismus – eine Diagnose, die er fünf Jahre später zu einem umfangreichen Vorlesungsband ausweiten wird, in dem er es mit fast jedem seiner französischen Kollegen aufnimmt, nur eben nicht mit seinem Hauptkontrahenten Lyotard. Damit war jene «deutsch-französische» Debatte eröffnet, in deren Verlauf ihre Herolde, Jean-François Lyotard und Jürgen Habermas, jeder von seiner Anhöhe den großen diskursiven Bogen zu einem Pantheon spannten. Unter dessen weiter Kuppel fand sich Platz für so manche Diskussionen, die so ermüdend sind wie sie akademisch bleiben und überhaupt nur für diejenigen Wichtigkeit zu besitzen scheinen, die sie selber führen. Deren Paradoxie besteht für mich denn auch darin, daß jede der bezogenen Positionen konstitutiv auf ihr Anderes angewiesen bleibt: So muß man *zuvor* einen post-modernen Standpunkt eingenommen haben, will man die Moderne «verteidigen», genauso wie man, führt man einen postmodernen «Einspruch» ein, die Strategie der Moderne *weiterführt*.

In einem Gespräch mit Gérard Raulet hat Michel Foucault auf eine Unsitte des zeitgenössischen Denkens hingewiesen, die Gegenwart feierlich als Bruch, Vollendung oder Neuanfang auszurufen, ja als *den* Umschlagspunkt in der Geschichte. Indessen bleibt in solchen Reden die Gegenwart selber ungedacht. Sie eigens zu denken, hieße, sie aus ihrem Gewordensein *und* ihrem Selbstbezug heraus zu begreifen, den feinen Riß, der sie durchzieht, sogleich zum Raum einer möglichen Umwertung zu weiten. In diesem Sinne schreibt Gilles Deleuze, unverwechselbar und wie ich es nicht besser ausdrücken könnte, in seinem Foucault-Buch: «Denken heißt: sich niederlassen innerhalb der Schicht, die als Grenze dient: was kann ich heute sehen und was kann ich heute sagen? Das aber heißt die Vergangenheit so denken, wie sie sich im Innern verdichtet, in der Beziehung zu sich (es gibt einen Griechen in mir oder einen Christen...). Die Vergangenheit gegen die Gegenwart denken, der Gegenwart Widerstand entgegensetzen, nicht für eine Rückkehr, sondern ‹zugunsten, hoffentlich, einer künftigen Zeit› (Nietzsche).»*

Ende des Umwegs?

Wo die Umwertung auf Erlösung einer geschichtlich *fortwirkenden* Schuld zielt, nimmt die gewöhnliche «Geschichtsumschreibung» Zuflucht zu *retrospektiven* Entschuldungen. Zwei Modi, die entge-

* Gilles Deleuze, *Foucault*, Frankfurt/M. 1987, S. 168.

gengesetzte historische Perspektivierungen mit sich ziehen: So heißt umwerten, die Vergangenheit gewissermaßen *von der Zukunft her* zu lesen, während die Umschreibung der spezifischen Interessenlage einer Gegenwart entspringt, die – zu Diensten ihrer Selbstbespiegelung – des Vergangenen *habhaft* werden will, um die Zukunft zu beherrschen.

Für mich gibt es keine einer *permanent* stattfindenden Umwertung angemessenere Denkform als die des Essays. Dessen Zeitbegriff kommt programmatisch in jenem Diktum Michel de Montaignes zum Ausdruck, nach dem er nicht das Sein beschreibe, sondern einen Übergang; nicht aber den Übergang von einem Lebensalter zum nächsten, sondern den von Tag zu Tag, von Minute zu Minute. So bezieht der Essay sein Ethos und Aussehen aus der Spannung einer in jedem Augenblick geschichtstreibend enthaltenden ‹gleichzeitigen Ungleichzeitigkeit›: in Sprache und Erfahrung modern, der Gestalt nach jedoch postmodern zu sein; äußerlich eklektizistisch, im Innern aber *kraft seines Stils* einen Fortschritt zur ‹Erziehung des Menschengeschlechts› sich seinen Weg durchs bornierte Heute bahnen zu lassen; im Innersten emanzipatorisch, nach außen hin – gegen die Philosophie – die Sache des ‹schwachen Geistes› eines Einzelnen zu vertreten.

Im Zusammenhang mit jenem Ernstfall, für den der Name ‹Auschwitz› einsteht, scheint mir dem Essay, als Form und Haltung begriffen, die Funktion zuzukommen, dort einen universalistischen Anspruch aufrechtzuerhalten, wo ihn die Philosophie bereits verspielt hat – jener sehr gewagten These zufolge, nach der die Endlösung das Wesen des Abendlandes offenbart habe und wo der Antisemitismus das Elend eines Denkens bezeichne, dem es stets um ‹das Ganze› und nicht *auch* um den Einzelnen zu tun war.

Entzündet an «französischer Theorie», wird zunehmend in der Bundesrepublik ein «Bedürfnis nach Philosophie» laut. Unter dem Eindruck von Jacques Derridas sehr philosophischer Annonce, der Nationalsozialismus sei noch gar nicht «gedacht», scheint mir mit jenem Bedürfnis ein heimliches Verlangen nach Entschuldung einherzugehen. Entschuldung jedoch ist ein Erlösungswunsch, der sich selbst verfehlt. So kann man die Endlösung, wie Dolf Sternberger sagt, nicht «verstehen», ohne nicht darüber schon zum virtuellen Mitschuldigen zu werden. «Verstehen kann man das Verständige. Der ungeheuerliche Zweck bleibt außerhalb aller Reichweite des Verstehens. Wer ihn verstehen wollte, müßte darüber den Verstand verlieren. Vielleicht hat sogar, der hier verstehen will, den Verstand schon verloren.»*

Von daher ist der Titel einer «philosophischen Nation» durchaus als Hypothek zu verstehen, und so haben sich französische Philosophen gegenwärtig jener Schuldenlast zu stellen, die mit der Beerbung Martin Heideggers verbunden ist. Ironischerweise war der Anlaß zur französischen Heidegger-Kontroverse da weniger der «Dialog» zwischen französischen und deutschen Intellektuellen, als der Einspruch eines Dritten, des Chilenen Victor Farías. – Statt indessen schadenfroh auf die Malaise der französischen Heidegger-Erben zu blicken und ihnen womöglich Lektionen in Faschismusverarbeitung zu erteilen, sollten die Deutschen vielmehr ihrerseits die Chance nützen, an die «französische» Tradition philosophischen Essayismus anzuschließen. Allmählich würde darüber das «öffentliche Selbstdenken» Einzelner zur Selbstverständlichkeit einer Kulturnation, in der der Gedanke nicht mehr den Denkenden verneint, sondern eigens trägt.

* Dolf Sternberger, *Gut und Böse*, Frankfurt/M. 1988, S. 269.

Flâner dans la Ville

Kurt Tucholsky

Park Monceau

Hier ist es hübsch. Hier kann ich ruhig träumen.
Hier bin ich Mensch – und nicht nur Zivilist.
Hier darf ich links gehn. Unter grünen Bäumen
Sagt keine Tafel, was verboten ist.

Ein dicker Kullerball liegt auf dem Rasen.
Ein Vogel zupft an einem hellen Blatt.
Ein kleiner Junge gräbt sich in der Nasen
und freut sich, wenn er was gefunden hat.

Es prüfen vier Amerikanerinnen,
ob Cook auch recht hat und hier Bäume stehn.
Paris von außen und Paris von innen:
sie sehen nichts und müssen alles sehn.

Die Kinder lärmen auf den bunten Steinen.
Die Sonne scheint und glitzert auf ein Haus,
Ich sitze still und lasse mich bescheinen
und ruh von meinem Vaterlande aus.

Ludwig Steinherr

Versailles

Hier in dem
menschenleeren Park
in dieser Stadt
wo niemand uns kennt
ist es plötzlich
als gäbe es noch keine
Bilder die uns
gemeinsam zeigen –

Und selbst die großen
jahrhundertealten Spiegel
die Brunnen über die
wir uns beugen –

Sie zerspringen jetzt
vor unseren Augen
wieder und wieder

in einem hellen
Regen

WOLFGANG KOEPPEN

Reisen nach Frankreich II

Den schönen Luxembourg-Garten, ein grünes Gleisdreieck zwischen dem Quartier, dem Montparnasse und Saint-Germain-des-Prés, hat Blazac ein «Stelldichein des langweiligen und sauertöpfischen Alters und der zudringlichen schreienden Kinderwelt» genannt, «das Élysée der Gichtkranken, das Paradies der Ammen». Ein nobles Paradies! Das hohe schwarze Schmiedegitter, ist königlich, aber die Wiegen sind das weiterhin sich vermehrende, das siegreiche Volk. Ammen sieht man noch, auch noch die nährende Brust, die Balzac entsetzte, doch die Alleen, die Bänke werden jetzt von den jungen Müttern beherrscht, von gar nicht fraulichen, von eher mädchenhaften Erscheinungen, die mit dem Kinde nicht den eigenen kindlichen Charme verloren haben. Und auch das Alter scheint nun weniger sauertöpfisch zu sein. Man bemerkt es nicht, oder es schreitet rüstig dahin. Aber vor allem ist der Garten das Refugium, der attische Hain, die Natur der Erzintellektuellen, der Bücherleser, der eingefleischten Großstädter und der Liebe in der Stadt. Ich erinnere mich entzückt an den Ausspruch eines alten Literaten: «Ich verstehe die schöne Natur nur im Luxembourg und im Zoologischen Garten. Menilmontand und Montmartre sind meine Berge, die Gehölze von Boulogne und Vincennes meine Wälder!» Ich stimme ihm zu und glaube, daß man nirgendwo anders so sehr den Zauber, die volle Pracht der vier Jahreszeiten empfinden kann. Welch wahrhaft schöne Natur! Das wohlerhaltene, das so gut wie neue Schloß der Katharina von Medici im Hintergrund, die Sonne über Baum und Blüten und das Becken mit den Schiffen, den Erdumseglern, den Seeräuberbooten, den Dampfern, die das blaue Band des Ozeans der Kindheit gewonnen haben! Die kleinen Reeder beugen sich über den Beckenrand, verfolgen ängstlich und stolz ihres Schiffes Fahrt und sind sich des Glückes, ein Kind in Paris zu sein, wahrscheinlich nicht einmal bewußt. Französische Königinnen, in noch die Füße bedeckenden abendländisch keuschen Mänteln, und alte Göttinnen in ihrer Nacktheit lauschen dem Rosenkavalierwalzer, den eine Kapelle der Pariser Schutzleute spielt. Alle Militärorchester der Welt ähneln einander und drehen, was sie auch spielen mögen, das Rad der Geschichte zurück. Auch die *Gardiens-de-la-paix* stehen im eisenrankigen Pavillon noch vor den Erfahrungen von 1914, und was nachher kam, ist, sieht man den weißen Taubenflug der Handschuhe des Kapellmeisters, einfach unvorstellbar. Die jungen Leute aber, bequem oder verquer in die Stühle gerekelt, lesen, ob von brauner, schwarzer oder weißer Haut, die druckfrischen Dispute über den Schrecken und des noch immer nicht ermordeten Gewissens. Einen trifft das schwarze Los, er wird einberufen, er reist in die Wüste, er fällt. Seine Leiche wird geschändet werden, und vielleicht haßte er diesen Krieg und seine lange schon kranken Siege. Und der junge Araber, der hier noch neben ihm sitzt, vielleicht freundlich mit ihm spricht, Paris und den Nachmittag genießt, wird er in naher Zukunft gefoltert werden oder jetzt, in diesem Augenblick, eine Pistole hervorziehen und auf die Polizisten schießen, die den Rosenkavalierwalzer spielen wie einst im Mai? Vor der Medici-Fontäne scheint der Lärm der großen Stadt zu verstummen. Sie sitzen da wie an einer kleinen schwermütig verträumten Gracht oder wie an den Wassern des Jordan. Sie sitzen allein, oder sie haben den Arm um den Nacken eines Mädchens gelegt und sinnen dem alten Spiel von Licht und Schatten unter französischen Platanen nach, während, in Stein gehauen, wettergrau, brunnendunkel, die alten Menschheitshoffnungen wachen. Leda und der Schwan und ein eifersüchtiger, seit hundert Jahren Galathea totschlagender Zyklop.

«Sifflet humide des crapauds», Max Jacob, der Dichter des Unkenrufes, starb in einem deutschen Konzentrationslager. Er war ein Poet der neuen Gefühle, ein Wortführer der surrealistischen Bewegung zwischen den Weltkriegen. Er war ein mächtiger Prophet, und die böse Zeit bestätigte, indem sie den Dichter fraß, die modernen Empfindungen, die auch das Grauen einschließen. Als Max Jacob von der «Orgie im Süden» sprach, «die Orgie ist am Montparnasse», konstatierte er jedoch nur einen 1925 jedermann wahrnehmbaren Zustand. Wer heute am Abend den Boulevard Montparnasse hinuntergeht, wird die Orgie nicht mehr finden. Der Rausch ist verflogen. Der Boulevard wirkt vorstädtisch, still und dunkel. Die

Häuser scheinen zu schlafen. Wer den Weg vorher gegangen ist, mag in dem traumschweren Flüstern der Bäume die Erinnerung an das Fest vernehmen, das hier einmal stattgefunden hat. Ein anderer wird sich vielleicht gar fürchten. Ein paar Entkleidungslokale lokken mit den Neonfackeln und den Fotografien dumm lächelnder nackter Mädchen. Die üblichen Anpreisungen werden geflüstert, die Portiers und die Schlepper sind schlechter Laune, aber was könnten sie dem Suchenden bieten, der sich erinnert, daß hier bei Bourdelle einmal ein echter Hauptmann der Pariser Garde als Striptease-Tänzerin zu bewundern war? Von den berühmten, in allen Literatursprachen besungenen Bars der zwanziger Jahre ist eigentlich nur noch der Jockey übriggeblieben. Er tümpelt ein mondbleiches Licht in die Nacht, aber seine Zeit ist vorbei. Ein paar Gäste kommen, wie man glauben möchte, aus sentimentalen Gründen, sie bringen ihren Sohn oder ihre Tochter mit und suchen, die Orgie ist trist, ihre Jugend. Der Jockey hielt einmal den Pegasus am Halfter, und es war kein schlechter Stall auf dem Berg Parnaß, das Flügelroß entdeckte seinen Geschmack für Whisky und ließ sich von der verlorenen Generation der Gertrude Stein in neuen Gangarten reiten. Damals war der Jockey unsagbar schmutzig, er roch nach der Latrine im Hof, aber man konnte dort zu den Sternen aufblicken. Heute ist er sauber, die Hygiene ist überdacht, und das ist alles. Die tolle Ecke am Boulevard Raspail, ein kleiner Piccadilly, einst ein Zirkus aller Sonderlinge, der wirklichen und der verkannten Genies einer Epoche, läßt noch die Namen der alten Kampfstätten aufleuchten. Dôme, Rotonde, Coupole, es gibt sie noch, sie sind noch vorhanden, wenn sie auch in Kinos oder sehr teure Restaurants verwandelt wurden, aber wo sind die Schwärme der Ekstatischen, die freien Gestalten der bilderstürmenden Zigeuner geblieben? Vor dem Dôme warten die Taxis in langer Reihe auf Gott weiß was für Gäste. Nur Balzac, der überlebensgroße, der brennende Balzac von Rodin schreitet noch wie eine mächtige Flamme über den Carrefour. Das Café du Dôme hatte wie das ihm verschwisterte «Romantische Café» in Berlin immer etwas von einem Wartesaal und einem Obdachlosenasyl. Ein Besucher beschrieb es: «Es war zugleich das gemeinsame Haus, öffentlicher Platz, Herberge, Forum, Versteigerungslokal, Getto, Hof der Wunder.» Man hätte auch noch hinzusetzen können, es war ein breites Bett, eine unruhige Arbeitsstätte, eine Irrenzelle mit verriegelter Tür, ein Gefängnis für Lebenslängliche, ein Durchgangslager und ein Schiff auf der Fahrt zu immer wieder entfliehenden Ufern. Lenin, Joyce, Hemingway, Henry Miller, der die Anarchie preisende Blaise Cendras, der junge Cocteau, Strawinsky, Picasso und alle Surrealisten und Dadaisten, Eluard, Soupault, Tzara und der nach seinem frühen Tode zum Heiligen des Montparnasse erklärte bitterarme, verzweifelte und betrunkene Modigliani verbrachten auf den harten Lederbänken des Dôme, auf seiner zugigen oder backofenheißen Terrasse ihre Tage, ihre Nächte, ihr Leben. Sie wechselten höchstens einmal zu einem ernsten Pumpversuch oder in vorübergehender geistiger Verwirrung ins Coupole oder die Rotonde hinüber, es spielte sich alles in diesem wahrhaft magischen Dreieck ab wie später auf Saint-Germain-des-Prés zwischen der Brasserie Lipp, dem Café Deux Magots und dem Flore. Das Dôme sieht heute so aus, als sei die böse Fee einmal hindurchgeschritten und habe die Gäste in einen Schlaf der Zeitlosigkeit gestürzt. Die Kaffeetassen, die Gläser von 1925 scheinen noch nicht ausgetrunken und immer noch nicht bezahlt zu sein; doch die Gesichter der Schlafenden blieben dem Wandel des Alterns unterworfen, so daß man sie, da in ihren Augen noch ein letzter übriggebliebener Funke Genie glüht und ihre Tracht die der jungen Dichter geblieben ist, die zu den ersten Herolden der Josephine Baker gehörten, für Wunderkinder unter den Pappmasken von Greisen halten möchte. Die Begeisterung ist gestorben, die neuen Ideen sind zur Fließbandproduktion und die alten Laster zu teuer geworden. Gegenüber im Coupole versucht man neuerdings eine Renaissance der Gegend zu erreichen. Nicht wenige, die sich mit Kunst beschäftigen oder zu denken versuchen, sind des Deux Magots und der Amüsierkeller von Saint-Germain-des-Prés, die Kierkegaard zu einem Conférencier für kleine existentiale Wunschkonzerte gemacht haben, müde und streben zum Montparnasse zurück, der vielleicht zum zweitenmal entdeckt werden könnte. Im Coupole ereifern sich bis in den Morgen hinein die Fanatiker der informellen und der figurativen Malerei, es ist viel Volk da, wenn auch kein Modell wie die musengleiche Kikki, und wenn man durch das von der Gesprächserregung beschlagene Glas der Terrasse blickt, scheint doch allerlei Buntes und vielleicht ein neuer Ismus im Topf zu schmoren. Am Tage zeichnet den Boulevard Montparnasse ein kaltes graues Licht aus. Große altgraue oder backsteinrote Schulen stehen wie Zwingburgen französischer Volkstüchtigkeit zwischen Geschäfts- und Bürgerhäusern, deren Atelierwohnungen so teuer sind, daß man, um sie zu kaufen, ihren Boden mit Goldstücken bedecken müßte. Noch immer sind es Amerikaner und andere Emigranten auf Zeit, die alle Preise stabil halten. Es ist nicht zu erraten, wo van Gogh heute untergekommen wäre. In den Kästen der Buchhändler liegen alle Schätze des Malrauxschen Museums auf der Straße und werden von ernsten Kindern nachdenklich betrachtet. In den Geschäften für Künstlerbedarf reiten die hölzernen Mannequins wie Hexen auf den unbefleckten Keilrahmen. Die kleinen Galerien, die sich jedermann prostituieren – man mietet die geduldigen Wände für acht Tage, für einen Monat –, zeigen die grellen oder blassen Früchte der montparnassischen Saturnalien. Die Schaufenster des beliebten Leichenpomps geben mit ihren Grabkränzen aus vergoldetem Blech den realistischen Kommentar. Vor einem großen Lokal, dem Kempinsky des Boulevards, warten Austern und Hummern in großen schönen Körben auf ihre letzte Stunde. Die Geschäftsleute der Gegend strömen zu Mittag in den sehr unpersönlichen, altmodisch sachlichen Saal, wo man hervorragend essen und trinken kann und wo Thomas Mann von seinem in der Nähe wohnenden französischen Verleger, aus dessen Büro die Autoren einen hoffnungsvollen Blick auf den Nachruhm des Friedhofs Montparnasse werfen dürfen, wahrhaft hanseatisch bewirtet wurde.

SARAH KIRSCH

Aber am schönsten

Aber am schönsten: mit dir
Oder ohne dich
Über die Boulevards laufen nichts im Gepäck
Als Rosinenbrot, Wein und Tabak
Die Leute der Länder festhalten
Im Auge und später
Sprechen davon, den Himmel beschreiben den Schnee
Du kommst mit dem Westwind und ich
Aus dem Norden, wir tragen
Das alles zusammen, die winzigen Pferde
Die senkrechten Palmen, die Sterne, Kaffeemaschinen
Nachmittags halb nach vier, wenn die Glocke
Im Käfig schaukelt und schreit

WOLFGANG KOEPPEN

Reisen nach Frankreich III

Der Boulevard Saint-Michel, die römische, die scholastische, der neuen Lichtspielwelle kinematische Straße, ist für viele Paris, für manchen Frankreich, der freundliche Boulevard Saint-Michel ist Europa, er ist die Antike, das Mittelalter, die Aufklärung und immer die Revolution, er ist der Traum der bücherverschlingenden Schulkinder von Lille, Bordeaux, Lyon, Marseille und des stumpfsinnigsten Provinznestes, er ist Afrika, Asien, die beiden Amerika, er bedeutet noch immer die intellektuelle und politische Zukunft unserer

Welt, wenn auch diese nur noch in Konkurrenz mit Moskau und Princeton, er ist herrlich bürgerlich mit seinen vor die Haustüren gestellten Portierstühlen am Abend, gemütlich wie jedermanns kleine Geburtsstadt und ein prächtiger Ballsaal unter gestutzten Baumkronen, ein Spielplatz des Zufalls, eine Promenade der Illusionen, ein Mischkessel der Einfälle, ein Fest des Schauens, der Sinne und der Sprache. Das große Unglück der Menschheit, die verhängnisvolle Verwirrung von Babel könnte auf dem Boulevard Saint-Michel wiedergutgemacht werden, wenn die Völker sich unter französischer Sitte zusammenfänden und an Verstand und Größe gewönnen. Viele Franzosen träumten so; an mindestens ebenso vielen Franzosen scheiterte der Traum. Abgesehen davon, daß Traum und Plan aus ganz anderen Gründen und nach dem Gesetz des Verhängnisses von Anfang an zum Scheitern verurteilt waren; denn das Schicksal will wohl die Verwirrung, die Zerstreuung, die feste Feindschaft der Stämme, Rassen, Hautfarben, Nasenformen, Gewohnheiten, Gebete, und vielleicht fürchten, wie in der Sage, die wahren, die bösen, die unsichtbaren Götter die friedliche, die starke Gemeinschaft der Erdbewohner.

Skandinavisch und urwäldisch fluten sie über den Weg. Die hohen Schulen von Paris lehren das Wissen, aber Paris lehrt das Glücklichsein. Jedenfalls könnte es diese schönste aller Tugenden lehren, das Bett ist gemacht; doch auch die Schule der Weisheit wird leider von Dummköpfen besucht. Die schwarzen Studenten stehen unter dem Volk, als verkauften sie sich, als hätten sie entdeckt, daß ihre schlankgewachsene Schwärze eine auf dem weißen Markt begehrte Schönheit ist. Welcher Europäer sehnt sich nicht nach einem Wilden? Diese allerdings, mit einem besonderen Talent versehen, den häßlichen nachchristlichen Anzug wie eine Schlangenhaut zu tragen, sind Kandidaten der Medizin, Lizentiaten der Philosophie, Magister der Künste, junge Erforscher der Antimaterie und Bekämpfer der Viren. Paris verwöhnt die wie Glut dahinschreitenden dunklen Kinder. Wir lieben Paris dafür, aber die Stipendien zur Heranbildung einer eingeborenen Führungsschicht für die durch unsere Schuld zurückgebliebenen Länder gehen seltsame Wege. Wer auf dem Boulevard Saint-Michel jagte, Beute fand, die nicht nur aus Paris, auch aus Stockholm, aus Köln, aus Sydney und Denver kam, wer von der milden Sonne im Luxembourg-Garten beschienen wurde, vor dem Café mit Freunden saß und die Freude am platonischen Gespräch empfing, die Lust der freischaffenden, der aus humanen Studien geborenen Phantasie, trägt kein Verlangen, in die schweren heißen Realitäten seiner Heimat zurückzukehren, und mancher, der in der Savanne heilen wollte, wird am Ende Röntgenspezialist in Neuilly-sur-Seine, und wer ein schwarzes Häuptlingsreich demokratisch verwalten sollte, plädiert vor den französischen Assisen. Zurück in den gärenden Dschungel treibt es leider nur die Fanatiker, die Ehrgeizigen, die Ruhmsüchtigen, die selbst auf dem Boulevard Saint-Michel von einem Komplex der Minderwertigkeit Besessenen. Sie begehren, von der Sorbonne, von den Büchern, der Geschichtswissenschaft aufgeklärt, von den Zeitungen über die gefährliche Weltlage unterrichtet, nicht zu dienen, sie wünschen, ein Häuptling über alle Häuptlinge zu werden, am liebsten gleich ein Dschingis-Khan der Starfighter und Raketen, der Paris, das ihn erzog, die Kultur, die ihn nährte, zerstampfen möchte. Es ist viel Grund zur Rache in der Welt! Die Jugendblüte auf dem Boulevard Saint-Michel wird finstere Himmel sehen. Doch noch, welch schönes Treiben im Strom dieser erwartungsvollen Seelen, und so viel bittere Münder, und so viel übermütiges Lachen! Welch wundersame Pilgerpfade sind all die vielen Buchläden mit ihren Stellagen unter offenem Himmel oder bunten Markisen, ihren verwinkelt vollgepfropften Etagen; man kann tage-, wochenlang auf dem Bücherfeld weiden, von keinem Verkäufer behelligt, nur gelegentlich vom verständnisvollen, vom resignierenden Blick des alten Buchhändlers getroffen, ein besticktes Käppchen auf weißen Locken, der erkennt, daß er bestohlen wird und doch seinen Schatz mehrt, eine eiserne Kiste voll von Goldstücken in einem Versteck seines Kellers tief unter den Schriften der Moralisten.

Nirgendwo scheinen die Croissants so knusprig zu sein wie beim Frühstück auf dem Boulevard Saint-Michel, und ein Paar, das sie im jungen Licht des neuen Tages auf einer Caféterrasse bricht, ist schon von Poesie umwoben. In den Bäumen wohnt ein Wind, der einst in Griechenland aufbrach. Der Jazz aus den amerikanischen Musikschränken ist ein Vehikel des Überschwangs und der überschwenglichen Verzweiflung. Wer sich auf das Staatsexamen vorbereitet, vergißt, daß der Lumpensammler, der, an seinen Clownskarren geklammert, vorüberschwankt, vielleicht die Prüfung mit Auszeichnung bestanden hat. Auf dem intimen, dem der Weisheit geweihten Platz vor der Kirche der Sorbonne, vor dem nachsichtigen Blick von Auguste Comte, dem Apostel einer Religion der Humanität, produzieren sich ein Affe, ein Hund und ein Ziegenbock als gelehrige Schüler, und gleich ist auch die Polizei da und nimmt den nacktarmigen, den obszön tätowierten Professor der Tierdressur und der Massenpsychologie in den vergitterten Delinquentenwagen, und Affe, Hund und Ziegenbock, noch eine Weile ihrer Kunst frönend, dann in magistrale Obhut genommen, begreifen die positive Soziologie nicht mehr. Wie lebt der Student? Murger und Musset sind tot. Die engen Mansarden der Rue Monsieur-le-Prince sind den Armen zu teuer, dem Sohn aus reichem Haus zu schäbig geworden. Der eine mietet seiner Unabhängigkeit ein Studio, der andere wohnt in den Heimen der Studienhilfe oder in der schönen Cité Universitaire, und wer nur gekommen ist, sich auf dem Boulevard zu amüsieren, was braucht er als das Bett eines Freundes? «Retten wir vor allem unsere Freiheit, genießen wir das Leben unter allen Umständen! Es lebe die Bohème!» Mit diesem Kriegsruf eroberte schon George Sand das Quartier. Der Hof der Sorbonne ist eine kleine Bühne, und sie sitzen auf den Stufen vor dem Grabmal des tüchtigen Richelieu in Blue jeans, in Petticoats, modisch oder verwildert, auch sittsam in indische Tücher, japanische Kimonos gehüllt wie Statisten in der Inszenierung eines Jessner-Schülers, und vom geschmückten Giebel der großen Alma mater blicken die Musen mehr ironisch als pathetisch auf sie hinab. Täuschen wir uns nicht, die meisten der malerisch Lagernden, die ganze Räuberbande, bereiten sich auf Beamtenkarrieren vor. Die Hörsäle, die klassischen Amphitheater sind überfüllt wie überall auf der Welt, und die Professoren, ein wenig hilflos vor diesem Aufstand der Massen, schwingen sich zu schauspielerischer Größe auf, wenn sie hoffen dürfen, im *Figaro* erwähnt zu werden. Doch einige von ihnen sind immer noch Frankreichs verehrungswürdiges Gewissen, und die Humanität wie die Freiheit sind diesen wahren Lehrern kein Lippenbekenntnis.

Viele Professoren und Studenten sind in den Untergrund gestoßen, in das Zwielicht des Patriotismus und des Verrats, in die Rechtlosigkeit des Aufstandes, in den Maquis des nicht nur afrikanischen Bürgerkrieges, sie sind in die Scheinwerferflut der Aufrufe, der Erklärungen, der Proteste, der offenen Briefe, der verhängnisvollen oder notwendigen Entscheidungen geraten, manche in den grausamen Strahl der Inquisitionslampe der an verachteten Vorbildern geschulten Verhöre, es droht ihnen der Bannfluch der behördlichen und gesellschaftlichen Acht oder die Rechtfertigung vor einer Justiz, die keineswegs blind ist – und das im Mutterland der Freiheit und der Menschenrechte. Es sind tapfere und aufrechte Männer, die sich im Kampf engagiert haben, Ritter oder Don Quichotte des Glaubens und des Willens, daß der Mensch gut sei. Doch welcher Hydra zählebiger Ideen, törichter Einbildungen, falscher Vorstellungen, wie vieler Selbstsucht und Interessenklüngelei, welchem Unverstand ist, selbst noch in Frankreich, zu begegnen, und die lange geheimgehaltene und schließlich doch publik gewordene Folter, die Fälschungen, die Verleumdungen, die Lügen und all die bösen tückischen Schlagworte der kalten oder schon heißen Fronten scheinen zu triumphieren. An jedem ernsten Gespräch nimmt die Verzweiflung teil. Neben dem Denkmal von Diderot, unter dem Standbild des Danton künden an den Zeitungskiosken die Affichen, daß die Wochenblätter *L'Express* und *France Observateure* schon wieder einmal beschlagnahmt sind, daß Filme, die sich den Problemen nicht entziehen, die alle Franzosen bewegen, verboten wurden, und man bangt um ein Frankreich, das man liebt.

Der Boulevard Saint-Michel hat seine Zerstreuungen und seine Düsternis. Er hat auch seine Décadence. Man kann zu Mittag in den Foyers des Studentenwerkes, in akademischen Volksküchen mit Vorspeise, Hauptgang und Nachtisch essen und rings um die Sorbonne chinesisch, malaiisch, indisch, arabisch oder griechisch speisen. Die Welt hat Paris den Tisch gedeckt. Asien lächelt. Griechenland schwenkt die weiße Fahne, Arabien blickt finster drein. Die Kaffeehäuser bieten sogar amerikanische Sandwiches, wabbelige Pappscheiben über welkem Salat und bläulichem Fleisch, die sich auf Theken und Tellern zu bleichen Hungertürmen häufen. Vor dem Feind im eigenen Haus, vor dem Schnellrestaurant des Boulevards stehen sie in langer Schlange an; Entartete, die noch nicht einmal die Armut entschuldigt. Denn noch ist Frankreich nicht verloren! Schon in der Rue Racine hat sich die Kochkunst zu erträglichen Preisen versteckt. Die Madame auf ihrem Kassenthron begrüßt mich schon beim zweiten Besuch wie einen Freund. Der Patron schwebt wie der olympische Zeus in den Wolken der kleinen Küche. Ich klettere die labyrinthischen Windungen der engen Wendeltreppe zum ersten Stock empor, und dort finde ich in einem kleinen rechteckigen Saal mit halbblinden Spiegelwänden und roten rissigen Polsterbänken und in der wohlbedachten alten Ordnung des Vis-à-vis einen Hauch vom Geist des Brillat-Savarin. Es gibt im Ofen in irdener Schüssel gebackene Pasteten, großmütterliche Ragouts, ländliche Pots-au-feu und lecker in kleinen Töpfen Geschmortes. Jedermann stippt mit dem weißen Brot die schwerelose Soße auf, der Salat schmeckt kernig nach jungen Nüssen, und die Birnentorte, eine Spezialität des Patrons, ist wie ein Streicheln. Man ißt nicht schnell, man speist mit Bedacht, und die alten Serviererinnen schreiten wie Sendboten nicht der verlorenen, sondern der erfüllten Zeit. Ich bin im kleinen Himmel der nicht mit Geld gesegneten Feinschmecker. Die geschulten Zungen, die jungen Adepten, die Frauen und die Mädchen, die hierherfinden, kommen aus den verschiedensten Metiers, aus Büros, Läden, Studierzimmern, Kanzleien, Ordinationsräumen und Handwerksstuben; doch sitzen sie in dieser Spiegelmesse wie zu einem strengen Orden vereint und schweigen. Man unterhält sich nicht, wenn man von einem Meisterwerk ergriffen ist. Aber wir blicken einander doch wohlgefällig mit einem kleinen Komplizenlächeln an, das sogar den modernen, den unglückseligen Pferch der Generationen überwindet und von einem sehr alten zu einem noch jungen Gesicht gleitet und erwidert wird.

Gegen Abend widerfährt dem Himmel über dem Boulevard Saint-Michel eine nur dort zu beobachtende Erleuchtung, die Wolken werden nach ihrer Schwere und Höhe rosenblättrig, asphodelosweiß, pflaumenhäutig, der letzte Sonnenschein des schwindenden Tages gleicht dann bald einem lichterloh brennenden Schiff, das aber, da es sich entfernt, mehr begeisternd als beunruhigend wirkt, es verbreitet einen hellenistischen Glanz, von müder Schönheit und skeptischen Gedanken mild, ein Ende, ein Genießen noch, und doch wie jedes Ende schon wieder ein Anfang, eine neue Zeit. Jedes Café, jede von Jugend bevölkerte Terrasse am Platz Saint-Michel, an der Wegkreuzung Cluny, am zum Luxembourg-Garten sich öffnenden Platz Edmond Rostand und angesichts der hampelnden Meister des irdischen Chaos, der allseitig bedrängten Verkehrsschutzleute, ist ein fliegender Teppich des Weltmärchens, von dem Atem der Genien noch getragen und doch schon zu Stürmen treibend, zu den furchtbaren Orkanen, zu den das Universum umwühlenden Turbulenzen der Geisterwelt.

WALTER BENJAMIN

Café crème

Wer sich auf silbernem Brettchen, mit Butterkugeln und Marmelade garniert, den Morgenkaffee auf seinem Pariser Zimmer servieren läßt, weiß nichts von ihm. Im Bistro muß man ihn nehmen, wo zwischen den Spiegeln das *petit déjeuner* selber ein Hohlspiegel ist, in dem das kleinste Bild dieser Stadt erscheint. Bei keiner Mahlzeit sind die Tempi verschiedener, vom mechanischen Handgriff des Angestellten, der am *zinc* sein Glas Melange herunterstürzt, bis zum beschaulichen Genusse, mit dem, in der Pause zwischen zwei Zügen, ein Reisender langsam die Tasse leert. Und selber sitzest du vielleicht neben ihm, am gleichen Tisch, auf der gleichen Bank und bist doch weit entfernt und für dich. Deine morgendliche Nüchternheit opferst du, um etwas zu dir zu nehmen. Und was nimmst du mit diesem Kaffee nicht alles zu dir: den ganzen Morgen, den Morgen von diesem Tag und manchmal auch den verlorenen des Lebens. Hättest du als Kind an diesem Tische gesessen, wieviel Schiffe wären nicht über das Eismeer der Marmorplatte gezogen. Du hättest gewußt, wie es auf dem Marmara-Meer aussieht. Den Blick auf einen Eisberg oder ein Segel hättest du einen Schluck für den Vater und einen für den Onkel und einen für den Bruder genommen, bis an den dicken Rand deiner Tasse, breites Vorgebirge, auf welchem die Lippen ruhten, langsam die Sahne wäre angeschwemmt gekommen. Wie schwach ist dein Ekel geworden. Wie schnell und wie hygienisch geht es zu: du trinkst; du tunkst nicht, du brockst nicht ein. Verschlafen greifst du nach der Madeleine im Brotkorb, brichst sie und merkst nicht einmal, wie es dich traurig macht, sie nicht teilen zu können.

SARAH KIRSCH

Ich, Königin Pastis

Ich Königin Pastis. Der Pastis steht im Kühlschrank neben dem Kamin im Wintergarten. Der Weg führt durch einen verwüsteten Raum mit restaurierten Bilderrahmen, einer heruntergefallenen Landschaft, goldenen Simsen verschwundener Schränke. Schließkörbe sperren das Maul auf, Tischchen mit metallenen Bommeln stehn faul in der Sonne, tragen riesige Bindfadenknäule und eine gefährliche Schere. Die Eiswürfel liegen fünfzig Meter entfernt in einer Truhe.

JUTTA SCHUTTING

Pariser Straßenmusikant

kaum daß man, verblüfft, was einem da aus der Unterwelt entgegenhallt, in die Métro-Station hinabgestiegen ist, einen kindlichen Augenblick lang überlegend, wie denn da unten ein ganzes Orchester Platz fände, wie zusammengedrängt, macht einen der junge Mann, reizend anzusehen in seinem schwarzen Frack, mit schönen, vor einem Notenpult ausgeführten Bewegungen einen kindische Enttäuschung und mit ihr auch die Frechheit vergessen, daß er bloß die Tonbandwiedergabe eines von einem großen Dirigenten dirigierten Orchesters dirigiert, an der G-Dur-Symphonie von Schubert keck ausgeführter poetischer Einfall,

nur wie sollte wirklich einer, der möglicherweise tatsächlich auf Dirigent studiert, aber kein einziges Instrument zulänglich beherrscht, seiner Benachteiligung gegenüber den Flöten- und Geigenkindern, welche zu freundlich sie einbeziehenden, weil sie aussparenden Schallplattenmusiken ihren Solopart spielen, anders als mit solchem Schattenboxen zu Leibe rücken, solange noch kein Orchester der Welt von ihm geführt für ihn spielen mag, nicht an solch einem Ort,

schlimm genug für ihn jungen Künstler, daß wohl nur ganz wenige Passanten erkennen, daß er uns nichts vorgaukelt, nicht bloß zum Schein rasch umblättert, die Musik nicht mit Phantasiebewegungen zu zwei Händen begleitet, als wollte er bloß die Seelenbewegungen derer, die sich von ihr ergreifen und tragen lassen, in Schwing- und Schwimmbewegungen übersetzen, sondern, eins geworden mit den Intentionen seines Vorbildes, als dessen Schatten Konserviertes frisch belebt, in den Geist des Toten geschlüpft (– und dadurch von denen unterschieden, die in einem Konzert dann mitzudirigieren beginnen, wenn ihnen das Tempo des Dirigenten nicht paßt –), dessen Weg durch diese Musik dadurch richtig nach- oder mitgeht, daß auch er mit seinen Zeichengebungen der Musik ein- und denselben Bruchteil Zeit voraus ist,

wie er ja auch (– selbstkokett oder wirklich vergessend, daß er als Schattendirigent die in dieser Aufnahme offensichtlich oftmals gehörte Musik in ihrem Ablauf nicht beeinflussen kann –) manchmal den Finger an den Mund tut, damit die Musiker sich auch diesmal an dieser und jener heiklen Stelle an die von seinem Meister richtig befundene Lautstärke halten, zum Leben erweckt ihr Musizieren durch das, was er Zauberlehrling als Vermächtnis des Meisters im Ohr hat – undenkbar, daß er mit diesen beschwichtigenden Zeichen naseweis vor allem uns zu verstehen gibt, es wäre an der Zeit, daß ihm unsentimentalem Heutigem von solch einem Orchester genau auf die Finger geschaut würde!

wäre das Tun des Bettelstudenten (– sofern er nicht doch nur ein Einmann-Ballett tanzt und alles recht anders sich anhörte, wenn die plötzlich lebendigen Musiker schadenfroh seine Pantomime befolgten –) nur dann als legitim nachzuweisen, wenn es sich auf andere Künste übertragen ließe, ansonsten ja doch ein wenig an den Parkplatzwärter gemahnend, der einen mit bedeutsamen Gesten an eine bestimmte Stelle dirigiert, obwohl der ganze Parkplatz leer ist?

ein Straßenmaler etwa, der eine schadhafte oder schattenhafte Reproduktion eines berühmten Bildes vervollkommnen würde, wäre nicht Maler, sondern Restaurator, während Musik der Partitur nachzuzeichnen und den Musikern vorzuzeichnen das Geschäft des Dirigenten ist;

nahe käme ihm vielleicht ein Maler, der, sofern er mitangesehen (und genau im Kopf behalten) hätte, *wie* etwa Picasso ein bestimmtes Bild gemalt hat, das vor ihm liegende Picasso-Bild mit einem blinden Pinsel an dessen Statt nochmals malte, vielleicht besser, damit sich sein Tun nicht als bestenfalls flotte Nachziehübung ausnähme, mit wirklichen Farben und dem richtigen Schwung auf ein dem Original aufgelegtes Glas;

frecher als der kleine Dirigent (– der ja doch auch klar macht, daß die Leistung des Dirigenten zu einem Gutteil die des Orchesters ist, ja wer oder was von beiden ohne den Widerpart halbwegs auskäme –) wäre einer, der, von der Play-back-Technik dazu ermuntert, zu einer berühmten Stimme (sofern sie nicht gegengeschlechtlich ausgewählt wäre) Mund, Lunge, Zwerchfell... Scheinarbeit verrichten ließe, wie eindrucksvoll auch seine Zunge flattern und sein Zäpfchen vibrieren wollte, noch frecher nur einer, der, des Englischen unkundig, für einen mimisch und gestisch untermalten Shakespeare-Monolog Laurence Olivier's Stimme liehe, es sei denn, er wäre ein Stotterer oder stumm.

vielleicht wird einer, der Orgel studiert, die Domorgel aber nicht gut mit sich herumschleppen kann, mit Händen und Füßen Luftorgel spielen auf die Gefahr hin, als ein Epileptiker oder Irrer abgeführt zu werden,

und warum sollte nicht ein Dichter, zu stolz, sich als sein Werkelmann zu rezitieren (gleichgültig, ob der letzte Wiener Werkelmann tatsächlich die Kurbel im Leerlauf zu einem hinter der Holzverschalung versteckten Tonband dreht), vor einem leeren Blatt Papier sitzen, wenn doch zu dichten nur mittelbar mit Schreiben zu tun hat, in der Haltung, in welcher er innig um Hilfe bittend der Inspiration entgegenwartet oder in welcher er sie ihm aufsteigen fühlt aus geheimen Quellen, geistesabwesend die Wange in die Hand geschmiegt oder in der selbstvergessen weggestreckten Hand den Bleistift wie ein gezückt eingeschlummertes Messer!?

(besser vielleicht, der junge Dichter nähme sich ein Beispiel an den Sonntagsmalern, welchen ja auch von Passanten über die Schulter geschaut wird und die Eindruck machen, wenn sie, ein Auge zugekniffen wie beim Schießen, mit vorgestrecktem Daumen Maß nehmen an der Natur –

denen, welche besorgt mitansähen, daß er einmal in den Himmel, einmal auf sein Blatt starrt, auf welchem nicht viel mehr Wörter stünden als Monde am Himmel; daß er, viele Male den Bleistift ansetzend, ein endlich hingeschriebenes Wort wieder nur verkratzelt, denen ginge wohl auf, wie schwer diese brotlose Kunst ist,

und so wäre es weniger eine Frechheit, wenn er, sich für ein paar Münzen zu revanchieren, in schöner oder in gehetzter Schrift: ‹Der du von dem Himmel bist› niederschriebe!)

Sabine Küchler

Je ne regrette rien

Unser Radio ein magischer
Kasten von Welt empfängt aus
der Luft und beschert
stolz das Motto des Tages:
Je ne regrette
rien altklug
und schön will ich meinen der Grundsatz
könnte bis Abend behagen fährt dann der
Rotstift über Dächer und Bäume Schatten-
riß unserer Stadt gefällt mirs so
eiserne Regeln zu schmelzen und kaltblütig
dem Gerät diesem Kasten ins
Gesicht mit dem weltwachen
Einäuglein mein Na was
das wohl heisst zu sagen.

Maren Kroymann

Kein Cointreu für die Chansonette*

Bry-sur-Marne, kurz hinterm Rathaus, Sie können es nicht verfehlen, hatte Catherine Sauvage mir gesagt. Sonst fragen Sie einfach, man kennt mich! Efeubewachsene Mauer und Hund. Erster Eindruck innen: ein Blumenmeer. Ich komme mir blöd vor mit meinem Blumenstrauß in der Hand – klar, hätt ich auch dran denken können, gestern war ja Konzert... Aber nein, sagt sie, das hat damit gar nichts zu tun, ich kenne einen Blumenhändler auf dem Markt, der bringt mir samstags manchmal vorbei, was er nicht losgekriegt hat, netterweise. Ja, ich habe viele Freunde hier... Welch symbolträchtiger Vorgang. Restblumen für die übriggebliebene Diseuse. Und ihre Freunde sind die kleinen Händler, bei Blumen wie bei Platten. Nicht die, die das Business bestimmen. Die entscheiden, wer eine «Very Important Person» ist. Das ist sie heute definitiv nicht mehr. Sie ist eine Person aus einer vergangenen Epoche. Übriggeblieben aus der großen Zeit des französischen Chancons, den vierziger, fünfziger, sechziger Jahren – in denen es andererseits schon beträchtlich zu bröckeln begann –, als diese Sparte noch das repräsentierte, was die, die sie lieben – unter ihnen viele nachbarländische Personen mit der festen Vorstellung vom französischen Wesen – heutzutage in der französischen Musikszene so schmerzlich vermissen: das Literarische, das Politische, das Anti-Bürgerliche, Individualität, Intellekt, Sensibilität, Sinn für Erotik. Das Lebensfrohe wie bei Trenet, den subversiven Humor wie bei Brassens, das Wort-

* Chansonette: kleines Lied. Im Deutschen wird gelegentlich die Interpretin eines Chansons fälschlich als Ch. bezeichnet, vermutlich auf Grund der Endung -ette, die erstens mit dem Französischen, zweitens mit dem Weiblichen als solchem in Verbindung gebracht wird, beides an sich nicht zu Unrecht. Angrenzendes Begriffsfeld: Netzstrumpf. Möglicherweise ist der Begriff Ch. als Analogie zu «Babette» gebildet (frz. weibl. Vorname, bekannt als Name der Köchin oder des Dienstmädchens in Boulevardstücken u.a.); vgl. auch «Vampyrette». Markenbezeichnung für (weibl.) Staubsauger quasi die beste Freundin von «Babette».

gewandt-Sentimentale wie bei Aznavour, den Stoß mitten ins Herz wie bei Piaf, das Existentielle wie bei Brel, das Klug-Sinnliche wie bei Gréco, das Enigmatisch-Fragile wie bei Barbara... Das Philosophische, das im populären Gewand der nachvollziehbaren Gefühlsregungen daherkommt. Das ganz simple, durchaus rational zu begreifende Schlüsselwort für all diese Reize – simpel, aber doch ein Zauberwort: *«le langage»*, die Sprache. Kurz: das Französische.

Ein Gefühl von Verlust haben übrigens keineswegs nur einige «frankophile Käselutscher» (womit Franz-Josef Degenhardt bestimmt auch sich, mich und Sie meint). Das empfinden die noch lebenden Größen von damals ebenso. Egal, ob ich mit Juliette Gréco, Léo Ferré, Claude Nougaro oder eben mit Catherine Sauvage gesprochen habe – alle schauen sie auf die gegenwärtige französische Musikszene mit einer Mischung aus Fassungslosigkeit, Bitternis und Resignation. Wenn sie überhaupt schauen und nicht vorziehen, Auge und Ohr zu verweigern. Es ist schon erstaunlich, in welchem Maße sie die populäre Musik ihres Landes nicht (mehr) zur Kenntnis nehmen.

Mais enfin voyons, Mesdames et Messieurs... Sind Sie da nicht ein wenig einäugig? Immerhin gibt es heute auch eigenwillige Außenseiter wie Charlélie Couture aus Nancy, spröde Texte, Reibeisenstimme, es gibt hinreißende Performer von ausgesprochen poetischer Ausstrahlung wie Jacques Higelin, unbekümmerte metropolitane Underground-Vögel wie «Les Rita Mitsouko», rotzfreche arabische Vorstadtlümmels, die eine Mischung aus nordafrikanischem und westeuropäisch-angelsächsischem Musikidiom versuchen, *«Carte de séjour»*, und die sich nicht unterstehen, Trenets liebevolle kleine Hymne an DIE Nation, das berühmte «Douce France», in einer aufs vorsätzlichste arabisierenden Not-Französisch-Version darzubieten. Es gibt... Soll ich weitermachen? – *Mais oui, je vous en prie*, lächelt sie... – Es gibt diesen jungen Burschen Renaud, der das «Verslan», einen spezifischen Jugendlichen-Jargon, musikalisch salonfähig gemacht hat – seine Kombination von Bubi-face und leicht aufgesetzter proletaroider Motzigkeit kommt überwältigend gut an bei den Jugendlichen. Oder der ebenfalls sehr populäre Alain Souchon, die bewährte Verbindung Schauspieler/

Sänger, wie Sie selbst ja auch, Frau Sauvage – aber ich bitte Sie, ich war Bühnenschauspielerin, Brecht hab ich gespielt – ja, gut, aber Souchon hat immerhin einen eigenen Typ kreiert in seinen Filmen und seinen Liedern, den des sensiblen, ein wenig unbeholfenen großen Jungen, er schreibt Texte mit Charme, hat was vom Zeitgeist begriffen, und alle Frauen wollen ihn in den Arm nehmen... – Ja, mag sein, ich habe ja nichts gegen ihn, macht er nicht auch Rockmusik? – Aber ja, Madame. Sie machen alle Rockmusik, mehr oder weniger. Seufzen. Schweigen.

Das ist der Zeitpunkt für den ersten Kräuterlikör. Catherine Sauvage bietet mir feinfühlig über das selbstgebraute pflanzliche Getränk eine Annäherung an, die uns im Gespräch bis jetzt versagt blieb. Ich werde sie nicht davon überzeugen können, daß das, was momentan in Frankreich auch an differenzierteren Texten, an anspruchsvollen Musikkonzepten, an originellen Interpretenpersönlichkeiten präsentiert wird, irgend etwas zu tun haben könnte mit ihrer Kunst, ihrem Zugriff auf musikgewordene Sprache, dem Chanson von DAMALS...

Das Verbindende in unseren Händen basiert auf Enzian und... Myrte? versuche ich. Diese kleinen blauen Kugeln, etwas größer als Wacholderbeeren, sie wachsen im Mittelmeerraum? – Bravo, kommt mir Madame entgegen und findet ihrerseits heraus: das Trennende ist die Musik. – Apodiktisch sagt sie das. Sie sei heute zu laut, die Technik habe zu große Wichtigkeit, die Säle seien viel zu groß; die Persönlichkeit gehe unter in diesen Mega-Auftrittshallen wie Bercey zum Beispiel, wo sich die Zuschauer verlieren, wenn weniger als fünftausend da sind. Oder ein anderer exemplarischer Schauplatz von Musikereignissen quantitativ höchsten Ranges: der «Zénith», eines der ersten Renommier-Projekte der ersten Ära Mitterrand, erbaut noch unter Kulturminister Jack Lang unter dem Gesichtspunkt der Förderung der französischen Pop-Kultur. Das heißt konkret, ihrer Konkurrenzfähigkeit im internationalen Maßstab. Und so wird es in der Tat als nationaler Erfolg verbucht, dessen Bedeutung im Kampf gegen das «Franglais» die zunehmende «Verenglischung» der französischen Sprache, ein Lieblingsthema von Jack Lang damals, immer noch aktuell – nicht zu unterschätzen ist, wenn nicht nur «Genesis» oder Tina Turner diese Hallen füllen, sondern die Gruppe «Indochine» oder France Gall, (ja, die gibt's auch noch!). Oder meinetwegen Johnny Holliday. Madame, es nützt nichts, die Augen zu verdrehen. Johnny ist ein Phänomen. In seiner Anfangszeit von den «anständigen» Franzosen gehaßt wie kein Zweiter wegen seiner obszönen Beckenbewegungen und seines erfolgreichen Versuchs, sich als US-Kopie zu stilisieren (schon dieser Name!), hat Johnny es in über zwanzig Jahren währendem beharrlichen Ringen geschafft, als charismatische französische Persönlichkeit in nahezu allen Schichten der Gesellschaft nunmehr unumstritten zu sein. Auch die Kommunisten haben ihn längst als *«vedette»*, als Star-Gast, zur legendären *«Fête de l'Humanité»* eingeladen, dem alljährlichen Fest ihrer Tageszeitung – und niemand hat gefragt, warum. Natürlich nicht! Die Franzosen sind stolz auf ihn, denn er ist das lebende Symbol für das Blühen eines der mittlerweile bedeutendsten Industriezweige in Frankreich, der Musik-Industrie. Johnny, seit Jahren im lukrativen, heute wieder hochaktuellen Grenzgebiet zwischen Rock und Schlager zu Hause, zieht, französisch singend, Zuschauer an und verkauft Schallplatten wie nie zuvor.

Und dieser ökonomische Faktor «Musik-Business» ist im Frankreich von heute, das in erster Linie «absolut modern sein» will – Rimbaud war es, der gegen Ende des vorigen Jahrhunderts in seinem Prosagedicht «Une saison en enfer» die Devise ausgab *«il faut être absolument moderne»* –, ungleich viel wichtiger als der kulturell-ideelle Faktor «Chanson-Tradition». Nicht, daß dieser nun unterschlagen würde: die Programme der diversen Instituts Français sowie die Unterrichtsgestaltung der vereinigten Französischlehrer in aller Welt würden jählings zusammenbrechen ohne ihn, nach wie vor. Und auch in Frankreich ist das Chanson als Einfluß wichtig, als Begriff, als kultureller Bezugspunkt. Aber in einem Land, das die «Modernisierung» auf seine Fahnen geschrieben hat – ob Rimbaud sich das so vorgestellt hatte? –, in dem staatliche Mammut-Vorhaben wie der Urbanisationskomplex *«La Défense»* im Westen von Paris, die *«Cité des Sciences et de l'Industrie»* in La Villette, größtes Museum seiner Art auf der Welt, wie der Super-Schnellzug TGV zwischen Paris und Lyon und natürlich auch der aggressive Ausbau der Kernenergie das nationale Selbstbild verändern sollen, in einem solchen Land muß auch die populäre Musik, und vor allem die Art, wie sie unter die Massen gebracht wird, in einer ganz anderen Dimension abgehandelt werden, sprich: muß die neueste Technologie für das Unternehmen «Französische Unterhaltungsmusik» nutzbar gemacht werden. Und da sind dann, ganz programmatisch und planmäßig, diejenigen Sparten zu unterstützen – auch z.B. durch stattliche Stipendien für einzelne Pop-Künstler –, die das zulassen. Oder sogar erfordern. Die jüngsten internationalen Hitparaden-Erfolge nach längerer französischer Abstinenz auf diesem Gebiet scheinen den Kulturmanagern recht zu geben. Vanessa Paradis («Joe le taxi»), Desireless und Jackie Quartz: so neonbunt-synthetisch und übernational-austauschbar wie die Namen ist auch die Musik. Aber die Texte sind französisch! Erfolge, wie geklont nach den Ideen der gegenwärtigen Kulturstrategen. Gegen die englische Sprache, mit amerikanischen Methoden. Die bewährten «kleinen Französinnen» sind eben auch dafür gut...

«Ein Vorhang, ein Instrument, ein Mikrofon...»

Das zeichnet das klassische Chanson – *«la chanson française»* – aus, es ist billig... faßt Catherine Sauvage mit Nackdruck zusammen. Denken Sie doch nur an Brassens. Wie er dastand in seinem ewiggleichen Cordjackett und Polohemd, Gitarre in der Hand, ein Bein auf dem Stuhl vor ihm. Jedes Jahr, treu, ein Konzert vor der «Anarchistischen Liga», alle zwei Jahre eine Serie im Bobino... In der Tat, seine Art, zu singen und sich zu begleiten, war sehr zurückhaltend. Das Understatement herrschte vor, sowohl bei seinem gemütlichen Gitarrengeschrappe (nur ab und zu ein kleiner swingender Gruß zurück an die vierziger Jahre, an Django Reinhardt) als auch bei der gewissen Monotonie in seiner Stimme – aber man liebte gerade das Lakonische seines Vortrags, das Ausdruck einer intellektuellen Distanz, von Souveränität zu sein schien: Klarheit im Kopf gegen allgemeines Dumpfmeistertum... Dadurch waren auch die Texte ganz im Mittelpunkt der Aufmerksamkeit. Allein durch den intelligenten Witz seiner Poesie, durch ihr literarisches Niveau, durch die selbstverständliche Unbotmäßigkeit gegenüber den gesellschaftlich akzeptierten Werten – und natürlich durch konsequente Herausforderungen an den «guten Geschmack» fesselte Brassens sein Publikum, begeisterte es auch für sich als Person. Brassens, Ur-Enkel von François Villon. Und gleichzeitig Cousin von Edith Piaf! Solche Familienstrukturen hat nicht jedes Land aufzuweisen. Und auch nicht jede Epoche...

Oder zum Beispiel Brel. Mehr Darsteller als Brassens, vielleicht pessimistischer in seiner Weltansicht. Des Brüsselers gedankliches Bezugsfeld liegt links der Seine, in Saint-Germain, das von der illustren, überwiegend schwarz gewandeten Szenerie belebt wird, die wir gewohnt sind, etwas pauschal unter dem Begriff «die Existentialisten» zusammenzufassen. Brels Sarkasmus, seine häufig fast nihilistische Skepsis liegt sehr viel näher an der Verzweiflung als Brassens' unerschütterliche Spießerverachtung, in der er sich seiner doch gewiß bleibt. Brel steht nicht drüber, er ist «dran». «Au suivant» heißt einer seiner berühmtesten Titel, «Der Nächste, bitte...» Brels theatralischer Ansatz macht es möglich, verschiedene gesellschaftliche Rollen vorzuführen, manchmal dialogisch, oft Perspektivenwechsel, auch historische, einschließend. Dadurch vermeidet er das, was später einmal in einem anderen Land als «Liedermachergestus» in die Kleinkunst-Geschichte eingehen wird. Und doch zeigt er sich als Teil eines Ganzen, das er kritisiert: der Gesellschaft ausgeliefert, gegen sie ansingend, anträumend – machtlos und kraftvoll. Er stellt Fragen, auf die er keine Antwort weiß. Und er erzählt Geschichten, die viel mehr sind als nur Geschichten. Er denkt einen Gedanken zu Ende und hat ein Weltbild entworfen. Er singt ein Lied und führt «Mensch-Sein» vor. Und wie macht er das? Indem er schwelgt. In Instrumentierungen, in Rhythmen, in Emotionen. Brel, mit seinem prägnanten Kopf, den kantigen Backenknochen, den großen Zähnen, den herausfordernd gewölbten Lippen, dem kompromißlosen Blick. Brel, der Heftige, Brel, der Zarte. Brel, der schluchzt, lacht, spuckt, buchstäblich Rotz und Wasser heult und Schweißperlen, der die Plosivlaute nur so platzen und die Nasalvokale in belgischer Manier eckig näseln läßt, daß es nur so dröhnt. Dessen Mimik und Gestik beseelt sind durch eine plastische Phantasie von derart aufwühlender Suggestivkraft, daß die sensiblen, kritischen jungen Leute in seinem Publikum – intellekt-betont, wie sie sich wissen –

scharenweise ins schwärmerische Idolisieren verfallen. Das Beklagen der männlichen Unfähigkeit, Gefühle zu äußern, ist ja ein Topos der achtziger Jahre geworden, mit gutem Grund; welche Sensation, welchen Schock hat ein Brel für die Zeit vor dreißig Jahren bedeutet mit ihren noch viel starreren Rollenbildern, ein Brel, der – scheinbar haltlos, in Wirklichkeit in präziseste professionelle Gestaltung gegossen – als Mann die ganze Palette menschlicher Emotionen durchspielt. Verstört, betört hat er Frauen und Männer. Sein Impetus der Verweigerung und des Aufbegehrens samt der damit umschlossenen Empfindungsfähigkeit, der Weichheit, läßt eine Verbindungslinie erkennen zu den transatlantischen Idolen der trivialeren Sparten. James Dean und Elvis Presley: jeder auf seine Art in dieselbe Richtung weisend; der weinende Mann als männlicher Prototyp der zweiten Hälfte dieses Jahrhunderts...

Der Hauptunterschied zu den beiden Legenden der amerikanischen Jugendkultur liegt natürlich in der Intellektualität. Brel hat die Skepsis und die Leidenschaft nicht nur verkörpert, sondern auch gedacht und benannt. Ein Künstler, bei dem Konzept und Ausführung zu einer untrennbaren Einheit verschmelzen, das Parade-Modell eines *«auteur-compositeur-interprète»* – der von Trenet in den dreißiger Jahren, formulierten Einheit, die diesen zum Ur-Vater der Gattung des modernen französischen Chansons gemacht hat, zum Vorbild für alle Jüngeren – auch wenn vielleicht jeder der Großen dieser Einheit ein eigenes Gesicht gegeben hat. Bei Brel wird die Interpretation so sehr Bestandteil des Chansons, daß seine Lieder für andere sehr schwer nachzusingen sind – ein seltener Fall in diesem sonst so durchlässigen Genre. Brel hat die Grenzen des Genres erweitert, indem er musikalisch, darstellerisch, emotional neue Dimensionen erschlossen hat. Eine spezifische französische Art von Gesamtkunstwerk kam dabei heraus. Das dennoch ganz und gar konzentriert war auf diesen einen Mann im Scheinwerferkegel. Der neue Reichtum war nicht einer des technischen Aufwands, sondern der gedanklichen Mittel...

Es liegt ein gewisser Stolz in Catherine Sauvages Stimme, als wir über die «äußere Armut» des französischen Chansons von damals sprechen. Wir brauchten damals eben keinen «Zénith», keinen Auftrittsort, der vorgibt, der höchste Punkt des Universums zu sein, allein durch seine Größe. Wir brauchten nicht die Magie der Quantität. Welches Mißverständnis! Wie damals, in den kleinen Läden, der «Ecurie», den «Trois Baudets», natürlich dann auch im Olympia, im Bobino, wir haben mit unserer Kunst ein Universum geschaffen, bei uns war die Magie in der Persönlichkeit...

«Wir hatten alle Kontakt miteinander...»

Auf einmal schaut mich eine Vielzahl von Augenpaaren an: kleine und größere Eulen aus allerhand Materialien sitzen auf Simsen, Brettern, Tischen, Kanten, und ich bemerke sie erst jetzt. Das Lieblingstier von Madame Sauvage. Mitbringsel und Geschenke, Andenken an Tourneen in fremde Länder. Die Eule in der bemalten Bastausführung von den Bahamas, die Eule als Filz-Mobile. Aber die Magie konnte sich auch damals bei gutem Management besser entfalten, platze ich heraus, ermutigt durch die Eule als Kartoffeldruck von der Grundschulklasse um die Ecke. Prompt und ganz ernsthaft. – Natürlich, wir hatten Canetti. Canetti war künstlerischer Direktor bei Philips, das heißt, er war das Tor zum Plattenvertrag, zur gesicherten Existenz, alle waren bei ihm: Brassens, Brel, Gréco, Guy Béart, Montand, Gainsbourg, ich... Er hatte seinen eigenen Schuppen, die «Ecurie», in dem die meisten von uns auftraten, und er organisierte für uns die Auftritte außerhalb von Paris, die Tourneen. Wissen Sie, es gab mehrere Szenen damals: die um Canetti am Montparnasse, die um Sartre und Beauvoir in Saint-Germain, am Montmartre gab es Patachous kleines Lokal, wo Brassens zuerst auftrat... Aber die Gruppen waren nicht hermetisch, wir hatten alle Kontakt miteinander, es war ein Austausch, ein Geben und Nehmen... wie die Lieder weitergegeben wurden... Ein Chanson wurde nachgerade geadelt dadurch, daß mehrere es sangen: zum Beispiel «Paris-canaille» von Léo Ferré, bekannt geworden durch mich, später sang es Juliette Gréco... – Ich verschlucke mich fast am Kräuterlikör vor Begeisterung, denn dieses Lied liebe ich sehr, diesen frechen, prallen Gassenhauer, der die Atmosphäre des Alltags in dieser Stadt mit wunderbar beiläufiger Hektik einfängt. Überhaupt war Ferré ja in seiner frühen Zeit der Meister einer intelligenten, argot-gespickten Art von Stadtfolklore – kann man das so nennen?

Nun, erst einmal ging es darum, die hohen Qualitäten von Léos Chansons, von denen Sie einige nannten, in einer Interpretation zur Geltung zu bringen, holt sie mich auf den Teppich zurück. – Stimmt. Natürlich. Catherine Sauvage ist fein genug, es nicht so ganz direkt zu sagen, aber: ihr verdankt Léo Ferré, daß er bekannt geworden ist. Sie hat mit ihrem an Brecht und Weill geschulten Darstellungsgestus – trocken, präzise, mit Witz, von zupackendem Intellekt, aber immer auch mit großer emotionaler Kraft – die Stärke seiner Texte, die Spezifik seiner Stimmungen klarer herausgearbeitet, als er es selbst vermochte. Das gilt für seine Anfänge, nicht mehr unbedingt für den späteren, sentimentaleren Ferré mit dem Hang zum Pathos und der Aura des Salon-Anarchisten. Sauvage hat Ferré als gefragten «Chanson-auteur-compositeur» etabliert, sozusagen öffentliches Interesse an seiner Person geweckt, das dann die Nachfrage nach ihm auch als sein eigener Interpret stimulierte. Ein Vorgang, zu dem es Analogien gibt: Patachou und Brassens – im Gegensatz zu Ferré mußte dieser allerdings regelrecht auf die Bühne gezerrt werden – und natürlich bei Edith Piaf, die – ebenfalls, wie es so heißt, «Nur»-Interpretin und als solche immer auf der Suche nach geeignetem Material, um nicht zu sagen, wie verrückt hinter guten Liedern her – zur Entdeckerin und Förderin fast der gesamten stattlichen Riege der Chanson-Autoren wurde, die bis heute zu den Klassikern unter den *«auteurs-compositeurs-interprètes»* gehören, von Bécaud und Aznavour über Nougaro bis Charles Dumont und Moustaki.

Eine unspektakuläre, aber alles andere als folgenlose Potenz dieser Frauen lag im Aufspüren von Qualität, im Ermutigen, im Ver-Mitteln – die ursprüngliche Bedeutung des Wortes «interprète» einlösend: Dolmetscherin. Die Ebene des Unter-die-Leute-Bringens und der kommerziellen Verwertung, ebenfalls von entscheidender Bedeutung für die Chanson-Poeten, war zur gleichen Zeit mehr in der Hand von männlichen Mittler-Figuren, wie Bruno Coquatrix, dem Inhaber des Olympia, wie Canetti, auch wie dem Poesieliebhaber und -kenner Pierre Seghers. Ihm hat eine breite Käuferschaft die kleinen quadratischen Bücher zu verdanken – *«poètes d'aujourd-*

'hui» –, Sammelobjekt der Frankophilen seit bald vierzig Jahren, in denen alle Chanson-Größen porträtiert und mit einer Auswahl von Texten vorgestellt sind.

Kunst und Politik

Warum war Seghers so wichtig? Er hat das öffentliche Bewußtsein für poetische Qualität geschärft. Seghers war eine Instanz. Und wissen Sie, warum? Weil er nicht nur ein hervorragender Verleger war, sondern auch selbst Gedichte schrieb, und zwar gute. Das literarische Niveau war immer das Grundkriterium für ein gutes Chanson. Deshalb haben Chanson-Interpreten ja auch ein Faible für die «klassische» Literatur, Reggiani chante Verlaine. Ferré chante Baudelaire, Jeanne Moreau chante Guillevie, Hélène Martin chante Aragon... Jean Ferrat chante Aragon, Léo Ferré chante Aragon, Catherine Sauvage chante Aragon... an Aragon kommen Sie nicht vorbei. Er ragt heraus in diesem Jahrhundert. – Und das sagen Sie, obwohl er Kommunist war und Sie politisch doch wohl eher der Richtung zuneigen, in der sich auch Brassens und Ferré heimisch fühlten? – Bernsteinfarbene Augen werden unmerklich schmäler, ein Rubato aufkeimender Empörung mischt sich in den gerade animiert dozierenden Erzählfluß. – Wir sind uns als Künstler begegnet und nicht als Exponenten bestimmter politischer Richtungen. Ob ich immer seiner Meinung war, politisch, oder nicht: Er hat wunderbare Poesie geschrieben. Vor allem waren seine Verse einfach, sehr klar. Ich spreche jetzt von der Résistance-Lyrik. Die war volkstümlich, ohne banal zu sein, und kunstvoll – die Reime zum Beispiel, wer außer ihm hat dieses Handwerk! – ohne zu ästhetisieren. Politisch deutlich sowieso. Was den Deutschen allerdings weitgehend entging. Sie waren ja nicht imstande, die subtilen Bezüge auf unsere kulturelle Vergangenheit zu erfassen. Entschuldigen Sie, wenn ich das sage! ...Man konnte seine Gedichte auswendig. Sie waren... wie kann ich Ihnen das beschreiben: wie ein gemeinsamer Nenner des Widerstands aller Franzosen angesichts der physischen Anwesenheit der Nazis in diesem Land. Verstehen Sie, warum Aragon so geschätzt, ja geliebt wird? Er hat uns etwas gegeben, das mit unserer Identität zu tun hat.

«Aber in erster Linie war er ein großer Dichter!» ... Die Vehemenz, mit der sich Catherine Sauvage dagegen verwahrt, ihre politische Haltung könnte als ihrem künstlerischen Schaffen übergeordnet angesehen werden, fällt auf. Viele ihrer Chanson-Kolleginnen und -Kollegen denken wie sie – Léo Ferré hat in einem Gespräch dieselben Vorbehalte formuliert, Juliette Gréco ebenfalls; von Barbara gibt es sogar in ihren Liedern Äußerungen in diesem Tenor – was wiederum nichts zu tun hat etwa mit der Frage der öffentlichen Unterstützung eines Präsidentschaftskandidaten im Wahlkampf, wie Barbara das 1988 für Mitterrand getan hat; das liegt auf einer anderen Ebene. Wenn es um Politik in ihrer Kunst geht, sind sie alle allergisch. Man könnte daraus auf eine sehr enge Sicht des Begriffs «politisch» schließen. Andererseits haben diese Schreibenden und/oder Singenden aber einen so weiten Begriff von dem, was «Kunst» ist, daß die Politik wieder mühelos darin Platz findet. So ist es einfach eine ausschließlich künstlerische Angelegenheit, wenn Barbara in den fünfziger Jahren, als Frankreich und die Bundesrepublik noch weit davon entfernt sind, z. B. durch Städtepartnerschaften das menschliche Antlitz des Nachbarn zu entdecken, ein Lied schrieb, das vielleicht mehr, auf alle Fälle aber nicht weniger ist als eine Poesie gewordene Sympathiewerbung für die Nachkriegsgeneration in diesem Deutschland, ein Appell zur Verständigung zwischen den Völkern – «Göttingen» ...

Ebenfalls eine rein persönlich inspirierte künstlerische Äußerung von Gilbert Bécaud wenig später – auch er verwahrt sich heftigst gegen den Gedanken, ein «politischer» Künstler zu sein –, wenn er angesichts eines weltweit frostigen Ost-West-Klimas mit leichter Hand ein wunderschönes, beschwingtes Lied schreibt, in dem eine Bürgerin der Sowjetunion als liebenswerter Mensch dargestellt wird – «Nathalie» ... Aus ausschließlich künstlerischen Beweggründen singt Sauvage Brecht und Brel Brel ... Aber bei «Le déserteur», dem Antikriegslied, gesungen vom volkstümlichen Mouloudji, in dem der Dichter und Jazz-Musiker Boris Vian – eine der farbigsten Gestalten von Saint-Germain – seinen ganz persönlichen Empfindungen künstlerisch Ausdruck verliehen hat, blieb's nun einfach nicht beim Künstlerischen. Die Zensur trat auf den Plan. Mitten im Indochinakrieg verhallt auch in Frankreich, wo die Kommunistische

Partei nicht verboten wurde wie bei uns, sondern im Gegenteil jahrzehntelang die stärkste der Parteien war, der Appell *«Refusez d'obéir»* – «verweigert den Gehorsam», geht nicht in den Krieg, desertiert – nicht unbestraft. Was im übrigen der Popularität des Liedes nicht unbedingt Abbruch tat, im Weitergeben von Verbotenem besaß die Nation ja eine gewisse Übung. Rund anderthalb Jahrzehnte später, 1970, wird das Lied von Serge Reggiani neu aufgenommen und findet durch den anderen politischen Kontext ein noch breiteres Publikum. Erschienen ist die Platte übrigens bei dem kleinen «Label», das Canetti inzwischen selbst gegründet hat. Wieder ein Dutzend Jahre später findet das Lied, übersetzt, Eingang in die deutsche Friedensbewegung, wo es wieder zusätzliche Bedeutung erhält: Es weist auf die Wurzeln dieser Bewegung in den fünfziger Jahren hin, die vielen der Jüngeren zunächst gar nicht vertraut sind, und es stellt den Pazifismus in den gebotenen internationalen Zusammenhang.

Wenn ein Lied in solcher Weise über Jahrzehnte lebendig bleibt und in das Leben der Menschen eingreift, sagt das vielleicht mehr über «das Politische» im französischen Chanson aus als die programmatischen Äußerungen der Künstler. Und es ist kein Einzelfall. Auch die Gedichte Aragons erleben eine Renaissance durch neue Vertonungen von Ferré und Jean Ferrat im Umkreis des «Mai 1968». Brassens und andere hatten Aragon schon früh vertont, aber erst die kulinarischer orchestrierten, süffigeren Versionen vor allem von Ferrat brachten dem greisen, fast schon zur Legende erstarrten Dichter Hit-Paraden-Ehren ein – auf die dieser, dem Vernehmen nach, durchaus stolz war.

Natürlich haben die *«auteurs-compositeurs-interprètes»* Grund zur Vorsicht gegenüber zu deutlicher politischer Stellungnahme im Werk. Zu präsent noch sind die prolet-kultistischen Tendenzen der End-Zwanziger, Anfang-Dreißiger Jahre, zu bedrohlich nah vielleicht auch noch der Kulturstalinismus der Anfang-Fünfziger; zu nah erfahren worden waren aber vor allem auch die Nazis mit ihren Strategien, die Kunst der Politik zu unterwerfen – wenn sie auch damit in Frankreich nicht durchkamen. Dennoch ist dieses Konzept als kunst- und künstlermordendes Schreckgespenst immer noch vor Augen. Catherine Sauvage und die anderen distanzierten sich von einer Kunst, die zum Mittel politischer Parteinahme degradiert wird. Zu Recht. Es ist aufschlußreich, daß heute Lieder, deren Bestimmung die unmittelbare politische Einflußnahme ist, eigentlich nur noch von der rechten Seite des Spektrums kommen, und zwar in ganz ungebrochener Weise von Michel Sardou. Er schrieb zum Beispiel ein Lied, das ein Plädoyer für die Todesstrafe enthielt, als diese Diskussion anstand, und 1982 ein Chanson für die «freien Schulen», gegen die von den Sozialisten geplante Schulreform, um nur zwei seiner aktuell politischen Lieder zu nennen, die übrigens sehr populär waren, da musikalisch und stimmlich sehr zündend umgesetzt. Er ist ein sehr begabter Künstler, wie seine Kollegen von der anderen Seite der Palette mit ihrer Konsequenz beim Auseinanderhalten des Politischen und des Künstlerischen voll Fairness anerkennen.

Die Linke hat mit ihrem Grundkonzept vom Privaten, das politisch ist, ein differenziertes Instrumentarium bereitgestellt zum Erfassen von Wirklichkeit, der ganzen Wirklichkeit. Das Universum, von dem Catherine Sauvage sprach, da haben wir es wieder. Nichts ist isoliert zu sehen. Das Private, das sich nicht aus dem Politischen herauslösen läßt und umgekehrt, das war die zentrale Erfahrung der Zeit der Résistance, und von da an blieb es eine selbstverständliche gedankliche Prämisse, nicht nur im Chanson. Aber dort an vorderster Stelle. Brassens sang das mit den Worten von Aragon: *«Il n'y a pas d'amour heureux»* – «Es gibt keine glückliche Liebe» – in einer Zeit gesellschaftlichen Unglücks, war gemeint. Der Mensch, der aus beidem zusammengesetzt ist, dem Individuellen und dem Gesellschaftlichen, der in beiden existiert, sich nach Erfüllung in beidem sehnt. Absurd, das eine vom anderen trennen zu wollen. «Alles hat mit allem zu tun.» Auch in der Musik. Das kann die Sache kompliziert machen.

Künstler und Publikum

Was ich immer noch nicht weiß: was ist eigentlich das französische Chanson? Ein unterhaltendes Genre, dessen Grenzen fließend sind. Tja. Die erwähnte Langspielplatte von Reggiani zum Beispiel. Die Mischung erschien mir überaus kennzeichnend: hoher literarischer Anspruch einerseits – Rimbaud, Gainsbourg, Vian, und dann dieses bestürzende *«les loups»* – «Die Wölfe», eine Allegorie von großkalibriger Dramatik, die den Einmarsch der Deutschen in Paris zum Thema hat. Andererseits *«le petit garçon»*, das Rührstück einer Vater-Sohn-Beziehung, die Mama ist weg, es regnet, Papa sagt, weine nicht, und musikalisch werden mit Aplomb alle sentimentalen Register gezogen. Natürlich habe ich diese Seite öfter gehört als die mit *«les loups»*, die doch politisch wirklich nichts zu wünschen übrig ließ. Das war auch so gedacht, nehme ich mal an. Das Chanson hat eben diese beiden Seiten. Es kann den Geist befriedigen und den Wunsch nach Aufwühlung stillen. Für ersteres ist – wenn wir ein letztes Mal die Schubladen zu Hilfe nehmen, deren Fragwürdigkeit gerade zu beweisen ist – mehr *«la chanson française»* zuständig, für das zweite eher der Bereich, der in Frankreich mit *«variété»* bezeichnet wird, der Unterhaltungsbereich, der Schlager, würden wir sagen.

Catherine Sauvages Augen glänzen nur beim ersten Bereich, sie übersieht, daß beide Genres verschwistert sind: Sie haben als gemeinsamen Ursprung den «Music-Hall» – gesprochen wie eine verunglückte französische Adaption des Begriffs «Musical», aber mitnichten mit ihm identisch. Alle möglichen Künstler treten dort auf: Sänger verschiedener Stile, von heiter bis elegisch, Parodisten, Akrobaten, Transvestiten, Zauberkünstler... Allen ist gemein, daß sie das Publikum unterhalten mit ihren Kunst-Stücken verschiedener Art, ihren Worten, ihrer Musik. Das Kennzeichen dieser Art von Unterhaltung ist eine fast handwerklich zu nennende Fähigkeit, ein live-Publikum mitzunehmen auf die Reise in eine ganz spezielle Welt. Ob sie als Gepäck für diese Reise mit Klavier, Vorhang und Mikrofon auskommen oder aber den etwas größeren technischen Aufwand, ein ganzes Orchester und ein paar Background-Sänger dabei haben, ist zunächst einmal nicht entscheidend. Der gleiche Anspruch eint sie alle: Maurice Chevalier wie Georges Brassens, Mistinguett wie Véronique Sanson, Jean Sablon wie Isabelle Mayereau, Yves Montand wie Adamo... Ja, auch ein breites Spektrum innerhalb der *«chansons pop»* kann sich auf den «Music-Hall» berufen. Nicht alles, was sich gut verkauft, ist schlechtes Handwerk... Ich beziehe mich in diesem Fall ausnahmsweise nicht auf Catherine Sauvages Meinung, sondern vertraue mich Pascal Sevran an, einem der besten Kenner der Materie, Verfasser eines Buches über «Le Music-Hall français» und Moderator einer populären Fernsehsendung, die alte Hits präsentiert, möglichst durch die Originalinterpreten. Für Sevran läuft die Frage, wer zum «Music-Hall» gehört und wer nicht, letztlich auf einen Qualitätsunterschied im Métier hinaus. Zugegeben, die Unterschiede sind zuweilen subtil, häufig läuft es auf eine Frage des persönlichen Geschmacks hinaus, wer wozu gezählt wird. Aber die Kriterien für die Einordnung sagen doch etwas aus: Es geht nicht allein um das textliche / musikalische Material, sondern es zählt die übergreifende Fähgkeit, die Zuschauer zu verzaubern. Das hat etwas mit Ausstrahlung zu tun, auch mit Gespür für die Bedürfnisse der Zeit, vor allem aber mit handwerklichem Können. Seit Trenet den Weg bahnte, berufen sich die *«auteurs-compositeurs-interprètes»* auf diese gleichsam vorindustrielle Tradition des «Music-Hall».

«La chanson française» als ein Kind des «Music-Hall» ist also ganz wesentlich eine Kunst, die sich vor Publikum ausübt. Daher auch die Legendenbildung um die live-Auftritte, die sich häufig genug zu gesellschaftlichen Ereignissen auswachsen. In der Welt des Chansons wird ja nicht nach Jahren gerechnet, sondern in der Maßeinheit Olympia- oder Bobino-Auftritt: und das kleine Einmaleins der Plattenbranche sind die dazugehörigen live-Mitschnitte. Da können dann diese berührenden Situationen entstehen, die dafür verantwortlich sind, daß aus der fast konspirativen Verschworenheit mit einem Künstler oder einer Künstlerin ein Langzeitphänomen wird. Die Zugaben-Situation... Barbara kommt nach mehreren «Encores», bereits mit Schminkmantel, noch einmal heraus, um dem verbleibenden Häuflein von dreißig hartnäckigen Fans ein weiteres ihrer Lieder zu singen, das sie aber nicht geprobt hat. Sie hebt an, kommt ins Stocken, hat den Text vergessen, die Fans singen selbstverständlich aus einem Munde den Text weiter. Barbara findet wieder hinein und ist so gerührt, daß ihr die Tränen kommen und sie wieder den Text vergißt... Oder das Konzert mit Anne Sylvestre, als der Elektrizitätsstreik war und um 22 Uhr auf einmal das Licht und die Verstärkeranlage ausgingen, worauf sie zum Schein von Feuerzeugen und ohne Mikrofon vor einem mucksmäuschenstillen Publikum, das sich als glücklicher Haufen vor die Bühne kau-

erte, weitersang, *en toute intimité*... Selbst wenig bekannte, weil vielleicht für ein breites Publikum zu intellektuelle Chanson-Vertreter wie Jacques Bertin, oder zu unspektakuläre, wie der feinsinnige, geistreiche Gilbert Laffaille, spielen selbstverständlich vier Wochen vor ausverkauftem Haus – gut, vielleicht in einem kleineren, spezieller ausgerichteten Laden, aber immerhin. Und dieser Szene kann auch der neu und anders sich gestaltende Pop-Markt kaum etwas anhaben. Nur ist sie kommerziell kaum von Bedeutung. Diese Anhänger sind wichtig für das Leben, die Arbeit der Künstler, vielleicht auch fürs Renommee, aber nicht für den Umsatz.

«Also das Ausland»

Machen Sie eigentlich noch Platten? Ja, sicher. Die letzte in Tokio. Anläßlich meiner letzten Tournee. Die Japaner sind sehr an mir interessiert. Der Brecht-Abend gestern, das war ja eine einmalige Angelegenheit fürs Goethe-Institut.

Also das Ausland. Vielleicht sitzen ja nicht nur ihre Fans im Ausland, sondern auch die heutigen Erben der Art von Chanson, die Catherine Sauvage betreibt. Die letzten, die sie als zur «Familie» gehörig akzeptieren könnte – *à la rigueur* –, solche wie Yves Duteil, Marie-Paule Belle, Maxime le Forestier, würde ich als «jeunes classiques» bezeichnen, mit der Betonung auf «classiques» – bis auf le Forestier vielleicht, der musikalisch neue Wege zu gehen versucht. Aber schauen wir beispielsweise nach Brasilien: Milton Nascimento, Caetano Veloso, Maria Bethania... ein Land, in dem es seit einigen Jahren, seit dem Niedergang des Militärregimes, eine reiche Musik- und Liedszene gibt, entfernt vergleichbar vielleicht dem Frankreich nach der Libération mit der überaus lebendigen, vielfältigen und vor allem chanson-trächtigen Intellektuellen- und Künstlerszene am linken Seine-Ufer. Chico Buarque, der während der Diktatur die Fertigkeiten der «contrebande» perfektioniert hat, der Dichtung unter den Bedingungen der Zensur – der Vergleich zur Résistance-Lyrik drängt sich auf. Die Brasilianer zahlen's ihrerseits den Franzosen großzügig heim mit ihrer Musik: Zum Beispiel haben Claude Bougaro und Georges Moustaki schon vor einiger Zeit auf ihren Platten mit brasilianischen Musikern gearbeitet und so neue, belebende Farben auch ins französische Chanson gebracht. Aber eigentlich überall auf der Erde, wo ein Individuum sich gegen die oder zumindest unabhängig von den kulturellen Institutionen seines Landes artikuliert, ist die karg-handwerkliche Dreiheit von Instrument, Vorhang, Mikrofon wieder im Spiel, die das Chanson eines Brassens' charakterisierte und die das materielle Pendant der anderen Dreiheit darstellt: *auteur-compositeur-interprète*. Lluis Llach, der bewegende Katalane: Auch er entwickelte seine künstlerische Form in einer Zeit, als sich ein politisch-geistiger Umschwung andeutete in Spanien, der Tod Francos als Markierungspunkt. José Alfonso, der Sänger der portugiesischen Revolution. Das neue chilenische Lied der Allende-Zeit und davor. Biermann. Degenhardt. Die sowjetischen Volkssänger Wyssoizkij und Okudschawa... Auch ein Lucio Dalla in Italien hat so angefangen, wenn sich das Chansonhafte in jenen Breitengraden auch alsbald in ein eher rockiges Lied-Idiom wandelte. Eduardo Bennato, Gianna Nannini: Paolo Conte mit der rauhen Stimme und der gepflegten, sowohl jazz- als auch schmelzfähigen Band, der mit wenigen Worten so wunderbare Atmosphären schafft wie damals Aznavour mit vielen. Auch ein Bezug... man lernt.

In all diesen Beispielen scheint mir die Beziehung zum Chanson darin zu liegen, daß nicht eine bestimmte Attitüde übernommen wird – einzelner Mann steht und klampft –, sondern daß die Kriterien des literarischen Niveaus, des Politischen im Privaten, des Handwerks erfüllt werden. Wenn Reinhard Mey in seiner ziemlich lange währenden biederen Phase (ist sie eigentlich vorbei?) «Annabell, ach Annabell, du bist so herrlich intellektuell» intoniert, dann kriegt eben auch der sonst Aufmüpfigkeit verheißende Klang von schlicht gezupften Gitarrensaiten etwas extrem Hausschuhhaftes. Andereseits kann die vergleichsweise prächtige musikalische Sprache eines Konstantin Wecker von heute – er tut sich zunehmend mit Musiker-Kollegen zusammen, die in «un-liedermacherischen» Bereichen zu Hause sind, Jazz, Salsa – den subversiven, poetischen Grundgestus eines Chansons von Brassens oder erst recht Brel durchaus würdig beerben. Die Franzosen haben auch das vorgemacht. Die Großen bemächtigen sich des Genres in verändernder

Weise, erweitern, spezifizieren, setzen Akzente je nach zeitlichem und nationalen oder regionalem Kontext – und dem Stand der eigenen Entwicklung. Anders ist der Anspruch, Politisches zu vermitteln, im persönlichen Erleben, ja auch kaum umzusetzen. Das Einfrieren einer einmal als aussagekräftig erfahrenen Form ist jedenfalls der Feind dieses Anspruchs.

Vor dem Impuls zur Veränderung des eigenen Idioms liegt natürlich das Kennen von Alternativen: das Interesse an anderen Einflüssen und die Möglichkeit, ihnen zu begegnen. Speziell letzterer Zielsetzung hat sich seit Jahren die kleine Plattenfirma «Chant du monde» verschrieben, die engagiert und seriös die historisch gewachsenen Musikströmungen der Völker der Welt dokumentiert und verbreitet, im Spannungsfeld zwischen Musikethnologie und popularisierten Varianten. Und dann ist natürlich die «FNAC» zu nennen, der gigantische Pariser Buch- und Plattenladen mit seinen vielen Filialen, mit seiner unglaublichen Auswahl längst zum ausgewiesenen Umschlagplatz begehrten Musik-Materials aus aller Welt geworden, zur Börse für das Musikgeschehen in Afrika, Lateinamerika, der Karibik, aber auch für speziellere Bereiche wie das frankophone Chanson Kanadas. Diese beiden Institutionen und die zahllosen live-Konzerte internationaler Musiker, die täglich stattfinden, weisen Paris den Platz einer Metropole des Chansons zu, auch wenn *«la chanson française»* selbst in einem präzise wiedererkennbaren Erscheinungsbild hier derzeit eher Phantomcharakter hat.

Die Verleihung der Preise des französischen Musik-Business kommt mir in den Sinn, die ich kurz vor meinem Besuch bei Catherine Sauvage im Fernsehen miterlebt habe, *«Les victoires de la musique»*, analog zur «Grammy»-Verleihung in den USA. Die Franzosen geben sich wieder wahnsinnige Mühe, amerikanisch zu sein, Julien Clerc, ehemals Flowerpower, heute Turnschuh plus Armani, führt durchs Programm. Er ist wirklich einer der Lockersten, den sie haben, trotzdem strahlt die ganze Veranstaltung eine unlockere Art von Leistungsbereitschaft aus. Eine junge Frau, vom Make-up her sehr qualifiziert, erklimmt, nicht ohne Mühe, die Bühne, in ihrer Gesamterscheinung läßt sie an ein stilvolles Weihnachtsgeschenk denken, und nimmt den Preis für die beste Nachwuchsinterpretin entgegen – oder war's für die beste Plattenhülle? – mit den Worten:

«Ich bin noch ganz klein, aber ich habe die Absicht, sehr, sehr groß zu werden.» Sie heißt Jeanne Mas, aber das tut vielleicht nichts zur Sache. Irgendwann später wird der alte Trenet hervorgezerrt, hochgehoben und geehrt als derjenige, dem Frankreich das alles verdankt. Schade! Die Show war so stimmig in ihrer beflissenen Weltgewandtheit, nur Trenet, der paßte überhaupt nicht hinein. Und ausgerechnet er sollte das alles angezettelt haben? Catherine Sauvage wäre genauso fehl am Platze gewesen. Nein, dann lieber eine weitere Eule von der Tournee in einem Überseeland.

Einige Monate später lese ich in der Zeitung, daß es im Zuge des Nostalgie-Booms jetzt weitere Sendungen im Fernsehen geben soll mit ehemals berühmten, in Vergessenheit geratenen Künstlerinnen und Künstlern wie Georgette Lemaire, Patachou, Gloria Lasso, André Claveau... Auch im Radio haben die Alten Hochkonjunktur. Mehrere Plattenfirmen lancieren mit beträchtlichem publizistischem Aufwand Reeditionen der Stars der vierziger, fünfziger, sechziger Jahre – nicht nur im Pop-Bereich, sondern auch im Chanson: So üppig ist das Angebot, daß das Karge wieder attraktiv wird, so bunt der Markt, daß Schwarz-Weiß als besonders seltene Farbe wieder eine Chance hat. Die Autobahn der französischen Unterhaltungsmusik wird kurz mal unterbrochen durch eine Stück Landstraße, das direkt am beliebten Ausflugsziel «Music-Hall» vorbeifährt... vielleicht sollten wir da aussteigen?

Ich bin gespannt, ob Sie herausfinden, was das ist! Catherine Sauvage reicht mir ein neues Gläschen herüber, auf der Nase die Lesebrille zum Entziffern der handgeschriebenen Etiketten auf den verschiedenen Flaschen – die Halb-Brille, die in unserem Gespräch einen beiläufigen Akzent von Intimität setzt. Toll. Das ist jetzt wieder die Zugaben-Situation, denke ich. Hab ich ein Glück! Ein schwierig zu ratendes Obst? Ich tippe auf Quitte.

Frank Göhre

Champs-Élysées

Der Wagen fährt die Champs-Élysées hinunter.

Es ist Nacht.

Das hat man oft in französischen Filmen.

Die Nacht bricht an. Nacht der Erfüllung. Die Nacht der Gehetzten. Die Nacht der Liebe. Die Nacht gehört uns. Die Nacht hat dunkle Schatten. Nacht über Paris. Wenn es Nacht wird in Paris.

H. C. Blumenberg betitelte seinen Essay über den französischen Unterweltfilm mit *Westerner der Nacht*.

Eine Nacht in Paris.

Der Kommissar sitzt am Steuer des Wagens.

Der Kommissar heißt Edouard Coleman. Es ist Alain Delon.

Alain Delon war von Anfang an anrüchig, lese ich in seiner Biographie. Die er verbieten lassen wollte, wenn ich mich richtig erinnere.

Delon, ein faszinierender Mann, gewiß, aber unsympathisch. Heißt es weiter.

Er hat Romy Schneider verführt. Unsere Sissy.

Er war in eine Mordaffäre verwickelt.

Er äußerte sich gern provokant konservativ bis reaktionär.

Er vertrat die Auffassung, daß Frauen sich nicht die Rechte der Männer anzumaßen haben.

Er hat aus seiner Bisexualität nie einen Hehl gemacht.

Der italienische Regisseur Luchino Visconti war einer seiner Lover.

Burt Lancaster auch.

Ich liebe es, daß man mich liebt, sagte Delon einmal. So wie ich liebe, wenn ich liebe.

Liebt ein Kommissar? Ein Bulle?

Alain Delon in der Rolle des Kommissars Edouard Coleman sitzt am Steuer seines Wagens und fährt die Champs-Élysées hinunter.

Es ist Nacht in Paris.

Nuit sur la cité sollte der Film ursprünglich heißen. *Nacht über der Stadt.*

Ins Kino kam er unter dem Titel *Un Flic. Der Chef.*

Alain Delon in der Rolle des Edouard Coleman ist der Chef.

Le Samourai als Bulle.

Rollentausch.

Die Austauschbarkeit von Gangster und Polizist.

Die Gauner haben immer Sympathie für die Polizisten, und die Polizisten haben immer Sympathie für die Gauner. Sie üben dasselbe Gewerbe aus. Die einen existieren nur in bezug auf die anderen.

Sagte Jean-Pierre Melville.

Jean-Pierre Melville ist der Regisseur des Films.

Un Flic ist sein letzter Film. Er kam 1973 in die deutschen Kinos.

Am 2. August 1973 ist Jean-Pierre Melville in Paris gestorben.

In *Un Flic* zeigt er ein kaltes Paris.

Eiseskälte und Unwirtlichkeit moderner Stadtzentren. Stahl und Beton.

Hochhäuser. Appartementfassaden. Gläserner Wolkenkratzer.

Kaufhauswände.

Alles in Grau-, Blau- und Grüntönen.

Silber, das sich mit Weiß vermischt.

Klinikatmosphäre.

Alain Delons Gesicht ist ausdruckslos.

Sein neben ihm sitzender Kollege reicht ihm den Telefonhörer.

Ja? – Und woher? – Wir fahren sofort hin. Ich rufe zurück.

Sagt Delon.

Vorher haben wir ihn aus dem Off gehört: Jeden Nachmittag beginne ich meine Rundfahrt. Immer zur gleichen Zeit fahre ich die Champs-Élysées hinunter. Sobald es Abend wird, beginnt meine Arbeit. Aber viel später erst, wenn die ganze Stadt schläft, komme ich dazu, mich meiner eigentlichen Aufgabe zu widmen.

Poesie, würde ich sagen. Dieser Ton.

Und dazu die Bilder.

Die Champs-Élysées.

Die Lichter der Großstadt.

Eine Absteige. Eine junge, tote Frau. Ein wunderschönes Gesicht. Eine Maske.

Dann ein älterer Homosexueller.

Rückfalltäter, sind wir das nicht alle? fragt er.

Und der miese, kleine Stricher weiß, daß er von dieser Schwuchtel nichts weiter zu befürchten hat.

Delon spricht von Anstand: Finden Sie das anständig?

Meine Vision von Gangstern und Polizisten ist ausschließlich imaginär, ohne jeden Bezug zur Realität.

Sagte Melville.

Und: Wenn ich beschließe, daß Alain Delon Polizeikommissar sein wird, dann gehe ich von der Vorstellung eines als Kommissar gekleideten Alain Delon aus, der sich in einem banalen Polizeiauto auf dem Champs-Élysées befindet... Und der Rest kommt von selber. Ein großer Schauspieler, ein Star, ist immer der Mitautor eines Films. Alain hilft mir mehr als ich sagen kann. Er ist, für einen Autor, inspirierend.

Er ist der letzte Star, den ich kenne.

Er hat sich sogar jener Verpflichtung unterworfen, die zu den Stars der dreißiger Jahre gehört, nämlich der, einen Skandal auszuhalten.

Delon als Mörder.

Als Bulle schlägt er bei Verhören. Nachdem er seine Cartier-Armbanduhr abgenommen hat.

Er macht einen Transvestiten fertig.

Erbarmungslos.

Zweierlei Empfindungen ruft der Anblick eines Menschen in einem Polizisten wach: tiefstes Mißtrauen und Verachtung.

In *Un Flic* trifft Alain Delon in der Rolle des Kommissar Edouard Coleman auf Cathy.

Ich brauchte nicht die Leinwand und die später von Chanel in aller Welt publizierten Fotos von ihr, um zu erkennen, daß ihre zierliche Nase, ihr intensiver, doch irgendwie abweisender Gesichtsausdruck, ihr Mund mit den leicht geschwungenen Lippen, die von so klassischer Perfektion waren, daß sie ihre leidenschaftliche Sexualität verbargen, der Inbegriff romantischer Schönheit waren.

Schrieb Roger Vadim über sie.

Über Catherine Deneuve.

Die letzte Königin, wie Jörg Fauser sie nannte.

Eine kühle Blondine.

Aber im Bett, verriet Vadim. Leidenschaftlich wie keine andere.

Obszön, klingt durch.

Hitchcock hätte seine Freude an ihr gehabt. Er hätte sie gequält. Gedemütigt. Vorstellbar, daß er sie im Fond einer Taxe gefilmt hätte. Wie sie ihrem Partner zwischen die Beine greift.

Im Namen des Gesetzes, Sie sind verhaftet. Läßt Melville Delon zu ihr sagen.

Wie haben Sie mich gefunden?

Das ist mein Beruf.

Ein Kommissar, der mit der Gangsterbraut zwei Stunden in einem Hotelzimmer verbringt.

Sie nimmt ihm die Waffe ab und wirft sie aufs Bett.

Die Pistole symbolisiert den Schwanz des Mannes.

Und den Tod.

Tod als Definition einer Beziehung.

Catherine Deneuve in der Rolle der Cathy liebt Alain Delon in der Rolle des Kommissars in einem fensterlosen Raum.

In extremer Aufsicht aufgenommen.

Eine Einstellung, die die klaustrophobische Atmosphäre noch verstärkt.

Ein Mann und eine Frau im Bett, Frauen, die sich ausziehen – das ist kaum mehr zu ertragen.

Sagte Melville.

Melville zeigt keinen Liebesakt.

Er überläßt das unserer Phantasie.

Es reicht, die Deneuve zu sehen. Ihr silbergold glänzendes Haar. Ihren Blick.

Die Lippen eine winzige Spur geöffnet. Ihr sacht rosa mattiertes Antlitz vor dunklem Hintergrund.

Rein und teuflisch zugleich.

Kurz zuvor hat sie einem schwer verwundeten Gangster Luft in die Vene gepumpt. Im Krankenhaus. Als Schwester verkleidet.

Ein Todesengel auch sie.

Ich zwinge meine Schauspieler dazu, vor der Kamera das gleiche schweigsame, lakonische und vom *underplay* geprägte Verhalten zu praktizieren, das ich im Leben angenommen habe.

Sagte Melville.

Er begann gegen elf Uhr abends zu leben.

Er ging immer erst morgens gegen fünf oder sechs Uhr schlafen.

Die Morgendämmerung von Pigalle, das ist der Zeitpunkt, zu dem ich frühstücke.

Der Film *Un Flic* endet frühmorgens.

Er hinterläßt keine Epigonen, weil Vollkommenheit und Einmaligkeit unersetzbar sind. Lese ich.

Delon fährt wieder die Champs-Élysées hinunter.

Sein Gesicht ist wie versteinert.

Er hat Simon erschossen. Den Gangsterboss.

Catherine Deneuve in der Rolle der Cathy hat Simon geliebt. Sie war seine Komplizin.

Sie war aber auch die Geliebte des Kommissars.

Der Kommissar und der Gangster waren Freunde.

Ich habe in meinen Gangsterfilmen immer wieder versucht, den Polizisten stark dem Gangster und den Gangster stark dem Polizisten anzugleichen. Sie sind meist ähnlich gekleidet und oft fragt sich der Zuschauer, welches wohl der Polizist und welches der Gangster ist – man kann und soll sich darüber täuschen.

Sagte Melville.

Coleman und Simon trinken *Whisky on the rocks*.

Beide lieben Cathy.

Catherine Deneuve erwidert ihre Liebe.

Un flic ist ein Film.

Ein Film über Freundschaft und Verrat.

Die Freundschaft ist eine heilige Sache. Der Verrat ist, viel mehr als die Liebe, eine der fundamentalsten Antriebskräfte des Menschen.

Sagte Melville.

Verrat führt zum Tod.

Simon verläßt frühmorgens das Hotel. Er wird von Alain Delon erschossen.

Haben Sie nicht doch etwas zu schnell geschossen?

Cathy hat die Szene verfolgt.

Der Kommissar schaut zu ihr herüber.

Und dann zu dem toten Simon.

Das ist das Ende.

Ein neuer Tag hat begonnen.

Wieder das Autotelefon. Wieder das Ja? – Und wo? – Wir fahren sofort hin. Ich rufe zurück.

Und wieder die Fahrt über die Champs-Élysées.

Alain Delon blickt in die Kamera.

Ausdruckslos. Aber auch von einer unendlichen Traurigkeit erfüllt.

Die Musik ist von Michel Colombier.

Sie ist dezent melancholisch.

Stärker in Erinnerung bleiben die Geräusche.

Der prasselnde Regen. Das monotone Surren der Scheibenwischer. Der Wind. Das Krachen der Schüsse. Das Klirren der Eiswürfel im Glas.

Die Tonaufnahme ist oft die Musik meiner Filme.

Sagte Melville.

Paris bei Nacht.

Nacht über der Stadt.

Ein Film. Ein *Film noir*.

Ein Film von Jean-Pierre Melville (eigentlich: Jean-Pierre Grumbach) mit Alain Delon und Catherine Deneuve, gedreht in Paris und in den Studios Boulogne. In Farbe.

Ausgebleichte Farben.

Fahles Licht.

Morgengrauen. Abenddämmerung.

Nacht.

Voir Paris et mourir?

Rainer Maria Rilke

Malte Laurids Brigge

11. September, Rue Toullier

So, also hierher kommen die Leute, um zu leben, ich würde eher meinen, es stürbe sich hier. Ich bin ausgewesen. Ich habe gesehen: Hospitäler. Ich habe einen Menschen gesehen, welcher schwankte und umsank. Die Leute versammelten sich um ihn, das ersparte mir den Rest. Ich habe eine schwangere Frau gesehen. Sie schob sich schwer an einer hohen, warmen Mauer entlang, nach der sie manchmal tastete, wie um sich zu überzeugen, ob sie noch da sei. Ja, sie war noch da. Dahinter? Ich suchte auf meinem Plan: Maison d'Accouchement. Gut. Man wird sie entbinden – man kann das. Weiter, Rue Saint-Jacques, ein großes Gebäude mit einer Kuppel. Der Plan gab an Val-de-grâce, *Hôpital militaire*. Das brauchte ich eigentlich nicht zu wissen, aber es schadet nicht. Die Gasse begann von allen Seiten zu riechen. Es roch, soviel sich unterscheiden ließ, nach Jodoform, nach dem Fett von Pommes frites, nach Angst. Alle Städte riechen im Sommer. Dann habe ich ein eigentümlich starblindes Haus gesehen, es war im Plan nicht zu finden, aber über der Tür stand noch ziemlich leserlich: *Asyle de nuit*. Neben dem Eingang waren die Preise. Ich habe sie gelesen. Es war nicht teuer.

Und sonst? ein Kind in einem stehenden Kinderwagen: es war dick, grünlich und hatte einen deutlichen Ausschlag auf der Stirn. Er heilte offenbar ab und tat nicht weh. Das Kind schlief, der Mund war offen, atmete Jodoform, Pommes frites, Angst. Das war nun mal so. Die Hauptsache war, daß man lebte. Das war die Hauptsache.

Daß ich es nicht lassen kann, bei offenem Fenster zu schlafen. Elektrische Bahnen rasen läutend durch meine Stube. Automobile gehen über mich hin. Eine Tür fällt zu. Irgendwo klirrt eine Scheibe herunter, ich höre ihre großen Scherben lachen, die kleinen Splitter kichern. Dann plötzlich dumpfer, eingeschlossener Lärm von der anderen Seite, innen im Hause. Jemand steigt die Treppe. Kommt, kommt unaufhörlich. Ist da, ist lang da, geht vorbei. Und wieder die

Straße. Ein Mädchen kreischt: *Ah tais-toi, je ne veux plus.* Die Elektrische rennt ganz erregt heran, darüber fort, fort über alles. Jemand ruft. Leute laufen, überholen sich. Ein Hund bellt. Was für eine Erleichterung: ein Hund. Gegen Morgen kräht sogar ein Hahn, und das ist Wohltun ohne Grenzen. Dann schlafe ich plötzlich ein.

Das sind die Geräusche. Aber es gibt hier etwas, was furchtbarer ist: die Stille. Ich glaube, bei großen Bränden tritt manchmal so ein Augenblick äußerster Spannung ein, die Wasserstrahlen fallen ab, die Feuerwehrleute klettern nicht mehr, niemand rührt sich. Lautlos schiebt sich ein schwarzes Gesimse vor oben, und eine hohe Mauer, hinter welcher das Feuer auffährt, neigt sich, lautlos. Alles steht und wartet mit hochgeschobenen Schultern, die Gesichter über die Augen zusammengezogen, auf den schrecklichen Schlag. So ist hier die Stille.

Ich lerne sehen. Ich weiß nicht, woran es liegt, es geht alles tiefer in mich ein und bleibt nicht an der Stelle stehen, wo es sonst immer zu Ende war. Ich habe ein Inneres, von dem ich nicht wußte. Alles geht jetzt dorthin. Ich weiß nicht, was dort geschieht.

Ich habe heute einen Brief geschrieben, dabei ist es mir aufgefallen, daß ich erst drei Wochen hier bin. Drei Wochen anderswo, auf dem Lande zum Beispiel, das konnte sein wie ein Tag, hier sind es Jahre. Ich will auch keinen Brief mehr schreiben. Wozu soll ich jemandem sagen, daß ich mich verändere? Wenn ich mich verändere, bleibe ich ja doch nicht der, der ich war und bin ich etwas anderes als bisher, so ist klar, daß ich keine Bekannten habe. Und an fremde Leute, an Leute, die mich nicht kennen, kann ich unmöglich schreiben.

Habe ich es schon gesagt? Ich lerne sehen – ja, ich fange an. Es geht noch schlecht. Aber ich will meine Zeit ausnutzen.

Daß es mir zum Beispiel niemals zum Bewußtsein gekommen ist, wieviel Gesichter es gibt. Es gibt eine Menge Menschen, aber noch viel mehr Gesichter, denn jeder hat mehrere. Da sind Leute, die tragen ein Gesicht jahrelang, natürlich nutzt es sich ab, es wird schmutzig, es bricht in den Falten, es weitet sich aus wie Handschuhe, die man auf der Reise getragen hat. Das sind sparsame, einfache Leute; sie wechseln es nicht, sie lassen es nicht einmal reinigen. Es sei gut genug, behaupten sie, und wer kann ihnen das Gegenteil nachweisen? Nun fragt es sich freilich, da sie mehrere Gesichter haben, was tun sie mit den andern? Sie heben sie auf. Ihre Kinder sollen sie tragen. Aber es kommt auch vor, daß ihre Hunde damit ausgehen. Weshalb auch nicht? Gesicht ist Gesicht.

Andere Leute setzen unheimlich schnell ihre Gesichter auf, eins nach dem andern, und tragen sie ab. Es scheint ihnen zuerst, sie hätten für immer, aber sie sind kaum vierzig; da ist schon das letzte. Das hat natürlich seine Tragik. Sie sind nicht gewohnt, Gesichter zu schonen, ihr letztes ist in acht Tagen durch, hat Löcher, ist an vielen Stellen dünn wie Papier, und da kommt dann nach und nach die Unterlage heraus, das Nichtgesicht, und sie gehen damit herum.

Aber die Frau, die Frau: sie war ganz in sich hineingefallen, vornüber in ihre Hände. Es war an der Ecke Rue Notre-Dame-des-Champs. Ich fing an, leise zu gehen, sowie ich sie gesehen hatte. Wenn arme Leute nachdenken, soll man sie nicht stören. Vielleicht fällt es ihnen doch ein.

Die Straße war zu leer, ihre Leere langweilte mich und zog mir den Schritt unter den Füßen weg und klappte mit ihm herum, drüben und da, wie mit einem Holzschuh. Die Frau erschrak und hob sich aus sich ab, zu schnell, zu heftig, so daß das Gesicht in den zwei Händen blieb. Ich konnte es darin liegen sehen, seine hohle Form. Es kostete mich unbeschreibliche Anstrengung, bei diesen Händen zu bleiben und nicht zu schauen, was sich aus ihnen abgerissen hatte. Mir graute, ein Gesicht von innen zu sehen, aber ich fürchtete mich doch noch viel mehr vor dem bloßen wunden Kopf ohne Gesicht.

Ich fürchtete mich. Gegen die Furcht muß man etwas tun, wenn man sie einmal hat. Es wäre sehr häßlich, hier krank zu werden, und fiele es jemandem ein, mich ins Hotel-Dieu zu schaffen, so würde ich dort gewiß sterben. Dieses Hotel ist ein angenehmes Hotel, ungeheuer besucht. Man kann kaum die Fassade der Kathedrale von Paris betrachten ohne Gefahr, von einem der vielen Wagen, die so schnell wie möglich über den freien Plan dort hinein müssen, überfahren zu werden. Das sind kleine Omnibusse, die fortwährend läuten, und selbst der Herzog von Sagan müßte sein Gespann halten lassen, wenn so ein kleiner Sterbender es sich in den Kopf gesetzt hat, geradenwegs in Gottes Hotel zu wollen. Sterbende sind starrköpfig, und ganz Paris stockt, wenn Madame Legrand, brocanteuse aus der Rue des Martyrs, nach einem gewissen Platz der Cité gefahren kommt. Es ist zu bemerken, daß diese verteufelten kleinen Wagen ungemein anregende Milchglasfenster haben, hinter denen man sich die herrlichsten Agonien vorstellen kann; dafür genügt die Phantasie einer Concierge. Hat man noch mehr Einbildungskraft und schlägt sie nach anderen Richtungen hin, so sind die Vermutungen geradezu unbegrenzt. Aber ich habe auch offene Droschken ankommen sehen, Zeitdroschken mit aufgeklapptem Verdeck, die nach der üblichen Taxe fuhren: Zwei Francs für die Sterbestunde.

WALTER BENJAMIN

Zu nahe

Im Traum am linken Seine-Ufer vor Notre-Dame. Da stand ich, aber da war nichts, was Notre-Dame glich. Ein Backsteinbau ragte nur mit den letzten Staffeln seines Massivs über eine hohe Verschalung von Holz. Ich aber stand, überwältigt, doch eben vor Notre-Dame. Und was mich überwältigte war Sehnsucht. Sehnsucht nach eben dem Paris, in dem ich hier im Traume mich fand. Woher also diese Sehnsucht? Und woher dieser ihr ganz entstellter, unkenntlicher Gegenstand? – Das macht: im Traume war ich ihm zu nahe gekommen. Die unerhörte Sehnsucht, welche hier, im Herzen des Ersehnten mich befallen hatte, war nicht, die aus der Ferne zum Bilde drängt. Es war die selige, die schon die Schwelle des Bildes und Besitzes überschritten hat und nur noch von der Kraft des Namens weiß, aus welchem das Geliebte lebt, sich wandelt, altert, sich verjüngt und, bildlos, Zuflucht aller Bilder ist.

Franz Hessel

Pariser Romanze

Trotzdem fand ich mich ein paar Tage später in dem Empfangssalon der Madame de Roulers zwischen Nippes und Stickereien und wartete auf Lotte. Die hatte zu Frau Hertha gesagt, sie wollte einmal richtiges altes Paris gezeigt bekommen, nicht das elegante der Tees, Rennen und Theater, nicht das der berühmten Sehenswürdigkeiten, sondern das heimliche, von dem sie so im Vorbeigehen an alten Winkeln etwas ahnte. Da hatte Hertha als Führer meinen Namen genannt, und Lotte hatte lebhaft ja gesagt.

Nun erschien sie plötzlich zwischen dem blinkenden, leise von ihrem Schritt klirrenden Glas und Porzellan. Sie hatte einen tellerflachen breiten Hut auf, zeigte auf den und fragte. «Haben Sie auch Lust, mit einem Jesuiten spazieren zu gehen?»

Ich sagte: «Ich sehe keinen Priesterhut, sondern einen Heiligenschein von massivem Stoff, der das Haupt bettet, umrahmt und leuchten macht.»

«Ich danke Ihnen», sagte Lotte und gab mir einen kurzen, festen Händedruck. «Es sind nämlich nicht alle meine Erzieher hier Ihrer Meinung. Meine Freundin Lily zum Beispiel hat mir meinen lieben Teller verboten, läßt mich allerhand Pariser Formen aufprobieren, das Ausgesuchte wieder umarbeiten und dann die Frisur verändern und so weiter. Es ist eine rechte Plage.»

Und während wir aufbrachen, um zum Métro zu gehen, erzählte sie mir von dieser Freundin. Die war hier mit einem bekannten Anwalt verheiratet und sehr mondän und elegant geworden. Sie hatte die schönste Haut der Welt und legte doch auf. Das müsse man. Die Lotte sollte es auch tun.

«Und das mögen Sie nicht?»

«Ach, ich habe einen derben Geschmack: ich möchte entweder naturfarben herumlaufen oder gleich so viel auflegen, daß man sieht: die ist geschminkt. Das ist wohl ein Barbarengeschmack?»

«Durchaus nicht; darin empfinden Sie vielleicht pariserischer als Ihre Freundin.»

«Sie sind freundlich mit mir. Ich werde so gerne gelobt. Darin bin ich wohl noch ein Schulmädchen. Und nun möchte ich das wahre Paris kennenlernen. Alles, was man mir vorsetzt, kommt mir wie für höhere Töchter zurechtgemacht vor. Da schickt man mich in eine Matinee der Comédie Française, damit ich die ganz vollendete Aussprache lerne, oder Lily nimmt mich mit in ein Gesellschaftsstück im Gymnase, wo immer wieder Herren hereinkommen, ihre Zylinderhüte auf den Kamin stellen und vorn zu den Damen sagen, was sie empfinden. Die Damen antworten und setzen die eigenen Empfindungen auseinander. Und plötzlich werden sie mitten aus aller Vernunft heraus leidenschaftlich, daß man erschrickt.»

Ich sagte: «Auch das ist Paris. Aber da darf man nicht mit solcher Herzensandacht zuhören. Das ist eben Konversation, Fortsetzung des Dinergesprächs; es ist hier auch für eine gewisse vornehme Langeweile gesorgt. Aber es gibt noch so viel andere Theater in Paris von den kleinen eleganten Bühnen der Boulevards bis zu den *Gaîtés* der Vorstädte. Und manchmal ist das Varieté viel wesentlicher zur Erkenntnis der Stadt als das Theater.» – Und ich erzählte ihr von Mayol und Tramel, von der schluchzenden Damia und der trotzigen Fréhel. Ich wunderte mich selbst, daß ich so leicht mit der Lotte plaudern konnte. Aber heute war sie wie ein aufmerksames Kind, das klug zuhört und einem wißbegierig auf den Mund schaut.

Am Odéon stiegen wir aus und gingen in den Luxembourg-Garten. Sie kannte nur das Museum; aber daran gingen wir vorbei und kamen zu dem Platz, wo die alten Männer Krocket spielen. Lotte blieb stehen und sah den bedächtigen Bewegungen der Alten interessiert zu. Als sich einmal eine Kugel vom Reifen verlief, sprang sie hin und brachte sie dem Spieler zurück. Und obwohl das gegen die Spielregel war, nickten die Alten freundlich, kamen alle zu ihr und schwatzten mit ihr von Krocketspiel, Wetter, Jugend und Alter. Es war schwer loszukommen; aber schließlich gelang es, und wir gingen weiter zu dem Rondell mit den verwitterten Königinnen von Frankreich, die würdig auf ihren Postamenten standen und zierlich ihre halbzerbrochenen Finger ausstreckten.

«Arme Königinnen», sagte Lotte, «ihre Zeit ist vorbei.»

«Nein», tröstete ich, «es sind Märchen- und Kinderköniginnen geworden.» – Aber zu diesem Trost runzelte sie die Stirn.

Lange blieben wir bei dem Kinderkarussell, lasen die Aufschriften der vorübergleitenden Wagen und die Namen der Pferdchen, des gelben Hirsches, roter Löwen und weißer Elefanten und liebten die kleinen Reitersleute und Wageninsassen. Besonders drei hilflos Kleine im Wagen, der New York heißt, gefielen uns. Lotte summte die Melodie mit, die stöhnend und pfeifend und von jähen Pausen unterbrochen abrollte. Und wir freuten uns, wenn der schlanke Krauskopf den Ring geschickt von seiner Klammer abstach und als Trophäe auf seinem Stab klappern ließ, und bedauerten einen kleinen Dicken, der immer wieder mit seinem Stab daneben in die Luft stach. Und jauchzende Mädchen stiegen auf die Pferde mit zarten Knien und schmalen Schenkeln, die sich reitgierig ansaugten an die hölzernen Gäule wie an lebendige Roßflanken. Aber plötzlich sagte Lotte: «Kommen Sie bitte fort, ich darf nicht mehr mitreiten, bin zu groß, und habe noch kein Kindlein in den Wagen zu setzen.»

Wir trieben zum Tor hinaus auf den Boulevard und gerieten in die stille Rue de la Harpe. Große trübe Fensterscheiben alter Häuser wölbten sich aus den Steinrahmen wie glanzlose Riesenaugen. Ein Fenster stand offen, im Dämmer tauchten bunte Kleider und bemalte Gesichter auf. – «Diese Frauen dort», sagte Lotte leise, «machen mir bange genau wie Nonnen. Beide schauen einen an, als müßte man gleich zu ihnen in ihr Kloster, dürfte nicht so frech und frei umherlaufen.» – Ich fühlte ihren Arm, den ich schützend ergriffen hatte, ein wenig zittern. Aber das nächste Fenster tat ihr wohl: da waren Blumen und ein Kanarienvogel im Käfig. «Blumen lieben wir Frauen doch alle.»

Eigentlich wollte ich sie in das Museum Cluny zu den Thermensteinen, dem Holz- und Elfenbeinschnitzwerk, Fayencen und Emaillen, zu den gotischen Goldreifen und Kronen und den schönen Wandteppichen führen. Aber wir gerieten vor die Kirche St. Séverin und durch eine schmale Seitengasse mit einemmal auf jenen kleinen runden Platz mit den drei Gasthäusern, der wie das Zentrum einer Provinzstadt wirkt und den Du, Claude, immer den Marktplatz von Paris-sur-Seine nanntest. Da spielten wir Ankunft in der kleinen Stadt, kamen müde aus dem Postwagen geklettert, und Lotte meinte, ich müßte mit dem schwärzlichen Hausknecht sprechen, der in der Tür des einen Hotels stand. Aber wir hatten

Furcht vor der Patronin, die aus dem Fenster schaute und uns zunickte, und gingen weiter. Die nächste Gasse führte zu der Bröckelmauer vor dem Hof von St. Julien le Pauvre. Wir stießen die Kirchentür auf. Drinnen las Lotte die Inschrift, die so rührend bittet, beim Sakristan Ansichtskarten zu kaufen, um beizutragen zum Unterhalt dieser armen Kirche. Gleich lief sie zu dem Schwarzrock an der Tür und kaufte. Der zeigte uns den großen griechischen Ikon mit den hundert Heiligen und ließ uns dann durch eine Seitenpforte in den Garten.

Da wuchs und wucherte es um Trümmersteine und Schutt, frühes Grün, Farnkraut und Schachtelhalm. Wir setzten uns auf einen Säulenstumpf und sahen übers Wasser. In geisterhafter Nähe unseres Kirchleins lag die große reiche Schwester Notre Dame, ihren gewaltigen Rücken hinlagernd, gestützt auf die ausstrahlenden Pfeiler und kniend mit vielen kleinen Kapellen. Oben ragten, einer den andern halb verdeckend und einander im Zwielicht immer überwachsend, die beiden dicken Glockenturmstümpfe, die ohne Dach und Spitze mit breiter Fläche in den Himmel langen, der aus Wolken und Äther an ihnen weiterbaut und türmt. Da erzählte ich dem versunken schauenden Mädchen von Chartres und Reims und Rouen und reiste mit ihr durch die Isle de France in stille Städte zu Füßen der Kathedralen, kam mit ihr an Vorplatz und Portal und hinein in das Dunkel der Bogen und das fließende Licht der runden Rosen und länglichen Fenster. Ich führte sie auf schmalem Steinsteg zwischen Zacken und Traufen zu den Königen, Heiligen und Untieren der Dächer und tief hinunter in Kryptendunkel und Kerzendunst der Kapellen von Notre-Dame-Sous-Terre. Ich erzählte ihr von dem schönen Verfall, den unheilige Erneuerer hemmen wollen mit Ankleben und Ausbessern, und sprach in den Abend hinaus, beredt und begeistert. Ob sie mir sehr zuhörte, weiß ich nicht; sie saß gebückt, pflückte und wand einen lebendigen Strauß aus Frühlingsblumen und Frühlinsgräsern zwischen dem Unkraut.

Als wir dann aufstanden, weil sie fort mußte, fand ich, daß ich ihr eigentlich noch gar nichts gezeigt hatte. –

«Ich komme bald wieder mit Ihnen», versicherte sie, «wenn Sie es mögen. Sie haben mir viel, viel mehr gezeigt, als ich erwartete, mehr vielleicht, als Sie selbst denken.»

Und mir war auch, als sähe ich mit diesem lieben jungen Gefährten alles neu und reicher.

Als sie mich am Odéon verließ, war mir seltsam schwach zumute, wie nach einem Blutverlust. Und ich war doch nur neben ihr gegangen, hatte sie gar nicht angesehen. Dann fühlte ich einen Groll, nicht gegen dies Kind, sondern gegen Frau Hertha, die es vor mich hingestellt hatte wie zur Rache, weil ich von ihr selbst und von den Frauen frei sein wollte. Ich erinnerte mich an einen Traum, in dem sie mir eine kleine Statuette aus Silber zu küssen gab; sie hielt sie mir so hin, daß meine Lippen helle Silberbrust und dunklen Silberschoß berührten, und ich verging in entnervender Adoration.

Ich blieb unter den Bogengängen des Odéons, ging auf und ab, blätterte in den Büchern der Auslagen, und mir war, als könnte ich nicht aus dem beschützenden Bereich der Kolonnaden hinaus. Da stand plötzlich die Germaine vor mir mit blassem Oval über hauchbewegter Boa und beweglichen dunklen Augen. Sie legte mir die Hand auf die Schulter: «*Hé, mon ami* Wächter, Sie starren ja wie ein Besessener, haben Sie gebummelt, getrunken oder zu viel Droge geraucht?»

«Zu wenig von alldem», sagte ich, «ich sollte –» «Dann kommen Sie mit mir, ich bin heut einsam. Ihr Freund, der Musiker, kümmert sich heute nicht um die kleine Germaine, ist in der Stadt mit seinen reichen Landsleuten zum Diner und Souper, und da nimmt er mich nicht gern mit. Ich bin ihm wohl zu sehr *Quartier latin*. Kommen Sie! Es gibt bei mir zu rauchen, aber nicht der Lucette sagen, daß ich Droge habe. Die gibt mir auch nicht gern ab. Es ist ein ewiger Neid; und die Concierge in der Rue Montmartre, die uns davon verschafft, wird immer schwieriger und geheimnisvoller und auch teurer.»

WALTER MEHRING

Metropolis

Das ist die Welt
Von Sous-Paris,
Die Tout-Paris
In Atem hält,

Die Menschen schluckt
Und Züge spuckt
Durch die couloirs
– Zum Geld? Ici!
«La Bourse» – La Vie!
Et «Grands Boulevards»...
Sie öffnet rund
Affichenschlund!
C'est le goût américain
Et attention! Changez de train!
  Prenez le Métro
  Prenez le Métro
  C'est le plus beau
    le plus beau du monde
    Dansons la ronde
      la ronde du Métro!

Ein Schuß! A Moi!
Man macht wen kalt!
Man kreischt, es knallt!
Und: Halte-là!
Police! Les «flics!»
Verbrechertrick
  Station «Cambronne»
Cambrioleurs,
Im «Ascenseur»
  auf und davon!

«Merde au Métro!»
C'est rigolo! (...)
Das ist die Welt
Von Sous-Paris,
Die Tout-Paris
In Atem hält!

Von «Sacré-Cœur»
Und ventre-à-terre
  durch die couloirs!
Man hetzt, man rennt.
Steigt aus am End:
  «Aux Abattoirs»
Zur letzten Ruh!
Ah! je m'en f...
C'est le goût de Tout-Paris
Et jusqu'au dernier cri:
  Prenez le Métro
  Prenez le Métro
  C'est le plus beau
    le plus beau du monde –
    Dansons la ronde
      la ronde du Métro!

Walter Benjamin

Paris, die Stadt im Spiegel

Liebeserklärungen der Dichter und Künstler an die Hauptstadt der Welt

Unter allen Städten ist keine, die sich inniger mit dem Buch verband als Paris. Wenn Giraudoux recht hat und es das höchste menschlicher Freiheitsgefühle ist, schlendernd dem Lauf eines Flusses zu folgen, führt hier noch der vollendetste Müßiggang, die beglückteste Freiheit also, zum Buch und ins Buch hinein. Denn über die kahlen Seine-Quais hat sich seit Jahrhunderten der Efeu gelehrter Blätter gelegt: Paris ist ein großer Bibliotheksaal, der von der Seine durchströmt wird.

Kein Monument in dieser Stadt, an dem sich nicht ein Meisterwerk der Dichtung inspiriert hätte. Notre-Dame – wir denken an den Roman von Victor Hugo. Eiffelturm – Cocteaus «Vermählte auf dem Eiffelturme», mit Giraudoux' «Gebet auf dem Eiffelturm» sind wir schon auf den schwindelnden Höhen der neuesten Literatur. Die Oper: Mit Leroux' berühmtem Kriminalroman «Das Phantom der Oper» sind wir in den Souterrains dieses Baues und der Literatur zugleich. Der Triumphbogen spannt sich mit Raynals «Grab des unbekannten Soldaten» um die Erde. So unauslöschlich hat sich diese Stadt ins Schrifttum eingezeichnet, weil in ihr selbst ein Geist wirkt, der den Büchern verwandt ist. Hat sie nicht, wie ein routinierter Romancier, von langer Hand die fesselndsten Motive ihres Aufbaues vorbereitet? Da sind die großen Heerstraßen, die von der Porte Maillot, der Porte de Vincennes, der Porte de Versailles den Truppen ehemals den Zugang auf Paris zu sichern hatten. Und eines Morgens, über Nacht, besaß Paris die besten Autostraßen unter allen Städten Europas. Da ist der Eiffelturm – ein reines freies Monument der Technik in sportlichem Geiste – und eines Tages über Nacht, eine europäische Radiostation. Und die unabsehbaren leeren Plätze: sind sie nicht feierliche Seiten, Vollbilder in den Bänden der Weltgeschichte? In roten Ziffern leuchtet das Jahr 1789 auf der

Place de Grèves. Von dem Gewinkel der Dächer umgeben auf jener Place des Vosges, wo er den Tod fand: Henri II. Mit verwischten Zügen eine unentzifferbare Schrift auf jener Place Maubert, ehemals der Zugang zum finsteren Paris. Bei der Wechselwirkung zwischen Stadt und Buch ist einer dieser Plätze in die Bibliotheken hineingewandert: auf den berühmten Didot-Drucken des vorigen Jahrhunderts steht als Signet die Place du Panthéon.

Wenn das literarische Spektrum der Stadt von dem geschliffenen prismatischen Verstand auseinandergefaltet wird, so sehen, je weiter wir uns von der Mitte den Rändern nähern, die Bücher um so seltsamer aus. Es gibt ein ultraviolettes und ein ultrarotes Wissen um diese Stadt, die sich beide nicht mehr in die Form des Buches zwängen lassen: Foto und Stadtplan – das genaueste Wissen vom Einzelnen und vom Ganzen. Wir haben von diesen äußersten Rändern des Blickfeldes die schönsten Proben. Wer je in einer fremden Stadt an einer Straßenecke bei schlechtem Wetter mit einem der großen papierenen Pläne hantieren mußte, die bei jedem Windzug wie Segel schwellen, an jeder Kante reißen und bald nur noch ein Häufchen schmutziger Blätter sind, mit denen man sich quält, erfährt aus dem Studium des Plan Taride, was ein Stadtplan sein kann. Und was die Stadt ist. Denn ganze Viertel erschließen ihr Geheimnis in ihren Straßennamen. An dem großen Platz vor der Gare St. Lazare hat man halb Frankreich und halb Europa um sich. Namen wie Havre, Anjou, Provence, Rouen, Londres, Amsterdam, Constantinople ziehen sich durch die grauen Straßen wie durch graue Seide changierende Bänder. Das ist das sogenannte Viertel Europe. So kann man Stück für Stück die Straßen auf der Karte, kann freilich auch «Straße für Straße, Haus für Haus» die Stadt in dem riesigen Werk durchgehen, in dem um die Mitte des neunzehnten Jahrhunderts Lefeuve, der Hofhistoriograph Napoleons III., alles Wissenswerte gesammelt hat. Das Werk gibt schon im Titel einen Begriff von dem, was einer zu gewärtigen hat, der dieser Literatur sich nähert, der auch nur versuchen würde, die hundert Seiten unter dem Stichwort «Paris» durchzustudieren, die der Katalog der Kaiserlichen Bibliothek enthält. Der aber wurde schon im Jahre 1867 abgeschlossen. Der irrt, der hier nur wissenschaftliches Schrifttum, Archivarisches, Topographisches oder Geschichtliches anzutreffen erwartet. Nicht der kleinste Teil dieser Büchermasse sind Liebeserklärungen an die «Hauptstadt der Welt». Und daß sie meist von Fremden stammen, ist nichts Neues. Fast immer sind die leidenschaftlichsten Galane dieser Stadt von draußen gekommen. Und ihre Kette spannt sich um die ganze Erde. Da ist Nguyen-Trong-Hiêp, der 1897 in Hanoi sein Preisgedicht auf die französische Hauptstadt erscheinen ließ. Da ist, um nur die jüngste zu nennen, die rumänische Prinzessin Bibesco, deren reizende «Catherine-Paris» den galizischen Schlössern, der polnischen Hocharistokratie, ihrem Gatten, dem Grafen Leopolski, entflieht, um die Heimat ihrer Wahl zurückzugewinnen. In Wahrheit scheint es sich in diesem Leopolski um den Fürsten Adam Chartoryski zu handeln. Und in Polen hat das Buch nicht viel Liebe gefunden... Nicht alle Anbeter aber haben der Stadt ihre Verehrung als Roman oder als Gedicht zu Füßen gelegt: Erst kürzlich hat Mario von Bucovich in der Fotografie seiner Neigung einen schönen, glaubhaften Ausdruck gegeben, und Morand hat ihm in einem Vorwort zu diesem Album das Recht auf seine Liebe bestätigt.

In tausend Augen, tausend Objektiven spiegelt sich die Stadt. Denn nicht nur Himmel und Atmosphäre, nicht nur Lichtreklamen auf den abendlichen Boulevards haben aus Paris die «Ville Lumière» gemacht. – Paris ist die Spiegelstadt: Spiegelglatt der Asphalt seiner Autostraßen. Vor allen Bistros gläserne Verschläge: die Frauen sehen sich hier noch mehr als anderswo. Aus diesen Spiegeln ist die Schönheit der Pariserin getreten. Bevor der Mann sie erblickt, haben sie schon zehn Spiegel geprüft. Ein Überfluß von Spiegeln umfängt auch den Mann, zumal im Café (um es innen heller zu machen und all den winzigen Gehegen und Ställchen, in die Pariser Lokale zerfallen, eine erfreuliche Weite zu geben). Spiegel sind das geistige Element dieser Stadt, ihr Wappenschild, in das sich noch immer die Embleme sämtlicher Dichterschulen eingezeichnet haben.

Wie Spiegel jeden Reflex prompt, nur symmetrisch verschoben, zurückgeben, tut dies auch die Schlagworttechnik der Komödien von Marivaux: Spiegel werfen das bewegte Draußen, die Straße in das Intérieur eines Caféhauses, wie ein Hugo, ein Vigny es liebten,

Milieus einzufangen und ihre Erzählungen vor einen «historischen Hintergrund» zu stellen.

Die Spiegel, die trüb und ungepflegt in den Kneipen hängen, sind das Sinnbild von Zolas Naturalismus; wie sie einander in unabsehbarer Reihe spiegeln, ein Gegenstück zu der unendlichen Erinnerung der Erinnerung, in die sich unter der Feder von Marcel Proust sein eigenes Leben verwandelt hat. Jene neueste Fotosammlung «Paris» schließt mit dem Bild der Seine. Sie ist der große, immer wache Spiegel von Paris. Tagtäglich wirft es seine festen Bauten und seine Wolkenträume als Bilder in diesen Fluß. Er nimmt die Opfergaben gnädig an, und er bricht sie zum Zeichen seiner Gunst in tausend Stücke.

INGEBORG BACHMANN

Paris

Aufs Rad der Nacht geflochten
schlafen die Verlorenen
in den donnernden Gängen unten,
doch wo wir sind, ist Licht.

Wir haben die Arme voll Blumen,
Mimosen aus vielen Jahren;
Goldnes fällt von Brücke zu Brücke
atemlos in den Fluß.

Kalt ist das Licht,
noch kälter der Stein vor dem Tor,
und die Schalen der Brunnen
sind schon zur Hälfte geleert.

Was wird sein, wenn wir, vom Heimweh
benommen bis ans fliehende Haar,
hier bleiben und fragen: was wird sein,
wenn wir die Schönheit bestehen?

Auf den Wagen des Lichts gehoben,
wachend auch, sind wir verloren,
auf den Straßen der Genien oben,
doch wo wir nicht sind, ist Nacht.

WOLFGANG KOEPPEN

Reisen nach Frankreich IV

Die Hallen, Zolas «Bauch von Paris», der große Markt der Lebenserhaltung und der Völlerei, steht auf dem Programm der Stadtrundfahrt. Die Hallen gehören zur Abendtour, zu «Paris bei Nacht». Die Gäste haben die faden Cocktails für die zu scherenden Schafe getrunken, sie haben die übliche halbe Flasche Champagner konsumiert, sie haben ein paar nackte Mädchen, sie haben das Laster, an das sie glauben, und andere Reisegesellschaften, die sie ärgern, gesehen, sie sind enttäuscht, erschöpft von uneingestandener Langeweile, und nun bekommen sie die Zwiebelsuppe der nächtlichen Hallen. Die Zwiebelsuppe ist gut. Sie wird in einem dekorativen Kupferkessel über offenem Feuer von einem schlauen Wirt gekocht, der sich darauf spezialisiert hat, Reisegesellschaften in der Nacht mit der Soupe à l'Oignon zu füttern. Die Brühe sticht in die Nase, sie riecht nach altem Keller und verbranntem Stroh, sie ist eine käsefädige breiige Masse, sie beizt die Zunge: man mag sie, oder man empfindet Brechreiz. Je nach dem Wetter sehen die Fremden von fern riesentorige erleuchtete Räume, von Nebel oder Dunst umzogen, Titanenburgen in Wolken, in die Wagen hoch von Kisten und Säcken streben, ein Heerbann mit den Geräuschen einer Schlacht, und außerdem ein Zug von Sklaven, wie einst beim Bau der Pyramiden. Wenn die Sonne aufgegangen ist, wird das Bild geheimnislos, doch nicht weniger eindrucksvoll. Eine kalte Menschenwelt, in der die farbigen Dinge leben. Die Karotten, die Artischocken, die Bohnen, der Salat, der Spargel, die Nüsse, das Obst, gehäuft, gebündelt, in Netze getan, rot, weiß, gelb, grün, blau, braun, jede Farbe, und die hundert Käsesorten und das rote Fleisch der Melone und das blutfrische Fleisch der getöteten Tiere und das frühe Licht in jungen Strahlen durch die hohen Glasdächer, und dann die Halle der Fische, die Eiswelt, das Gold und Silber der Schuppen, die starren gebrochenen Augen, die seltsamen schönen Wesen der Tiefe, die schmackhaften Ungeheuer, und zwischen den Kästen und Bottichen und schmelzenden Blöcken die Händler in weißen Mänteln, die abgewetzte Geldtasche, prall von Scheinen, in der zupackenden Hand, alles wird bar verkauft, die Körbe voll Hummern, die Fässer voll Sardinen und ein kleiner aufgeschlitzter Wal, und im Feld des glitschigen Todes sitzen schöngeschminkte Mädchen hinter Schreibmaschinen und Telefonen, die Börse notiert den Tagespreis, Paris wird mit Fischen versorgt, der Bauch mit Fleisch gefüllt, Gemüse ausgeschüttet, der Käse verteilt, das Gewürz verstreut. Die Männer der städtischen Reinigung, Poseidone in Gummistiefeln und Lederschürzen, sprengen mit scharfem Wasserstrahl den Abfall vom Überfluß die Straße hinunter, ein reißender Strom von Salatblättern, Faulobst, Muscheln, Fischköpfen, und alte Frauen und würdige Clochards beugen sich über die Gabe an die Unterwelt und wählen geschmäcklerisch aus. Die Sackträger, die Karrenfahrer, die Forts, die Starken, wie man sie nennt, sind ermattet. Sie stellen sich zum Wein an die Theke, manche auch zum Gespräch. In den Kneipen riecht es nach Schweiß und müden Muskeln, nach Geld und Vergeblichkeit. Die kräftigen Männer fühlen sich wie Herkules, andere wie Sisyphus nach ihren Taten, ihr Scheiterhaufen ist noch fern, doch die Hölle erwartet sie zu Hause mit Weib und Kind.

Kommissar Maigret steht an der Theke eines Bistros auf der Île de la Cité, am Quai des Orfèvres, vor dem Justizpalast, ißt bonbonrosa leichenfarbene Krevetten, trinkt ein Glas herben Weißwein, erblickt das Gesicht eines gedemütigten, doch nicht besiegten Erzengels, folgt Vautrin, Balzacs entflohenem Galeerensträfling in die gleichgültige Menge, gerät in eine Reisegesellschaft, wird in die Sainte-Chapelle gespült, steht in gotischen Sonnenscheinwerfern, hört Bewunderungslaute in allen Sprachen, vernimmt die Lobgesänge der Erklärer, sieht die gegen das Lichtrad des Rundfensters erhobenen, für eine Weile im Brand eines Wunders verklärten Gesichter, Maigret erkennt Vautrin nicht mehr, vergißt ihn, liebt ihn insgeheim, freut sich, ein Mensch und Franzose zu sein, wittert überall Mord und Blut, Verliese des Königs, Kerker der Revolution, die bösen Schwestern Grausamkeit und Dummheit, ihre Ahninnen, die Angst und die Machtgier, das Phantastische Gefängnis des Piranesi, das durch die Geschichte und in die Gegenwart gerettete Labyrinth des Minotaurus, und welche Schönheit auf diesem traurigen Grund, wieviel aufgehobene Schwere! Im Hof des Justizpalastes hohe Palisadengitter, gegen den Himmel gerichtete kräftige spitze Lanzen, die breite einladende Freitreppe zur menschlichen Gerechtigkeit, eine Parade der Polizisten, kokette Käppis, weiße Knüppel, die Ehrentafel der für die Befreiung Gefallenen, Ankläger, Advokaten, Paradepferde, Karrengäule des Barreaus, in schwarzen Talaren mit blütenweißen Halsbinden, frühstücksfreudige Auguren, das Denkmal eines Richters, den Fuß auf eine Schildkröte gesetzt, und ein düsterer Raum großväterlicher Klassizistik heißt der Saal der verlorenen Schritte. Das Militärtribunal verhandelt über den Aufstand der Ultras in Algier, führt den Prozeß der Barrikaden und ist ganz Große Armee, ein Staat im Staate, ein Recht im Recht, die Richter sind militärische Vaterfiguren, der Vorsitzende ein Jahve in roter Robe, in der Physiognomie dem Hindenburg und dem Pétain verwandt, doch von der École Militaire und in St.-Cyr auch in der Logik geschult. Dem Hauptangeklagten hat politischer Fanatismus die Seele und den Verstand geraubt. Er ist noch jung, ein verbummelter Student, ein Gardesoldat, ein Rowdyführer, er wäre für eine Karriere im Schwarzen Korps einer faschistischen Regierung prädestiniert, doch hat er als Franzose Barrès, Maurras und wahrscheinlich auch Sartre gelesen, den er an den Galgen wünscht. Ein Mitangeklagter, ein Oberst, entpuppt sich als Geisterseher, seit Indochina erkennt er in jedem Farbigen, wahrscheinlich sogar in jedem Zivilisten gleich welcher Haut den Vertreter der großen bolschewistischen Weltverschwörung. In den Gängen des Justizpalastes singen junge Leute die Marseillaise und rufen *«Algérie française»*. In der Kneipe, in der Maigret seinen herben Wein trinkt, steht nun ein Mann mit der braungebrannten Haut, den lichtabwehrenden, zusammengekniffenen Augen des Wüstensoldaten. Er war Offizier in Algerien, er ist gegen die Colons, die reichen Pflanzer, die Schwarzfüße, gegen de Gaulle, gegen die Phrasen, gegen die Pariser Intellektuellen, gegen den bourgeoisen *Pot-au-feu*, gegen den Krieg und noch mehr gegen den Frieden. War er für die Muselmanen? Wohl nicht. Er war für seinen eigenen Maghreb. Er sagte, die muselmanische Elite sei verschwunden, sie sei bei der Befreiungsfront oder sei von den Franzosen demoralisiert, oder sie sei tot, «und wir», rief er, «haben dazu beigetragen». Hundertsechzig Jahre nach Valmy! Es ist immer einer dabeigewesen. War er stolz darauf? Dann verzweifelte er über seinen Stolz. Er war ein König in seinem Reich so groß wie ein französisches Departement. Er klagte: «Ich kämpfe nicht! Ich verwalte! Aber was verwalte ich? Wer ist eigentlich dieses Algerien?» Er rief emphatisch: «Ich bin Algerien!» Er schien in Maigrets gemütlichem Bistro wie mitten in der Wüste zu stehen.

Alle Blumen auf dem Marché aux Fleurs huldigen Paris, und ich möchte einige Immortellen dem Andenken der gefallenen Mädchen weihen, die hier im Schatten von Notre-Dame in einer kleinen mißachteten Kapelle getraut wurden, mit einem Ehering aus geflochtenem Stroh. Notre-Dame steht nun da wie ein von Insekten eroberter kostbarer Schrein. Die Insekten kommen in bunten rollenden Büchsen angefahren, sie wimmeln durch das Portal des Jüngsten Gerichts, die baden in den Jahrhunderten und plätschern in den gebrochenen Gelübden, die fromme Dämmerung berauscht sie genauso wie ihr eigenes An-diesem-berühmten-Orte-Sein, sie kletterten auf die Türme und auf das Dach, der mit Müh und Not gerettete Theophilus, der alte Faust, liegt unter ihnen, kein Teufel wird daran denken, diese Seelen zu kaufen, und Charlemagne grüßt auf hübschen bunten Postkarten die Lieben daheim. Die Île de la Cité ist ein herrlicher Kahn. Vielleicht wird er sich einmal von seinen Brücken losreißen, die Seine hinunter in den Ozean fliehen und sich auf den freien Wogen mit dem Fliegenden Holländer und dem Trunkenen Schiff vereinen, die stille bescheidene Île Saint-Louis im Schlepp. Wenn ich in Paris eine Wohnung suchen würde, auf der freundlichen Insel des heiligen Ludwig möchte ich sie finden. Ich lebte dann inmitten der Hauptstadt und doch in Vineta. Alle Krämerinnen, alle Katzen und alle Hunde und selbst die geistlichen Herren der alten Pfarrkirche sehen wie gemächlich und glücklich Verstorbene aus. Der Fluß wird an grauen Wintertagen zum Styx. Auf dem Quai harren die lautlosen Bäume wie ein Galgenspuk, und die geduldigen Fischer angeln das Nichts. Die Place des Vosges, die einstige Place Royale, der schönste Platz von Paris, an dem Könige geboren wurden und gestorben sind, ist uns in seiner geschlossenen vornehmen warmen Pracht erhalten geblieben, und seine Häuser aus roten Ziegeln und weißem Bruchstein, die steilen Schieferdächer, die hohen Fenster, die olympischen Mansarden, die intimen Arkaden ziehen sich wie Logen um eine Menagerie, denn die Mittelfläche des alten Turnierfeldes ist nun mit starkem Eisen umgittert, die struppigen Bäume, der Musikpavillon stehen schon wie bei den Bestien, und irgendein König Ludwig reitet als geflüchteter mattgesetzter Dompteur auf seinem Sockel aus Stein. Die Insassen der Menagerie sind das sich vermehrende Volk, sind all die Kinder, die aus den einmal so stolzen, nun armen Quartieren um den Vogesenplatz und von der Bastille her in diesen einst königlichen Pferch strömen. Zerschrammte Bänke und beschmutzter Sand und enormes Geschrei! Die Mütter und die Kinderwagen beherrschen die Anlagen, sie kämpfen um den ihnen von jeder Regierung versprochenen Platz an der Sonne, sie vertreten rücksichtslos das Recht auf das bloße Leben. Die Häuser wahren ein aristokratisches Gesicht. Doch riecht es in den Arkaden, die einmal die elegantesten Leute und dann die feinsten Läden von Paris beherbergten, nach Urin und nicht aufzuhaltendem Verfall. Die Torkneipe zur Rue de Béarn und weiterhin zum volkreichen Boulevard Beaumarchais ist der trübe Jagdgrund dicklicher hausfraulicher Dirnen. Man kann sie nicht Freudenmädchen nennen. Die Häuser haben schöngemauerte stille Höfe voll von abgestellten, stillen Automobilen, die Gesimse zeigen alte Handwerkerpracht, das Selbstbewußtsein und auch die Bescheidenheit der Frührenaissance, und manchmal findet sich auch ein verträumter Garten von nicht provinzieller, sondern zeitferner Abgeschiedenheit. Viele Schriftsteller, Alphonse Daudet, Victor Hugo und Georges Simenon, der Erfinder des Kommissar Maigret, haben am Place des Vosges gewohnt. Wahrscheinlich genossen sie sehr, arbeitend in den alten hohen Zimmern, die besondere Luft dieser Gegend aus Adel, Proletariat, Verzicht und Revolution. Victor Hugo nannte sich gern einen armen Arbeiter vom Faubourg-Saint-Antoine, und in seinem aus der Geschichte des schönen Platzes entstandenen Theaterstück «Marion Delorme» rief er seinem noch sehr aristokratischen Publikum zu: «Ihr seid alle Bastarde!» Im Marais, dem Sumpf genannten Viertel der Hofleute, jetzt Gassen grünlicher Verfallenheit und öffentlich genutzter historischer Paläste, sinnt das Museum Carnavalet mit seinen raren Dokumenten und seinem Bilderschatz der Stadtgeschichte nach, den zwei Gesichtern von Paris, dem lichten und dem dunklen, und den Darstellungen des Reichtums, des Lebensgenusses und des Glanzes folgen immer die blutvollen Szenen der Aufstände und Revolutionen. Das Haus des Museums Carnavalet hat Madame de Sévigne gehört. Hier hat sie ihre berühmten Briefe an die eigentlich verständnislose Tochter geschrieben, ihren der Schule vorbildlichen Stil, der noch Proust so sehr beeinflußt hat, und das Haus steht auch wie ein wohlgebauter französischer Satz da, eine nicht hochmütige, eine edle Front, ein Schmiedegitter wie ein Blütengeflecht, ein charmantes Standbild Ludwigs XIV., der Sonnenkönig in der Haltung des Apoll, und hinter ihm, wohlproportioniert in die Gebäudewand zwischen die Fenster gesetzt, die Gestalt gewordenen vier Jahreszeiten wie seine treuen Diener.

Hannelies Taschau

Namensgebung

Blühende Schwäre die nie heilt Paris
Verlorengegangene Sünde Paris

Ich bin zurückgekehrt zu dem vergeßlichen
Geliebten. Um mich zu trösten habe ich
meinen Namen gestreut über ganz Paris
Dem Kind das einen Vogel zerreißt einen
Buchstaben gegeben zum Spielen
einen in Sacré-Cœurs kalte weiße Glocke
gehängt
einer ist verborgen im unverkauften Radiguet
einer in der Rue Huchette in eine verzagte
Klarinette gezwungen
einer ist geblieben in dem Schatten den
Vogelmädchen in den Augen bezwungener
Knaben zurückgelassen
Das Bitte für uns habe ich zu dem Buch von
San Sebastian getragen und ich werde bleiben
so lange ich kann

Martin R. Dean

Black Box oder die Zerlegung des Regenbogens

Ein Journal

Einfahrt in Paris. Es ist immer wieder dasselbe Ritual der Architektur, des Himmels, der Gefühle. Eine Nachgeburt. Nachdem ich stundenlang durch menschenleere Landschaften gefahren bin, tauchen beidseits der Schienen Siedlungen auf, Häuser, die immer dichter sich zusammenschließen und in die Höhe wachsen, in schmalen Backsteinkaminen in den Himmel ragen. Ganz allmählich – und dennoch spürbar – beginne ich zu ahnen, daß das Leben, das nun bunter und hektischer die Straßen der Vororte ausfüllt, bereits unter dem Gesetz der Metropole steht. Und auch der Himmel wechselt seine Farbe und wird, hell und unverwechselbar, zum Himmel über Paris. Komme ich als Sieger oder komme ich als Verlierer? – Das fragen mich die Tore an der Peripherie der Stadt, die ich nun passiere, angezogen von einem einzigen Sog. Und schließlich hört jede Bewegung auf, mündet in das Ein und Alles. Das Gesetz erfüllt sich, es nimmt mich auf, es ist mächtiger als ich und läßt mich immer aufgeregter werden. Ich bin angekommen, im Herzen der Stadt.

So wie hier ist der Himmel sonst nirgends. Er beginnt ganz unten, am Fuß der langgezogenen Häuser, fast auf der Straße. Das leichte, leichthin vergossene Mittagslicht täuscht darüber hinweg, daß es dem Schatten entwuchs und nur die schneeige Farbe der Häuser imitiert. Und den Kies der Gärten, den Glanz der Spiegel. – Umgekehrt schaukeln die Häuser wie losgebundene Schiffe in einem falben Meer, das über ihnen wogt.

Das Gefühl für diese Stadt beginnt mit den Gerüchen. Die Gerüche bilden einen Hof im Hof, eine Straße in der Straße, einen Raum, der mich stets umfängt. Ein Stadtteil läßt sich nicht allein in Quartiere unterteilen, sondern ebenso in Geruchskontinente. Quert man einen breiten Boulevard, so ist es, als überquere man ein Meer; man gelangt beispielsweise vom französischen Croissant-, Kaffee- und Gauloiseduft in den Geruch der arabischen Couscous, und von dort weiter in den jüdischen Felaffel- und Makaronibiskuitsduft, und findet schließlich im afrikanischen- Senegalesischen, Zairischen, Botswanenischen Markt Gerüche, Früchte und Gewürze, die man noch nie gerochen und gesehen hat.

In einem anderen Leben werde ich nicht mehr Schriftsteller, sondern fahrender Gewürzhändler sein. Werde meinen wettergeschützten Stand mit den buntesten Farben und den verlockendsten Düften inmitten jeder Stadt aufschlagen. Teure Gewürze zum Verkaufen an den Nächstbietenden und zum Verschenken an die Freunde. Man wird zu mir kommen, weil in meinen Gewürzen der weltläufigsten Mahlzeiten bester Teil zu finden sein wird. – Das Wetter der Wüsten und der Regen der Wälder, die Salze der Meere und die Sonne. Und: man wird während des Essens meiner gedenken.

Bleierne Wohligkeit in allen Gliedern, die sich mit Stadt vollgesogen haben. Stundenlang gehe ich durch Straßen und Menschenmassen. Zu Hause wird der Körper zur Muschel, aus der, horcht man im Halbschlaf in sie hinein, die Stimmen der Stadt noch einmal laut werden.

Vorhin im Halbschlaf blätterte sich die in mir ruhende Stadt zu einem wunderbaren Regenbogen auf. Ich sah die Geräusche, und unter der Schicht der Geräusche waren die Farben, das Grün der Gärten und Alleen, und noch weiter unten stiegen plötzlich die Gerüche der mit Javelwasser gereinigten Straßen in mir auf.

Wie heute morgen im Marais das Licht die Wirklichkeit entsexualisierte. Die Haare der Leute wehten wie frischgewaschene Wäsche im Wind. Der Asphalt leuchtet reinlich, so daß jeder Hundekot wie ein kleines Kunstwerk aussah. Hinter blankgeputzten Scheiben saß die Angestelltengesellschaft, trank Tee und hörte Mozart.

Wenn ich, wie in Paris, an einer Straßenecke einen Polizisten Bußezettel auf die Windschutzscheibe falsch geparkter Autos heften sehe, liebevoll gefaltet und in einen Plastikschutz gesteckt, überkommt mich ein unwiderrufliches Heimatgefühl.

Ein wunderbares Gefühl, das mir die Massen von Menschen allmählich zuwachsen lassen. Ein Gefühl größter Verantwortungslosigkeit: Ich höre auf, ein Bestimmter zu sein und mich um irgend jemanden zu kümmern. Die Jacke liegt mir nun leichter auf der Schulter – und je weniger ich mich fühle, ja, eigentlich bin, desto schöner sickert die Stadt in mich ein, füllt mich langsam, berauscht mich still. Habe das Empfinden, für lange Momente heimgeholt worden zu sein.

Labyrinthisch durch die Métrogänge den Klängen eines launischen, verschlungenen und selbstverliebt seinem Echo nachtrötenden, bronchial um die Ecken furzenden und mäandrisch sich auf Stirn- und Augenhöhe ausbreitenden Saxophonsolos hinterherlaufen. Wo, hinter welcher Ecke, nach welcher Gangkrümmung, am Fuß welcher Treppe steht der glücksverheißende Minotaurus?

Ein Mann in einem überfüllten Métrowagen, der andächtig das Gesicht seines Kindes streichelt. Nicht etwa eine bestimmte, auserwählte Partie, Wange oder Kinn, sondern das ganze runde Kindergesicht, das er mit streichelnder Hand absucht. Und das Gesicht beginnt inmitten der feindselig starrenden Passanten leise zu leuchten, so daß man die Bewegung der streichelnden Hand als eine hohe, singende Stimme zu hören vermeint.

In der Métro erklärt ein Mädchen seinem Freund, daß es ihn demnächst wohl zu betrügen gedenke. Es erzählt ihm den Inhalt eines Rohmer-Films nach. Das Gesicht des jungen Mannes zeigt anfangs Bestürzung. Dann lehnt er sich ruhig zurück, folgt fasziniert der Logik des erzählten Films, die zugleich die Logik seines zukünftigen Verlustes ist.

Die ewigen Blickduelle in der Métro. Neben dem freundlich aufmerksamen, dem geil ableckenden Blick gibt es den haßerfüllten, tötenden Blick weißer Rassisten. Im Augenblick des Fixierens zerren sie die Seele des Schwarzen aus seinem Innersten in sein Gesicht. Nun ist er am ganzen Körper nur noch Gesicht, offenes, verletzliches Gesicht. Nach der ersten Verwundung arbeitet der haßerfüllte Blick weiter, verzerrt den Angeschauten bis zur häßlichen Karikatur (er treibt seinen Blick in ihn hinein). So reduziert er ihn auf widerspruchsfreie Merkmale, die Kraushaare und die platte Nase, denen er das Lebendige ausmerzt. Der haßerfüllte Blick hört erst dann auf, wenn er seinem Gegenüber alles Lebendige ausgetrieben und ihn zu einem Ding gemacht hat. Natürlich geschieht das alles in Blickeseile.

Ein zerlumpter, dürrer Vietnamese, der in der überfüllten Métro vor sich hindöst. In tiefstem Schlaf seine Körperglieder verrenkt, lehnt sein Kopf am Fenster, der Mund, durch den kaum ein Atem zu dringen scheint, weit geöffnet. Durch einen jähen Stoß aufgerüttelt, reckt er schließlich seine Glieder, schüttelt sich in den weiten Kleidern und wälzt sich schutzbedürftig gegen seinen Nachbarn. Das Gesicht des Mannes ist zerknittert, beinahe wie das Gesicht eines Embryos. Doch stößt ihn der Nachbar unwirsch von sich fort. Innert Sekunden, noch bevor ein eigentliches Begreifen einsetzen kann, muß er nun aus seinem Ungeborensein hinaus und in eine fertige, feindselige Welt.

Das heimliche Glück einer hochdebilen Frau: Unter ihrem ausgetragenen, schweren Regenmantel wölbt sich ein schwangerer Bauch hervor. Die Frau lächelt, doch so zweideutig und infam, wiederum so selig und selbstvergessen, daß ich mir auf einmal nicht mehr sicher bin, ob sie sich nicht bloß zum Scherz ein Kissen unter den Mantel geschoben hat.

Ein Bus voller alter Damen, die aufgeregt, ja geradezu angestrengt miteinander plaudern. Gesichter wie Masken, die sie sich zum Ausgehen aufgesetzt haben. Zerfurcht und zerfaltet. Mit tattrigen Händen grabschen sie beim Reden nach Taschentüchern und Brotkrümeln. Einer der Frauen klebt feucht-weißer Speichel in den Mundwinkeln, einer anderen, die ihre Brauen zu einem dünnen Strich gezupft hat, rutschen beim Reden die künstlichen Zähne millimeterweise über den Lippensaum. Ihre Gesichtsmienen sind so heftig und verzweifelt in Szene gesetzt, daß man – fallen sie in die Ruhe der Entspannung zurück – sofort den Todeszerfall zu erkennen glaubt. Altern ist nicht einfach eine langsame Veränderung, Altern bedeutet den tiefsten Eingriff in die Persönlichkeit, ja, fast eine Entpersönlichung. Irgendwohin verliert sich das Ich, so daß diese Menschen zitternd nur noch sich selbst schauspielern.

Gestern kam ich wieder an jenem Café vorbei, in dem ich vor acht Jahren mit meinem Freund, der kurz darauf starb, gesessen hatte. Damals wie heute bestehen die Wände dieses Cafés an der Rue St. Denis aus lauter Spiegeln, auch die Ecken, so daß unsere Gesichter – blickten wir damals in die Ecken – als verzerrte und zerschnittene zurückgeworfen wurden. Bei einem tödlichen Autounfall kurz nach unserer damaligen Begegnung war meinem Freund das Gesicht tatsächlich entstellt und zerschnitten worden.

Eine Frau mittleren Alters, äußerst korrekt gekleidet, sitzt in der Métro neben einem Araber, dessen unrasiertes Gesicht und schmuddelige Kleidung auffallend von ihr abstechen. Ab und zu verzieht die Frau ihre Mundwinkel, bis ihre Lippen zu einem schmalen Strich geworden sind. Sie streicht mit ausgesuchter Gebärde ihren Jupe glatt, ordnet ihre Bluse, demonstrative Verrichtungen, als wollte sie den Araber ihre Gepflegtheit und ihre standesmäßige Überlegenheit nie vergessen lassen. Beim ersten Halt der Métro krümmt sie sich rasch vornüber und hebt, mit spitzen Fingern, etwas verschwindend Kleines vom Boden auf. Doch kaum geht es weiter, fährt sie mit ihrem Bücken fort, solange, bis wir erkennen, daß sie mit ihren Fingerbeeren feinste Brotkrümel vom Boden aufliest. *Pour les oiseaux*, sagt sie zum Araber, der ziemlich hemmungslos herauszulachen beginnt.

In Paris fällt der Regen wie ein heimlicher Vorhang, hinter dem die ganze Stadt verschwindet, und die einzelnen Dinge, Schatten vor der Hand, ein neues Geheimnis gewinnen. Schräg auf die Dächer prasselt der Regen und ich gleite dabei in einen Zustand tiefster Versunkenheit, schließe meine Augen, und das Fahren der Autos tönt wie ein rauschender Fluß; sie brausen durch eine tiefe Nässe, wie durch einen wohligen Traum. Den ganzen Tag über herrscht dasselbe Dämmerlicht in meinem Zimmer. Aber bei einbrechender Dunkelheit werde ich eine lange, abenteuerliche Reise hinter mich gebracht haben.

Es widert mich regelrecht an, wenn ich Leute sehe, denen die Hosenstöße nachlässig über die Schuhe fallen. Ich habe sofort den Eindruck von gedankenloser Schäbigkeit, denn auch der in Armut Lebende, denke ich, könnte seinen Hosensaum ein wenig nach oben krempeln.

Ich warte auf dem Trottoir neben einer stehenden Autoschlange auf das Überqueren der Straße, als mir plötzlich ein ungeheuerlicher Gestank ins Gesicht schlägt. Neben mir hat ein Containerwagen halt gemacht, durch dessen Öffnung ich eine rötlichweiße Knetmasse zu erkennen glaube. Einen Schritt näher tretend, überfällt mich das Grauen; es handelt sich um einen stinkenden Fleischberg, der gerade durch den Wolf gedreht wird. Das Fleisch zieht lange, bleiche Fäden und mir ist, als sähe ich die zerhackten und verstampften Muskeln noch roh zucken. Daß der Fahrer die hintere Wagenöffnung einfach offen stehen läßt, macht mich nun fürchterlich wütend. Der Gestank geht tiefer als eine Beleidigung, er sticht wie eine Verletzung in mich hinein. Auf dem Grund meines Erschreckens sehe ich verstümmelte Leichen und bin mir gewiß, daß mich nur die Verletzung eines Tabus so schockieren konnte.

Frühmorgens schon bieten die afrikanischen Händler aus dem Senegal und aus Zaire ihre Waren der über den Dächern aufscheinenden, glitzernden Sonne an. Am Fuße des Montmartre, wo das Morgenlicht am stärksten anschwillt, gehen sie wartend, wie vor einem Opferaltar, in Stellung.

Eine Afrikanerin steht lachend vor einem silbrigen, durcheinanderquirlenden Stand mit Fischen. Fröhliche Ausgelassenheit wölbt ihr die Brust, ihre Hände wühlen in der glitschigen Masse, schnappen nach Fischen, um sie lachend wieder entschlüpfen zu lassen. Dies Lachen der Frau, vertreibt es nicht alle vorschnellen und hinterhältigen Gedanken und verwandelt sie in Komplimente an ihre erquickende Schönheit?

Ein schiefergesichtiger, fischmäuliger Alter streckt mir auf offener Straße plötzlich seine krüpplige Hand mit einem Jesusbildchen unters Gesicht. Erschrocken wehre ich ab und rufe: *je suis athéiste!* – Da entgegnet er mir schnippisch (auf französisch): dann geh doch ins Pigalle!

Heute begegnete ich einem alten, auf einer Parkbank sitzenden Mann, der sich die Dünste einer Leimtaube durch die Nase einsog. Die Todesarten werden immer ausgefallener, dachte ich, je mehr Gebrauchsartikel erfunden werden, desto mehr Möglichkeiten sie als Tötungsinstrumente zu gebrauchen. Eben noch war ich an einem Typ vorbeigekommen, der sich einen in Äther getunkten Wattebüschel ins Gesicht gepreßt hatte und so, bereits halbbetäubt, durch die Gegend getorkelt war.

Ein riesenhafter, mächtig afrikanisch in seinem Fleisch sitzender Schwarzer in einem weißblütengefalteten, traditionell buntbestickten Umhang, bückt sich über einen auf dem Straßenboden hockenden Bettler. Der großen, starken Hand des Schwarzen entfällt eine

Münze und fällt geräuschlos in den Hut des Bettlers. Dieser verzieht für den Bruchteil einer Sekunde schmerzhaft sein Gesicht, reißt ein schmuddliges Taschentuch hervor, klaubt die Münze des Negers aus dem Hutinnern und wischt sie sorgfältig mit dem Taschentuch ab.

Auf einer öffentlichen Bank sitzend, quält sich eine dicke Frau in ihrem Fett herum, dreht und windet sich grochsend, um möglichst lange einem vorübereilenden Schwarzen nachgaffen zu können.

Durch die Rue St. Jaques Richtung Jardin du Luxembourg schreitend, fällt das Himmelslicht so hell in die Straße, daß man unwillkürlich glaubt, sie führe unter einem weiten Horizont direkt ans offene Meer. Dort, wo der Garten begänne, schlügen die Wellen gegen das Trottoir und der kleine, fingerbeerfarbene Kirchturm stünde weit draußen als Leuchtturm auf einer Mole. Rechterhand indes, am Ufer des St. Jaques, steht ein Museum, das meine Imagination wie notwendig ergänzt. Es ist das Musée de la Mer, das Tagträumer wie mich zum Besuch einlädt.

Imaginative Augenblicke, auf die man nie gewartet hat, treiben einem die Welt in Worten, vielleicht auch Sätzen zu. Man ist frei, diesen Augenblicken nachzugeben oder sie ungenutzt an sich vorüberziehen zu lassen. Greift man nach ihnen, spürt man die konzentrierte Energie, eine Entrope, die auf einen übergeht und einen erwärmt. Die Ereignisse, die in diesen Augenblicken nisteten, erkalten schnell. Zurück bleibt eine Salzkruste, aus der man das vollständige Ganze des Augenblicks aber nie mehr wird rekonstruieren können.

In der Métro seifert und sabbert einer ohne Unterbruch in hemmungslosestem Rassismus gegen die Schwarzen. Da er offensichtlich debil ist, fällt ihm niemand in die Rede. Man muß sich damit trösten, daß solches Gedankengut für einmal seinen adäquaten Träger gefunden hat.

Im Stadtteil Belleville ist vorige Nacht ein von Schwarzen besetztes Haus von der Polizei geräumt worden. Jetzt sind Türen und Fenster durch rohe Backsteinmauern geschlossen worden. Als ich gegen Mitternacht noch einmal daran vorbeiging, glaubte ich die gepreßten Schreie der eingemauerten Schwarzen zu hören.

Teerung eines längeren, ziemlich langen Straßenabschnitts durch fünf schwarzafrikanische Straßenarbeiter. Die fünf schwarzen Gestalten werden von einem Weißen, typischer Franzose, wie Spielfiguren herumkommandiert. Der Belag, um den es geht, soll aufs Ganze, aber ohne Signal, vorläufig. Einer muß die pechschwarze, viskose Teermasse von einem Feuerwagen immerzu in einem schwarzen Eimer abfließen lassen. Noch räuchelnd warm, wie aus der Mundeshöhle kommend, gelangt der Teer auf die Straße und wird dort mit einer Walze sofort geplättet. Einer schaufelt, ein anderer stampft nach, und ein dritter raucht auf dem Sitz der Walze Zigaretten. Die Teerung bedeutet einen gewissen Fortschritt. Er wird zweifellos von den Schwarzen bewerkstelligt; Tag für Tag und Woche um Woche entwerfen sie vor sich dieselbe schwarze Zukunft.

Gerne gehe ich in Großstädten, nachdem ich schon wochenlang durch gepflasterte Straßen gegangen bin und mich in Dutzenden von Schaufenstern widergespiegelt fand, in die botanischen Gewächshäuser. Die dort herrschenden Düfte und das ruhige, dämmrige Licht vertreiben die Stadt, ohne mir ihre Bilder zu zerstören. Auf einer Reise bilden diese Orte selbst Stationen einer anderen Reise, die mich nun in noch entferntere Gegenden und Zeiten führt.

Im neuerrichteten Tempel des 21. Jahrhunderts, im Technikmuseum an der Porte de la Villette sehe ich einem oligovrenen Jungen zu. Kurzgeschorenes Haar und geifernder Mund, sitzt er an einem der zahllosen Computerbildschirme und schaut sich einen in Röntgentechnik aufgenommenen Film über die menschliche Anatomie an. Auf dem Schirm erscheinen die Blut- und Nervenbahnen in unterschiedlichen Farben, feingezogene, verästelte Netze mit blinkenden Schnittpunkten, die dem Jungen immer wieder einen gedrängten, gedämpften Begeisterungsschrei entlocken. Ob er wohl begreift, was er sieht: typisierte und schematisierte Bildchen eines kerngesunden und gutfunktionierenden Normalmenschen?

Lyotards Ausstellung (*Les Immatériaux*) ist, neben der Darstellung der Auflösung des Materiebegriffs und dem Verschwinden der Humansubstanz, auch die Beschreibung einer Temperatur. Es scheint einsichtig, daß Bilder, die ohne den Menschen auskommen wollen, eisigste Kälte ausstrahlen. Wo die Materie Mensch im andauernden Prozeß des Verglühens begriffen ist, erkaltet die Umgebung rasch. Eine Frage des Energietransfers. Doch stellt sich, bei näherem Bedenken, ein Zweifel ein: Ist das alles nicht schon wieder

der Trick mit dem Übermorgen, in Szene gesetzt mit Mitteln von gestern? Ist dies Feierliche der Ausstellung, dieser glühende Hauch der Exekution, die an jedem Besucher verübt wird, tatsächlich mehr als eine neoromantische Eiszeitmetapher? Weltuntergang auf dem PC-Schirm.

Nachher treffe ich einen exilierten Schriftsteller, der sein Exil freiwillig gewählt hatte, da er Schweizer ist. Da es in der Schweiz seit Jahrzehnten nur ein herrschendes Regime gibt, nämlich die Diktatur des absoluten Biedersinns und Lebensmiefs, war der Schriftsteller wegen Mief und Biedersinn ins Ausland geflüchtet. Die genannten Attribute sind ihm fremd, im Ausland, da sie nicht mehr vorkommen, verlor er zuerst etwas an Halt. Dann suchte er weiter nach immer mehr Fremde und flüchtete sich in vergangene Zeiten. Man hätte ihn einen verspäteten Bohémien nennen können; er selbst sieht sich nicht ungern am Rand des Jahrhunderts spazieren. Er, der Schöpfer der Fremde, blieb bis ins vorgerückte Alter von erfrischend juveniler Rebellität. Das Eigene, die Heimat, war wie oft in solchen Fällen der Born, aus dem er Fremdheit und Jugend schöpfte.

Im Jardin du Luxembourg, auf einem Stuhl nahe des Teichbassins sitzt ein Mann und liest in Barthes «Fragmente einer Sprache der Liebe». In seiner Nähe sitzt eine Frau, die ihren Körper gierig den Sonnenstrahlen entgegenreckt. Der Mann sieht diese Halbnackte und unschlüssig, verwirrt durch die semantische Koinzidenz zur Lektüre, irren seine Blicke zwischen den Buchdeckeln und den schlank übereinandergeschlagenen Frauenbeinen hin und her. Wie unter Zwang legt er schließlich das Buch zur Seite und beginnt mit der Frau eine bruchstückhafte Unterhaltung.

Vor einem Bistro in der Rue ? wird ein Film gedreht. Passanten, soeben noch im Begriff vorbeizuhasten, bleiben verdutzt stehen, als sie bemerken, daß die ganze Wirklichkeit, die Stühle, die Tische, die Wände, das Bistro hier bloße Kulisse sind. Als könnte, als müßte das an ihrem Verhalten etwas ändern.

Bettina Wiengarn

Vent d'Autan

Nachts auf dem Pont St. Michel
Sehn wir Treibholz ganze Wälder
Zum Meer auch uns haltlos
Einer am andern wird er wegblasen
Zitterndes Laub mitsamt seinem
Orchester Was wir in diesen Wind
Rufen unser Recht auf Dauer
Ein Lachen zerfetzt im aufgerissenen
Himmel Häuser und Bäume Städte
Weggeblasen zuletzt hebt er
Uns hoch ohne Stimme nicht mehr
Wir selbst endlich weggeschleudert
Im Wirbel zwischen Himmel und Erde

Ralf Rothmann

Nie wieder Paris

Adieu Soutine
Talent zur Trunksucht
meisterhafte Magenschmerzen
(hier starb ich fast den Käsetod)
adieu Hagel auf dem Blechdach
Schlaf wie in der Nähmaschine
psychedelische Tapete
Hals- und Beinbruch Wendeltreppe

Tresen aus Sargholz
kleine singende Karaffe
lebt wohl Virtuosen der Untertöne
schreibende Leichen
Buchhandlung Flinker
Sternbild in schwarzen Dessous
lebt wohl Marie Kaffee Maries
durchsichtig wie ein Kirchenfenster
adieu Heroismus in Flaschen
Nie wollte ich Mann der Stunde sein
immer nur ihr Geliebter

SABINE KÜCHLER

Voilà Paris

Von morgens bis abends
hat es geregnet montags mit Fleiß
am Dienstag Bindfäden
drauf weiße Mäuse zwischen Mittwoch
und Freitag behutsam
die Häuser zogen Gesichter magenkrank
Nebelgriesgram verschrieben von Poe

das kam uns zupaß wir nahmen
die Einladung aus dem Boden
geschossener Muscheln mit Freude:
Meerzahn und *Gemeine Wendel-*
treppe Auster und *helle Artemis* hier
übliche *Herzmuschel* mit dem Stachelkamm
die Mäuler der Métro eisengezahnt

haben uns aufgenommen und mit
dem Kastanienparfum der Oberwelt
in den Lungen sind wir abwärts-
gestiegen in Grotten
und Höhlen die Echo
werfenden Gänge der Stadt.

Apropos Rendez-Vous: Faire L'Amour …

ALFRED ANDERSCH

Paris, 1. Mai 1977

sich an den händen fassen
die augen zumachen
und losrennen

daran
daß euch dieser wunsch überfällt
erkennt ihr
die ankunft der liebe

dann
dürft ihr nicht zögern

faßt euch an den händen
macht die augen zu
rennt los

CHRISTOPH MECKEL

Licht II

Wasser und Wind – das waren die Tage des Sommers, raumlos, endlos, in maßloser Helligkeit. Weißglut des Südens, durchsonnte Bläue, Glast. Blau oder schwefelgelb überblendete Meerflächen und Horizonte voll Inseln, die sich im Licht der Hundstage verloren. Inseln, zyklopische Erscheinungen im Gegenlicht, Walfischrücken vergleichbar, Gigantenschädeln, Silhouetten des Ararat. Die Schären, die Nordseedeiche und die Cykladen, Landzungen in Wales und die atlantischen Inseln Frankreichs. Dole sagte: ich schwimme ins

Meer und hab mich vergessen, glücklich, gewichtlos, nackt, ein Körperjubel – von Schaumkronen geohrfeigt, die Nase auf dem Wasser, der Horizont vor mir hoch über den Augen, erste Etage des Weltraums, und das Wasser kommt in großen Wellen zu mir herunter. Ich liebe das Meer, warum soll ich's nicht sagen, *j'adore le vent*. Welcher Esel hat behauptet, Gefühle seien Rohstoff und unaussprechbar. Unmöglich zu leben ohne Begeisterung, unmöglich, die eigenen Gefühle runterzuschlucken. Und warum die Angst der Leute vor ihren Gefühlen, die arme, traurig machende oder geizige Reserve gegenüber der eigenen Empfindung – ich verwechsle sie nicht mit Sentimentalität. Bin ich sentimental? Wenn du merkst, daß ich sentimental werde, lach mich aus. Versprich mir, mich auszulachen, ich bin froh, wenn du's tust. Aber die Gefühle – das ist was anderes. Sie sind nicht ehrenrührig oder blamabel, sondern frisch, stark, reich, für mich unanfechtbar, ich lebe mit ihnen, ganz offen, und spreche sie aus. Ich sage sie dir, du kannst das nicht falsch verstehn. Ich bin kein Kofferchinese mit Pokergesicht, ich mache mich nicht ärmer als ich bin.

Dole liebte den Wind, und das Meer war herrlich. Wir lagen in einem Hotelbett vor Tagbeginn, hörten den Wind, umarmt, mit geschlossenen Augen, und wußten, daß die Freude gemeinsam war. Das Behagen im Wind war kurz und kostbar und einen Moment lang stärker als das Bewußtsein der Zerstörungen, in denen wir lebten, gegenwärtiger und überwältigender als der Verlust von Zukunft, den wir weltweit mit Leuten teilten, die hier Touristen waren und nichts davon wußten oder wissen wollten. Wir zögerten den leichten Moment hinaus, der Westwind strömte durch Laub und Gardinen, wir spürten die kühle Bewegung auf dem Gesicht, zogen die Decke fort und lagen nackt, bis Dole unruhig wurde und unter die Dusche sprang. Nördliche Brise, fließende, flatternde Luft, Windstöße durch geöffnete Läden im Herbst, Ahornschauer, zu Boden gekämmtes Gras, stoßender Bora, dröhnender, reißender Mistral; über den Zimmerboden schleifende Blätter, sie finden sich unter dem Bett und raschelten weiter; Wind in offenen Kleidern und Salz im Haar; Halbschlaf, betäubt und taub, von Wind umschlossen.

Ich brauche mich nicht zu kämmen, das macht der Wind, sagte Dole, liebst du mich auch, wenn die Haare verwildert sind? Und denkst du noch an das Inselhotel auf dem Cap, die Mühle davor und die hellen Treppen, das Restaurant im Parterre und die Kiesterrasse unter den Pinien. Die Flechtstühle mit den Kinderbeinen und die wachstuchbedeckten, wackeligen Tische dort, voller Gläser und Flaschen, und wir tranken Wein in der unbewegten Luft, in der gestauten Hitze, die uns verrückt machte seit Tagen und oft in der Nacht, wenn wir nackt und klebrig von Schweiß auf den Leintüchern lagen, schlaflos im Schwirren der Schnaken (du hattest einen fixen Haß und erschlugst sie mit dem schwersten Buch, «La femme de trente ans» voll zerquetschter Fliegen). Wir saßen in verschwitzten Bademänteln auf der Terrasse und wußten nicht mehr, was das war: eine kühle Brise, konnten uns keinen Wind mehr vorstellen, und der ist doch mein Element, mein Paradiesgeräusch. Und dann, nach Mitternacht, war er da – Wind, Wind, ein einziger Schlag. Er kam so plötzlich, daß wir uns an den Stühlen festhielten. Er riß an den Haaren, die Kopfhaut schmerzte, er warf das Wachstuch vom Tisch und die halbvollen Gläser, die Käsereste, die Brotscheiben und Tomaten; die Pinien rauschten drauflos und die Stangen der Windmühle knackten und knarrten, das Meer fing an mit seinem Geschaukel und die Spiegelung der Uferlaternen verwackelte in der Brandung. Wir legten Steine auf das Wachstuch und saßen im Wind, unbeschreiblich erleichtert, im schüttelnden Sturm, und der Kellner kam aus der heißen Küche, brachte Wein und setzte sich zu uns an den Tisch. Denkst du daran? Und der Blick auf das Meer am Morgen danach, als der Sturm immer heftiger wurde und die Schaumkämme in die Bucht rannten, am Felsen zerplatzten, weiße Explosionen, Schaum in der Luft, Sommerschnee aus dem Meer, der am Cap in die Höhe flog und gegen die runde weiße Mühle spritzte. Und unser *breakfast* im Wind auf der Terrasse. Der Nescafé flog aus dem aufgerissenen Tütchen, kam nicht in die Tassen, flatterte weg, und du holtest neue Tüten aus dem Restaurant, immermal wieder ein paar neue Tüten, bis wir das besser machten, meine Idee: zuerst das Wasser in die Tasse und dann das Pulver, die Hälfte flog weg – hellbrauner Windkaffee –

Es war allerhand, daß das Meer hier sauber war, durchsichtig grün und gläsern bis auf den Grund, und der Wind nicht nach Abgas sondern nach Thymian roch. Wir gingen hinaus auf die Landzunge, standen breitbeinig gegen den Wind, mit halb geschlossenen Augen im Sand, der vom Strand heraufwehte. Wir sahen die Inseln in der

Meerstraße schwimmen (an ruhigen Tagen Schildkröten und Delphine) und sahen das Grasland zwischen alten Mauern, wo Maultiere weideten Tag und Nacht, mit zusammengebundenen Beinen, ohne Geräusch. Das Hafergras zischte, Kornfelder am Meer, vom Wind gescheitelt, gebeugt und geschüttelt vom Sturm, und die weißen Fähren dröhnten in die Bucht und der Wind, Fünf-Tage-Wind und die fliegenden Haare, Zigarettenanzünden im Wind und Doles Strohhut, der den Hang hinunterrollte wie das Käserad im Märchen.

BETTINA WIENGARN

Achter Mai in Paris

Heut zwitschern die Spatzen
Frechste Liebeslieder in mein Ohr
Gesumme Getriller Geschäftigkeiten
Heimlichkeiten beim Nesterbau
Unter den Dächern und Bäumen
In den Baumkronzäunen
Hoch oben unter dem Blütendach
Sogar der Teufel schert sich um nichts
Wohl kein Bündnis heute zu schließen

Papierschwalben im Blauwindhimmel
Gehißt sind die hellsten Fahnen der Stadt
Aus Palästen und Kirchen Hütten und Häusern
Flattern um Maste in Maiwindbrisen
Sogar aus den Fenstern der Busse der Züge
Nach Süden und Norden
Weiter ins Land
Ausrufen die Tauben am Louvre
Den Frieden

Horst Bingel

Schnellzug Frankfurt – Paris Ost

Ich war Afrikaforscher. Sechs Jahre alt. Ich wollte alle «weißen Flecken» auf der Landkarte entdecken. Ich hatte «Die Gartenlaube» gefunden. Da war im 19. Jahrhundert noch vieles weiß gewesen. Sie hatten schon recht, einem Kind nicht alles zu verraten.

Ich wurde Schriftsteller. Auf dem Papier ist die Freiheit unendlich. Doch heute war ich unruhig. Ich wollte nach Paris. Sofort. Jedermann weiß ohnehin, daß ein Schriftsteller jeden Nachmittag dorthin fährt.

Ich rief meine Freundin M. in Paris an. Ich solle fliegen. Sie war stets so schnell. Sie wollte das französische Alphabet neu erfinden, frei nach Chomsky. Warum soll ich mich beeilen? Ich habe das Flugzeug nicht erfunden.

Seit den Pfeilreitern des Khublai Khan bis zu den Postkutschen der Thurn und Taxis war die Zivilisation intakt. Auf die Entfernungen war Verlaß. «Weit hinten, weit, in der Türkei. Goethe. Faust.» Daran konnte man sich halten. Heute fliegt der stadtbekannte Moderator mit der Freundin stets zu den Seychellen. Nur dort kann er lieben.

Seit ich mich erinnern kann, fahre ich mit dem Zug. Ich sehe mehr. Um 22 Uhr 41 werde ich am Bahnsteig in Paris Ost sein. Ich freue mich. Ich werde M. sehen.

Seit ich mit dem Zug nach Paris fahre, reist die Kindheit stets mit. Mein glücklicher Vater. Ich habe ihn nie wieder so jauchzen hören. Ein Tag ohne Schelte. Ohne Prügel. Wir waren mit dem Fahrrad unterwegs. Ich saß auf der Stange.

Es war sein Tag. Die deutsche Wehrmacht marschierte in Frankreich ein. Militärkolonnen auf allen Straßen. Der Himmel über uns schwarz. Unsere Flieger. Sie würden es dem Franzmann zeigen. Dem Erbfeind. Mein Vater war ein einziges Mal fröhlich. Er siegte. Er siegte bereits.

Es waren französische Dichter während der Schulzeit. Das war mein Leben. Ihre Freiheit. Ihre Träume. Ihre Exzesse. Baudelaire. Mallarmé. Rimbaud. Ich reiste mit ihnen. Weit weg.

Es ist die Klarheit. Gleich im Zug. Jedesmal. Ich lasse die heimischen Aufgeregtheiten hinter mir. Den ewigen Hauch von Apokalypse. Gott muß Franzose sein. Italiener? Raketen sind gleich hinter Saarbrücken nur noch Raketen. Machtfaktoren. Sie lassen sich bilanzieren. Austarieren. Wie auf einer Waage. Ich erhole mich. Ich werde nüchtern.

Natürlich trinke ich während der Fahrt Rotwein. Welchen Jahrgang? Welche Lage? Wie er schmeckt? Was meinem Gaumen gefällt, ist geheim. Ich vertraue ihm.

Natürlich. Mein Vater. Die Geschichte. Jede Schwelle unter den Schienen erinnert mich. Metz. Bar-le-Duc. Paris. Hier fuhren Züge. Ich habe sie gesehen. In Filmen. In Wochenschauen. Auf Fotos. Züge mit Soldaten. Panzern. Kanonen. Ich wollte auch ein Held werden. Meine Mutter. Mein Vaterland. Der Krieg war schnell vorbei. Ich konnte später mit meinem Sohn nur die «Germania» auf dem Niederwald-Denkmal herumdrehen. Nach Osten. Er sah mich an. Wendete das Denkmal. Voll Freude.

Natürlich werde ich seine Eisenbahnbrücke nicht finden. Mein Vater war in französischer Kriegsgefangenschaft gewesen. Die Franzosen hatten Scheiße auf die Gefangenen in den offenen Waggons heruntergekippt. Das ließ ich so nie stehen. Wir hatten den Krieg angefangen. Meinem Vater kann ich nicht mehr widersprechen. Ich suche seine Brücke.

Ich bin ganz weit weg. Paris. Frankreich ist in mir. Das Land. Ich stehe allein am Bahnsteig. Ich treffe später M. vor dem Bahnhof. Sie parkt falsch. Sie ist zu spät gekommen. Sie hat sehr lange vor dem Spiegel gesessen. Die seidenen Strümpfe angezogen. Das muß ich doch wissen.

Ich darf nichts verraten. Neben der «Gartenlaube» im Schrank stand «Der Mensch». Dort habe ich eine nackte Frau ganz aufgeklappt. Mein Vater hat mich erwischt. Ich darf nichts verraten. Die Erde atmet.

Ich gehe mit M. auf dem Montmartre Couscous essen. Marokko. Algerien. Unser letzter Kaiser. Der mit dem zu kurzen Arm. Schon wieder eine Krise. Ich bin zu lange gefahren. Die Geschichte stirbt langsam. Morgen werde ich mit M. zu Hause bleiben.

Paris feiert mich. Ich darf es glauben. Zum Frühstück: ihre fünf

Freunde. Ein Tscheche. Ein Rumäne. Zwei Franzosen. Ein Berliner. Mittags: noch mehr Bekannte. Am Abend: so weiter. Ihr Weinkeller ist gut. Ihre Küche gerühmt. Ich darf es riechen. Kosten. Schmecken. Drei Tage.

Paris liebt mich wieder. M. greift zu. Ich bin zu Hause. Auch der Aufzug bleibt noch immer stecken. Der Hausmeister ist nicht da. M. beschimpft mich. Ich sitze auf dem Boden des Aufzugs. Glücklich. Wir warten. Ich bin mit M. allein. Endlich.

Paris. Das liegt gleich hinter mir. Ich habe den Koffer gepackt. Springe ins Taxi. Die Metropole. Ich muß zurück. Frankfurt. Ich liebe es. Ich kenne die Steine.

Mein Vater wäre geblieben. Er hätte geheiratet. Wäre glücklich geworden. Meine Mutter und er. Fünfzig Jahre im Leid. Exekutiert. Ich desertiere. Doch er jagt mich wieder. Zwischen den Schwellen. Der Dürre. Die Franzosen bekommen kein Pardon. Sie hatten ihn gekriegt. Einen Kilometer vor der Schweizer Grenze. Er war nicht desertiert. Das nahm er allen übel. Im Gefangenenlager hatte einer alle Dürren gemalt. Für Brot. Das Bild blieb.

Mein Hemd muß sehr schön sein. Er sagt es mir. Der Franzose im Abteil. Ich habe sechs auf einmal gekauft. Aus Lust. Seine Frau weiß es sicher. Er ist froh, wenn sie für ihn einkauft. Nein. Nein. Der Mann. Eine deutsch-französische Allianz beginnt. Über den Schwellen. Diese Freundschaft nehme ich mit.

Mein Leben auf Schienen. Geradeaus. Heimat. Paris – Frankfurt. Der Zug heißt stets «Goethe». Kleine Städte lieben ihre Dichter. Goethestadt Frankfurt. Goethestadt Weimar. Den Metropolen sind die Dichter egal. «Weiße Flecken» bleiben nicht lange. Ich darf nichts verraten. «Käthchenstadt» Heilbronn. Ich war Afrikaforscher.

HANNELIES TASCHAU

CHARLES

Er heißt Charles – er ist schön –

auf seinen zerlaufenen Lippen
spiegelt sich das Licht
die Frauen genießen
die Nähe seines wunschlosen Körpers

Die Gesellschaft bestimmter Mädchen
meidet er – derer an denen alles
schreit

Er spielt die Schalmei der leichten
Trauer

auf Straßen fühlt er sich leicht
unsicher – erst in braunleuchtenden
Zimmern öffnen seine verdorbenen
Augen sich weit

Er spielt auf seiner eintönigen
Flöte – Nacht bleibt Nacht und
Wunsch nur Wunsch – keine Stunde
verliert ihre Würde

Die Knaben mit den Schwalbenbrauen
und wehrlosen Nacken werden
atemlos

und die Mädchen die Beige und Gold tragen
auf trockner Haut und in den Augen
erlogenes Leid am Leben

Er geht vorüber – spielt und treibt
ruchloseste lockendste qualloseste
Abwerbung

CHRISTOPH KLIMKE

Von Meudon nach Paris

Eine üppige Nacht. Da springen die Liebenden durchs Bett aus dem Fenster, und auf dem Land stehen unbeweglich Tierschatten. Die Sterne starren ungläubig. Über Eisendeiche huschen die Züge. Der Schrankenwärter lacht höhnisch. Der Schaffner lacht die Fahrkarten aus. Der Weichensteller lacht schallend. Rückwärtiges Echo fliegt um die Ohren. Darin rauscht's wirklich. Die Reisenden steigen aus. In den siebten Stock, ins Gehöft. Sie machen Licht. Sie schauen hinaus. Häuser, weites Schattenland. Fühlen sich wohl. Lutschen von den Fingern erkaltetes Fett. Kreuzen unterm Schädel die Arme. Spreizen die Beine. In den Schränken die Liebe. Sie springt über Flußhecken, daß Stock und Stein dampfen. Die roten Lichter sind deine Augen.

Birgit Kempker

Mein Onkel sagt

Mein Bruder hat eine Frau, drei Kinder und eine Geliebte in Frankreich.

Meine Schwester hat einen Mann, vier Kinder und jedes Jahr einen anderen Geliebten in Frankreich, der sie bekocht und beschmust, mit dem sie ins Meer geht und Fernsehen sieht. Sie macht ihm die Wäsche und den Abwasch im Urlaub.

Meine Schwägerin hat einen Mann, kein Kind und wechselnde Liebhaber, auch in Frankreich. Sie besteht auf getrennten Ferien.

Meine Freundin hält nichts von den Franzosen. Sie hat eine Freundin in Frankreich, oder fahren sie nur hin *pour faire l'amour*?

Mein Schwager hält nichts mehr von der Liebe in Frankreich, auch nicht mit seiner eigenen Frau, weil Frankreich ihn jedes Jahr fetter gemacht hat. Sie können sich gar nicht vorstellen, wie gut es ihm schmeckte.

Meine Mutter mag Frankreich nur zum Durchqueren, dann aber gründlich, wegen der Autos, der Straßen, der Cafés an den Straßen, den billigen Betten und losen Sitten, die fehlen. Sie hat jetzt einen festen Freund und bevorzugt Salzburg.

Mein Onkel sagt, die Französinnen erschrecken die deutschen Frauen mit kleinen schwarzen Kostümen, roten Käppchen und dem Darunter.

Meine Tante sagt, die Französin wäscht sich nicht.

Mein Klempner sagt dazu:

– Aber bitte, gnädige Frau, die Franzosen haben doch wenigstens diese Bidets.

Als ich heute morgen in Basel pitschnaß auf dem Fahrrad den Rhein entlang fuhr und das dritte Mal von einem grauen Herrn mit Hund und Uniform heruntergerissen wurde, weil ich keine Nummer, zu viel Geschwindigkeit hatte oder die falsche Route nahm. Oder einfach zu dicht oder wenig dicht vorbeigefahren bin ohne zu grüßen und Wäscheklemmen in den Hosen stecken hatte, was die ganze

Ordnung am Rhein und den Verkehr, alte und junge Leute gefährden würde und ein so schlechtes Vorbild wäre, wankte ich auf den Postboten zu.

– Entschuldigen Sie, Hammerstraße 23?

Das war die Straße, in der der Rektor der Primarschulen saß, wo ich das Kind anmelden wollte, was aber zuvor im Quartier gemeldet sein sollte, was aber nicht möglich ist ohne die Anmeldung beim Rektor in der Primarschule, was dieser leider nicht in die Wege leiten kann, da das Kind keine Papiere besitzt, die seinen Schlafort im Quartier belegen, mal abgesehen davon... noch war ich nicht da.

– Ammerstraße? Bitte folgen Sie mir.

Ich folgte dem Postboten blind durch die Stadt. Nahm hinter ihm her gefährliche Kreuzungen ohne abzusteigen wie noch nie im Leben in dieser Stadt.

– Ammerstraße, *au revoir* und viel Glück, *madame*.

Ich schwöre, hätte er das ‹H› nicht weggelassen, ich wäre ihm nicht gefolgt. Hätte mich nicht vom Fleck gerührt und vom nächstbesten Auto erfassen und durch die nasse Luft schleudern lassen, mit einem letzten Blick auf den Rhein.

Alice Franck

Vergeblich

Habe Rouge mir aufs
Herz gelegt im Sherry Brandy
nach deinen Augen gefischt
fand keinen Glanz
deinen Irissamt
war Abschied
war Absprung
war meine Feuerleiter
vorbei am Kamin
hinaus in den Morgen
rot deine Augen dreh mich
nicht um schau nicht zu
rück vorbei Paris das Grau
blau dieser Nächte

Gunther Tietz

Talmont St. Hilaire, am Strand

Dort bin ich gern. Es ließen sich
Gespräche führen über die Dünen ins
Schilf in den Sand in das Meer es
ließe sich lachen essen und du
öffnetest einen jungen Wein wir leerten
ihn bis auf den Grund dann schrieb' ich
ein Wort korkte es ein
du würfest es fort in den Strom
an ein anderes Meer einem anderen Wir.

Michael Wildenhain

Rosen und Granulat

Als der Herbst anfing
Mit einem schwarzen Nieselregen in einem weißen Licht
Einer einzigen Laterne
An der Straße
Mit der Nummer
Dreiundsiebzig nach Dijon –

Hast du weil der graue Tankwart
Leer mit eingebrannten Augen
Ihm und einem Automaten
Aus dem Saft in Plastikbecher
Rinnt den letzten Wollpullover
S'il vous plaît geschenkt

Dann hielt ein Wagen mit schlaksigen Schwestern
Aus Schwaben der Duft nach vertrockneten Äpfeln
Und Spitzen die Decken und Stecken
Die Unterschenkel sind zweimal zwei Füße
In stillen Sandalen die Knie sind nach innen gebeugt

Und die Blumen sind tot
Trüb und sind trocken in hand
Gefertigten Vasen und auf einem Möbel aus rot
Braun und gemasertem Holz

Hockt ein Verehrer und wort
Los erschrecken die Schwestern und tasten
Feucht sind die Finger nach deiner Hand –

Vivaldi im Winter

Alice Franck

ABC undsoweiter

Gestern
an der Grenze
bei Jeumont hab ich
A gesagt. Bin mit meinem
Indianerauge in deine trübe
Hautfalte gerutscht. Bin in
deinem roten Mund versackt.
Hab deinen Nabel zur Welt
erklärt. Versehentlich.
Meine Lust aufs bunte
Leben weggepackt. Tüchtig,
tüchtig hab ich mich selbst
aufs Eis gelegt. Und
freiwillig wie immer
das mir so geläufige
BC undsoweiter
inwendig gelernt.

Vieux Amis:
Partir, c'est mourir un peu…

Guntram Vesper

Die Illusion des Unglücks

1

Mein Weiterleben in Briefen, die wöchentlich
zwischen Göttingen und Steinheim
gewechselt werden:
seine Heldentaten
aus Liebe zum Unglück
so schön, so ruhig
hätte er bei uns gewohnt
geschrieben.

2

Schon Rimbaud
wollte zurückkehren
mit Gliedern von Eisen
dunkler Haut und wilden Augen
beim Anblick
meiner Fratze
wird man glauben, ich gehörte
zu den Starken.
Aber nein
nichts davon
nach zwölf Jahren einsamsten Auslands
als erste Erfahrung
auf französischem Boden:
Amputation über dem Knie.
Gestellungsbriefe
bis auf den Sägetisch
und das Holzbein ein großer Betrug.
Wo sind die Streifzüge, die Gewaltritte
alle Wüsten, Flüsse und Meere.
Wo ist
meine Empörung.

Langsam
von innen
frißt mich etwas auf
und will heraus
aus dem krepierenden Vieh
das bin ich.

3
Im selben Alter, sind mir deshalb
Erzählungen
so viel lieber
als Erlebnisse: das Unglück
ein Abenteuer
und meine Sprache hört nicht
wie man sie spricht
ja sogar, welche
Sprache
habe ich denn.

GEORG BÜCHNER

Lenz

Sein Zustand war indessen immer trostloser geworden, alles was er an Ruhe aus der Nähe Oberlins und aus der Stille des Tals geschöpft hatte, war weg; die Welt, die er hatte nutzen wollen, hatte einen ungeheuern Riß, er hatte keinen Haß, keine Liebe, keine Hoffnung, eine schreckliche Leere und doch eine folternde Unruhe, sie auszufüllen. Er hatte nichts. Was er tat, tat er mit Bewußtsein und doch zwang ihn ein innerlicher Instinkt. Wenn er allein war, war es ihm so entsetzlich einsam, daß er beständig laut mit sich redete, rief, und dann erschrak er wieder und es war ihm, als hätte eine fremde Stimme mit ihm gesprochen. Im Gespräch stockte er oft, eine unbeschreibliche Angst befiel ihn, er hatte das Ende seines Satzes verloren; dann meinte er, er müsse das zuletzt gesprochene Wort behalten und immer sprechen, nur mit großer Anstrengung unterdrückte er diese Gelüste. Es bekümmerte die guten Leute tief, wenn er manchmal in ruhigen Augenblicken bei ihnen saß und unbefangen sprach und dann stockte und eine unaussprechliche Angst sich in seinen Zügen malte, er die Personen, die ihm zunächst saßen krampfhaft am Arm faßte und erst nach und nach wieder zu sich kam. War er allein, oder las er, war's noch ärger, all seine geistige Tätigkeit blieb manchmal in einem Gedanken hängen; dachte er an eine fremde Person, oder stellte er sie sich lebhaft vor, so war es ihm, als würde er sie selbst, er verwirrte sich ganz und dabei hatte er einen unendlichen Trieb, mit allem um ihn im Geist willkürlich umzugehen; die Natur, Menschen, nur Oberlin ausgenommen, alles traumartig, kalt; er amüsierte sich, die Häuser auf die Dächer zu stellen, die Menschen an- und auszukleiden, die wahnwitzigsten Possen auszusinnen. Manchmal fühlte er einen unwiderstehlichen Drang, das Ding auszuführen, und dann schnitt er entsetzliche Fratzen. Einst saß er neben Oberlin, die Katze lag gegenüber auf einem Stuhl, plötzlich wurden seine Augen starr, er hielt sie unverrückt auf das Tier gerichtet, dann glitt er langsam den Stuhl herunter, die Katze ebenfalls, sie war wie bezaubert von seinem Blick, sie geriet in ungeheure Angst, sie sträubte sich scheu, Lenz mit den nämlichen Tönen, mit fürchterlich entstelltem Gesicht, wie in Verzweiflung stürzten beide aufeinander los, da endlich erhob sich Madame Oberlin, um sie zu trennen. Dann war er wieder tief beschämt. Die Zufälle des Nachts steigerten sich aufs schrecklichste. Nur mit der größten Mühe schlief er ein, während er zuvor die noch schreckliche Leere zu füllen versucht hatte. Dann geriet er zwischen Schlaf und Wachen in einen entsetzlichen Zustand; er stieß an etwas Grauenhaftes, Entsetzliches, der Wahnsinn packte ihn, er fuhr mit fürchterlichem Schreien, in Schweiß gebadet, auf, und erst nach und nach fand er sich wieder. Er mußte dann mit den einfachsten Dingen anfangen, um wieder zu sich zu kommen. Eigentlich nicht er selbst tat es, sondern ein mächtiger Erhaltungstrieb, es war, als sei er doppelt und der eine Teil suchte den andern zu retten, und rief sich selbst zu; er erzählte, er sagte in der heftigsten Angst Gedichte her, bis er wieder zu sich kam. Auch bei Tage bekam er diese Zufälle, sie waren dann noch schrecklicher; denn sonst hatte ihn die Helle davor bewahrt. Es war ihm dann, als existiere er allein, als bestünde die Welt nur in seiner Einbildung, als sei nichts, als er, er sei das ewig Verdammte, der Satan; allein mit seinen folternden Vorstellungen. Er jagte mit rasender Schnelligkeit sein Leben durch, und dann sagte er: konsequent, konsequent; wenn jemand was sprach: inkonsequent, inkonsequent; es war die Kluft unrettbaren Wahnsinns, eines Wahnsinns durch die Ewigkeit. Der Trieb der geistigen Erhaltung jagte ihn auf; er stürzte sich in Oberlins Arme, er klammerte sich an ihn, als wolle er sich in ihn drängen, er war das einzige Wesen, das für ihn lebte und durch das ihm wieder das Leben offenbart wurde. Allmählich brachten ihn Oberlins Worte denn zu sich, er lag auf den Knien vor Oberlin, seine Hände in den Händen Oberlins, sein mit kaltem Schweiß bedecktes Gesicht auf dessen Schoß, am ganzen Leibe bebend und zitternd. Oberlin empfand unendliches Mitleid, die Familie lag auf den Knien und betete für den Unglücklichen, die Mägde flohen und hielten ihn für einen Besessenen. Und wenn er ruhiger wurde, war es wie der Jammer eines Kindes, er schluchzte, er empfand ein tiefes, tiefes Mitleid mit sich selbst; das waren auch seine seligsten Augenblicke. Oberlin sprach ihm von Gott. Lenz wand sich ruhig los und sah ihn mit einem Ausdruck unendlichen Leidens an, und sagte endlich: aber ich, wär ich allmächtig, sehen Sie, wenn ich so wäre, und ich könnte das Leiden nicht ertragen, ich würde retten, retten, ich will ja nichts als Ruhe, Ruhe, nur ein wenig Ruhe und schlafen können. Oberlin sagte, dies sei eine Profanation. Lenz schüttelte trostlos mit dem Kopf. Die halben Versuche zum Entleiben, die er indes fortwährend machte, waren nicht ganz ernst, es war weniger der Wunsch des Todes, für ihn war ja keine Ruhe und Hoffnung im Tod; es war mehr in Augenblicken der fürchterlichsten Angst oder der dumpfen ans Nichtsein grenzenden Ruhe ein Versuch, sich zu sich selbst zu bringen durch physischen Schmerz. Augenblicke, wenn sein Geist sonst auf irgendeiner wahnwitzigen Idee zu reiten schien, waren noch die glücklichsten. Es war doch ein wenig Ruhe und sein wirrer Blick war nicht so entsetzlich, als die nach Rettung dürstende Angst, die ewige Qual der Unruhe! Oft schlug er sich den Kopf an die Wand, oder versetzte sich sonst einen heftigen physischen Schmerz.

Den achten morgens blieb er im Bett, Oberlin ging hinauf; er lag fast nackt auf dem Bett und war heftig. Oberlin wollte ihn zudekken, er klagte aber sehr, wie schwer alles sei, so schwer, er glaube gar nicht, daß er gehen könne, jetzt endlich empfände er die ungeheure Schwere der Luft. Oberlin sprach ihm Mut zu. Er blieb aber in seiner frühern Lage und blieb den größten Teil des Tages so, auch nahm er keine Nahrung zu sich. Gegen Abend wurde Oberlin zu einem Kranken nach Bellefosse gerufen. Es war gelindes Wetter und Mondschein. Auf dem Rückweg begegnete ihm Lenz. Er schien ganz vernünftig und sprach ruhig und freundlich mit Oberlin. Der bat ihn, nicht zu (weit) zu gehen, er versprach's; im Weggehen wandte er sich plötzlich um und trat wieder ganz nah zu Oberlin und sagte rasch: sehn Sie, Herr Pfarrer, wenn ich das nur nicht mehr hören müßte, mir wäre geholfen. «Was denn, mein Lieber?» Hören Sie denn nichts, hören Sie denn nicht die entsetzliche Stimme, die um den ganzen Horizont schreit, und die man gewöhnlich die Stille heißt, seit ich in dem stillen Tal bin, hör' ich's immer, es läßt mich nicht einschlafen, ja Herr Pfarrer, wenn ich wieder einmal schlafen könnte. Er ging dann kopfschüttelnd weiter. Oberlin ging zurück nach Waldbach und wollte ihm jemanden nachschicken, als er ihn die Stiege herauf in sein Zimmer gehen hörte. Einen Augenblick darauf platzte etwas im Hof mit so starkem Schall, daß es Oberlin unmöglich von dem Fall eines Menschen herkommen zu können schien. Die Kindsmagd kam todblaß und ganz zitternd. (*x–x*)

Er saß mit kalter Resignation im Wagen, wie sie das Tal hervor nach Westen fuhren. Es war ihm einerlei, wohin man ihn führte; mehrmals wo der Wagen bei dem schlechten Weg in Gefahr geriet, blieb er ganz ruhig sitzen; er war vollkommen gleichgültig. In diesem Zustand legte er den Weg durchs Gebirg zurück. Gegen Abend waren sie im Rheintal. Sie entfernten sich allmählich vom Gebirg, das nun wie eine tiefblaue Kristallwelle sich in das Abendrot hob und auf deren warmer Flut die roten Strahlen des Abend spielten; über die Ebene hin am Flusse des Gebirges lag ein schimmerndes bläuliches Gespinst. Es wurde finster, je mehr sie sich Straßburg näherten; hoher Vollmond, alle fernen Gegenstände dunkel, nur der Berg neben bildete eine scharfe Linie, die Erde war wie ein goldner Pokal, über den schäumend die Goldwellen des Mondes liefen. Lenz starrte ruhig hinaus, keine Ahnung, kein Drang; nur wuchs eine dumpfe Angst in ihm, je mehr die Gegenstände sich in der Finsternis verloren. Sie mußten einkehren; da machte er wieder mehrere Versuche, Hand an sich zu legen, war aber zu scharf bewacht. Am folgenden Morgen bei trübem regnerischem Wetter traf er in Straßburg ein. Er schien ganz vernünftig, sprach mit den Leuten; er tat alles wie es die andern taten, es war aber eine entsetzliche Leere in ihm, er fühlte keine Angst mehr, kein Verlangen; sein Dasein war ihm eine notwendige Last. – So lebte er hin.

Jürgen Lodemann

Durchs Gebirg

Eine Filmgeschichte – über Oberlin, Lenz und Büchner, über die Germanisten, Goethe, Gott und Friederike

Seit mehr als zwanzig Jahren wohnte ich so, daß ich am Horizont dies Gebirge sah. Drüben, hinter der Rheinebene, standen die dunklen Berge, meist sah ich sie erst nach Feierabend, wenn ich vom Dienst im Sender zurückkam und drüben die Sonne schon über die rundgebuckelten Rücken dahinsank, den Himmel in neue Farben tauchte. Auch an solchen «schönen» Abenden stand, was in Büchners berühmtem Fragment «Lenz» gleich in der ersten Zeile «durchs Gebirg» genannt wird, finster da, bildete düstere Silhouetten gegen die Lichtspiele – der Waskenwald, die Vogesen, die schimmerten schwarz wie der Schwarzwald, an dessen Hang ich so lange nun schon wohnte, ohne je im Ernst dort hindurchgelangt zu sein, «durchs Gebirg».

Nach Straßburg wohl schon mal, auch in einen der elsässischen Orte gleich hinterm Rhein, wo man so gut essen konnte und die alten Städtchen durchwandern und in Goethes Sesenheim – aber nie wirklich durch die hohe dunkle Schranke, diese Waldberge, hinter denen Frankreich dann wirklich anfangen müßte. In meiner Schule hatte es keinen Französisch-Unterricht gegeben; wie seltsam anders diese Sprache klang, im Radio an den Wochenenden stundenlang *«france music»*, zwischen *Wagnär, Back* und *Mosár* diese auffallend munteren Intellektuellen, die sich minutenlang, nicht selten mit Gelächter, über die soeben gehörte E-Musik verbreiteten und dabei, in ihrer klangreichen Sprache, so spürbar gern kicherten, prusteten – über das, was im deutschen Parallelsender, vom Schwarzwald her, immer nur so feierlich angesagt wurde, als sei Mozart dasselbe wie Beerdigung – ach, wer da verstehen und mitlachen könnte.

Mehr als zwanzig Jahre also schon. Nie durchs ‹Gebirg›, hinter den Horizont. Eine Schande, klar. Bis dann der eigene, der jüngste Sohn – der lernte Französisch – von einem Schulausflug heimkam und aufgeregt erzählte, er sei im Steintal gewesen und habe vom Pfarrer Oberlin erzählt bekommen. Oberlin? Ja, im Steintal in den Vogesen, da sei oben ein altes Pfarrhaus und eine dicke Frau, die halb französisch, halb deutsch geredet hätte, die habe ihnen gezeigt, was alles noch übrig sei vom «Papa Oberlin». Der habe den Leuten im Steintal, als es ihnen so schlecht ging wie heute den Leuten in Afrika, geholfen, sich selber zu helfen. Oberlin? wann soll der gelebt haben? Irgendwann damals, als es die Revolution gab in Frankreich, die große Revolution. Ich sah das Söhnchen an, sah hinaus, über die Ebene, zu den dunklen Buckeln da hinten –

– ja, gerade dort hinten seien sie gewesen, hinter den Bergen. Sehr lustiges Spielzeug habe der Oberlin mit den Kindern gebastelt und mit Farben spaßige Sachen machen lassen. Eins von seinen Bildern sei so, daß, wer es von links anschaue, einen Vogel sähe, wer es von rechts anschaue, säh was ganz anderes, eine Blume. *Was wollte uns Papa Oberlin damit sagen?* hätte die dicke Frau die Schulklasse gefragt und auf der Stelle hätten sie's rausgekriegt: «Es kommt nur auf den Standpunkt an» – *und auf was noch?* habe die Frau wissen wollen – da habe er – mein Sohn – gesagt: «Von seinem Standpunkt aus hat *jeder* recht» – und die dicke Frau habe ihn mächtig gelobt.

Genierlich schlich ich mich zum Regal mit den alten Klassikern, holte das verfingerte Reclam-Heft, die «Lenz»-Geschichte vom Büchner und las nach – in der Tat: Lenz, als der «durchs Gebirg» wanderte, wollte zu einem Pfarrer Oberlin, fand den tatsächlich im ‹Steintal›, in ‹Waldbach›, suchte bei diesem Oberlin offenbar Heilung von dem, was hinter ihm her war wie Wahnsinn. Nie hatte ich das Nachwort gelesen, grad nur diesen farbigen, sprühend wilden Text vom Gang durchs nasse kalte Gebirge – nun, heimlich, endlich das Nachwort studierend, nahm ich zur Kenntnis, daß Büchners Fragment keine bloße Erfindung war, sondern sich bezog auf eine wirkliche Begebenheit im 18. Jahrhundert, sich wörtlich hielt an ein Protokoll, das der Pfarrer Oberlin damals selber angefertigt hatte über den Besuch des seltsamen Gastes, des deutschen Dichters Reinhold Michael Lenz, der damals, im Januar des Jahres 1778, zu Fuß von der Rheinebene her die dunklen Waldhöhen erstiegen hatte, um zu diesem Oberlin zu gelangen.

Wer aber war Oberlin? Was das Söhnchen erzählt hatte, ließ mir keine Ruhe – im Reclam-Nachwort blieb Oberlin «Pfarrer» – basta. Auch in den anderen germanistischen Deutungen der berühmten Geschichte, das merkte ich bald, war es offenbar ebenfalls ohne Belang, wer Oberlin war und was der getan hatte. Je mehr ich an Büchern über die Sender-Bibliothek bestellte, desto häufiger hatte ich zu staunen über eine denkwürdige Gleichgültigkeit – was einen Lenz interessiert hatte und «durchs Gebirg» zog und was dann einen Büchner beschäftigte – was also umging in zwei der Bemerkenswertesten im 18. und im 19. Jahrhundert – das interessierte diejenigen, die vorgaben, sie interessierten sich für diesen Lenz oder Büchner, einen Schmarrn.

Erst in theologischen Werken bekam ich Auskunft. Diesen Oberlin, um 1800 ein weithin bekannter Menschenfreund, müßte man als einen ersten Entwicklungshelfer bezeichnen. In seinem Steintal, das sechs Monate im Jahr unter Schnee lag, hat er länger als ein halbes Jahrhundert gearbeitet, er hat den ersten Kindergarten eingerichtet, die erste Erwachsenenbildung organisiert, die erste Leihbibliothek betrieben. Was Goethe als das tätige Leben feierte und beschwor – Oberlin lebte es. Das war ein Mann, von dem es hieß, daß seine Natur- und Menschenkenntnis womöglich auch Leiden heilen könnten, von denen Lenz sich verfolgt fühlte. Oberlin, ein Mensch der Aufklärung, der praktischen Vernunft, der Pädagogik, der Wissenschaft – auch einer der Revolution?

Bei ihm schien der junge Dichter Lenz zunächst Hilfe zu finden – dann aber wurde alles noch schlimmer und rasender, der Ärmste hatte neue Anfälle und Ängste auszustehen, stürzte sich, zum Beispiel, mitten im eisigen Januar nachts in einen Brunnen vorm Waldbacher Pfarrhaus, badete darin, hoffte sich wohl durch solche Schocks selber zu heilen von Wahn und Höllengeistern. Allmählich begriff ich auch, warum der Pfarrer Oberlin, als alles so vergeblich und am Ende tödlich ausging, ein Protokoll über diesen Besuch anfertigte – offenbar um eventuellen Vorwürfen zuvorzukommen. Denn er hatte ja, als dem Dichter der Aufenthalt anfangs gut zu bekommen schien, soviel Zutrauen zu diesem Gast gehabt, daß er, der Pfarrer im Steintal, sich zu einer längeren Reise aufmachen und den Lenz im Pfarrhaus allein zurücklassen zu können meinte – mit dem Resultat, daß den dann, in der Abwesenheit des Oberlin, die alten hirnzerreißenden Quäldämonen um so mörderischer heimsuchten – mochte also sein, man würde monieren. Oberlin habe zu früh die Fürsorge eingestellt.

In den Jahrbüchern der ‹Büchner-Gesellschaft› fand ich, Büchners Braut Minna Jaeglé habe wahrscheinlich Oberlin-Papiere besessen, vor allem dieses rechtfertigende Protokoll und wohl auch die Predigt, die ihr Vater, der Pfarrer Jaeglé, am Grabe Oberlins gehalten habe, damals, als 1826 mehr als 3000 Trauergäste ins Steintal gekommen waren zur Beerdigung des Pfarrers vom Steintal.

Mehrfache direkte Verbindungen also deuteten sich da an, persönliche Brücken von Lenz über Oberlin zu Büchner – und wenn man das Gestammel des verwirrten Lenz richtig deutete, das die Erinnerung an eine ‹Friederike› wachrütteln will, dann gab es auch eine direkte Linie zu jenen Ereignissen, die ich beim guten Essen in und um Sesenheim herum immer nur so oberflächlich berührt hatte, Zusammenhang auch mit «Goethes Friederike» – wie sie die Literaturgeschichten nannten.

Am nächsten freien Wochenende war er fällig, mein Besuch «im Steintal», im «Le Ban de la Roche». Über Straßburg also die Fahrt hinaus, durch Schirmeck ins Gebirge hinein, in Richtung St. Die, dann nach links steil hinauf, nach ‹Waldersbach›, wie sie's heute nennen, seitwärts ins Hochtal, schließlich in den engen alten Ort, nicht zu Fuß und in der «lärmenden» Stille, sondern im Auto die Gassen hinauf, an dem Kirchlein links noch mal herum: und schon – wie ein Blitz aus einem alten Jahrhundert – stand da plötzlich alles – unverändert, als hätte soeben Büchner seine Geschichte geschrieben oder Herr Oberlin sein Protokoll angefertigt und als sei der verwirrte Lenz erst vor wenigen Minuten abgereist, bewacht, in der Kutsche –

– den Motor ausgestellt – und zu hören nichts als der tropfende Schnee, das Tauwasser von den Dächern. Blitzendes Weiß auf der Kirche, dem Pfarrhausdach. Da war die alte, aus Sandstein stabil gemauerte Eingangstür, der Hof, das Seitenhaus, daran die überdachte Außentreppe und, grad vorm Tor, der steinerne Trog, in den das Brunnenwasser rauschte, eisig, zapfenbildend, dampfend im Schatten der Mauern, als habe soeben noch wer zu baden versucht –

Die «dicke Frau» war zu sprechen, das war die neue, die gegenwärtige Pfarrfrau von Waldersbach – und sie war geduldig mit dem neugierigen Gast, zeigte die alten Räume, die Schriften, das Spielzeug und auch das Bild, das je nach Standpunkt dieses zeigte oder was ganz anderes. Am Ende, verwirrt, meine zaghafte Frage, ob es denn erlaubt sei und denkbar, all diese Dinge hier samt dem Dorf und dem Tal für unsere deutschen Büchner-Leser und Lenz-Kenner zu dokumentieren, filmisch – ich sei einer von diesem Fernseh-Gewerbe und hielte es für ein Unding, daß hier ein so bedenkenswertes Stück des 18. Jahrhunderts erhalten sei und offenbar niemand davon wisse – zweimal schon sei die bewegende Geschichte, sei Büchners «Lenz»-Fragment verfilmt worden, einmal in einem Dorf im fränkischen Bayern, das andere Mal, in kühner Übertragung, in Manhattan – keiner ahne offenbar, daß alles noch immer so vorhanden ist, wie Lenz es antraf und wie es der Schwiegersohn dessen beschrieb, der Oberlin beerdigt hatte, Büchner, der von sich sagen konnte, es gebe keinen Gipfel in diesem «Gebirg», den er nicht erwandert hätte –

Die Pfarrfrau, geduldig und freundlich, sagte zu, wolle sich bereithalten, ich solle mich nur umsehen. Ich ging auf den Friedhof, unten in Fouday. Dort lag, unter tiefen Schneewehen, unter rostendem Kreuz der «Papa Oberlin» begraben – «Papa» las ich da, überm Schnee, im Rauhreif – so, «Papa», haben die Dorfbewohner ihn genannt, in Respekt, in Dankbarkeit, ihn, der fast sechzig Jahre lang ihre Geschicke steuern half in den wilden und harten Zeiten, als die Vernunft regierte und die Revolution. Neben «Papa Oberlin» ruht der Herr Le Grand, sein Freund, derjenige, der zum erstenmal für ein internationales Arbeitsrecht sorgte, für das Verbot von Kinderarbeit, für die Begrenzung der Arbeitszeit – welche Weltgeschichte auf diesem Dorffriedhof.

Ich schaute mir auch das Kirchlein an neben dem Pfarrhaus. Das sei ebenfalls noch so, wie's damals den Predigern Oberlin und Jaeglé zur Verfügung stand, sagte die Pfarrfrau. Eine von Oberlins fleißigsten Zuhörerinnen und Mitstreiterinnen sei Friederike gewesen, ja, eben jene, «Goethes» – sie sei in Wahrheit alles andere gewesen als eine vertrauernd vertrocknende Pflanze, sondern «Fräulein Brion» habe tätig dem Oberlin geholfen, die Not zu lindern, habe zum Beispiel, was oben im Tal in den Wintermonaten gestrickt wurde, unten in der Stadt verkauft. In der Revolutionszeit, als alle Pfarrer entlassen waren, kein Gehalt mehr bekamen, da hätte Herr Oberlin nur noch von solchen Einkünften überlebt – mit Friederikes Hilfe.

Logischerweise habe er damals einen Jakobinerclub gegründet, also einen Revoluzzerclub. Zum Präsidenten des Clubs wurde gewählt, wer im Tal am besten reden konnte – Oberlin. Und dieser oberste Jakobiner also habe dann, wenn er reden wollte, in den größten Raum des Orts gerufen – das sei nun mal die Kirche gewesen. Er sei also dort oben auf der Kanzel erschienen und habe gepredigt, wie er seit je an Sonntagen gepredigt habe – nun als Befürworter der Vernunft. Freilich in Gottes Namen.

Die Frauen und die Kinder und die damals weniger wichtigen Leute, die hätten oben gesessen, auf der Empore, auch Friederike – ich sollte da nur mal hinaufsteigen, Madame blieb lieber unten. Warum die beleibte Frau nicht mitkam, wurde klar auf der engen Stiege – und oben sah ich, wie die weniger Wichtigen zu sitzen gehabt hatten: seit jenem 18. harten Jahrhundert gibt's als Sitzgelegenheit lediglich vierkantig geschnittene Balken. Einige haben sich noch, da Holz ja ‹lebt›, ein wenig in sich selbst gedreht, sind gewellt, rissig, aufgespalten, so daß es um so schwieriger gewesen sein muß, auf diesen schiefen, rauhen, schmalen Flächen auszuharren, wenn von der Kanzel so gottesfürchtig wie aufgeklärt gepredigt wurde wie von Oberlin: «Die höchste Vernunft? die ist von Gott.» Auszuharren war auch, als die verwirrende Ansprache des Dichters Lenz zu hören war, den Oberlin probeweise als Hilfsprediger einsetzte – Oberlins Kommentar: Lenz predigte «mit zu vieler Erschrockenheit».

Die Film-Sache also war abgemacht. Die Pfarrfrau redete wundersam französisch gefärbtes Deutsch, fast so eigensinnig-brillant wie Tomi Ungerer, der Spaßvogel, Erzähler und Zeichen-Kobold drüben aus Straßburg. Die Leute in Waldbach und im übrigen Steintal sprachen nur noch französisch – zwei Besetzungen des Elsaß durch die Deutschen hatten offenbar die Grenze gegen die da von jenseits des Rheines weit nach Osten vorgeschoben, «durchs Gebirg».

Exakt am 20. Januar oder «Jänner» war es soweit. An diesem Tag genau war der Dichter in die Vogesenwälder hinaufgestiegen. Ich hatte die Leute im Sender überzeugen können, daß es sich um eine dringende Dokumentationspflicht handelte, fast vor der Haustür unseres «Südwestfunks» war da ein Stück Geschichte wie Literaturgeschichte wohlerhalten und unbemerkt geblieben.

Es hatte geschneit in diesem beginnenden Jahr 1982, es lagen Nebel in der Ebene, an den Gebirgen hüben und drüben. Schwarzwald wie Vogesen, die beiden spiegelbildlichen Waldhöhen an den Rändern des drei- bis fünftausend Meter tiefen Einbruchs ins Erd-Innere, die waren erst gegen Mittag dabei, sich freizumachen von den Wolkenlasten – und wo die Schwaden sich abgehoben und davongemacht hatten, da glänzten die Bäume unter den seltsamsten Verglasungen, bogen sie sich unterm Gewicht von zentimeterdicken Eishüllen – in den Wäldern schimmerte Eisbruch, das helle Holz der frisch aufgerissenen Birken vor allem, gestürzte Äste, Rißwunden leuchteten in der Sonne, reihenweise waren da Wipfel unter den Lasten geborsten, zerbrochen, niedergesunken, hingen, lagen auf den Straßen – ein Bild aus Not, Naturjammer, aus schönem und ganz und gar unbewegtem kaltem Tod.

Wie wir durch diesen seltsamen Wald die Gebirgsgipfel angingen, mit der Filmkamera, mit dem Tongerät, hat sofort auch die Leute im Team dieser Zauberwald gefangengenommen, hat sie eingestimmt ins Thema, in jene seltsame Leidensreise «durchs Gebirg», im

«Jänner», damals als, laut Büchner, «kalt und naß» die Felsen standen und Bedrohliches dem einsamen Wanderer nachging – so machten auch diesmal, auf den Tag genau 204 Jahre später, Wald und Gestein dem modernen Kameramann alle Angebote, zeigten sich die Dornen im dicken Rauhreif, bedrückte, bog sich, riß und knackte mit Ächzen fast alle Kreatur, das Holz «lebte», litt, brach, stürzte, schüttelte sich, stäubte, da bildeten sich immer lastender die Eishüllen, die gefrorenen Panzer über allem, wuchsen im Dampf der Bäche die vermeintlich schönen Blumen.

Ich habe selten ein Team sofort so aufmerksam und so gebannt beim Arbeiten beobachtet. Und wenn wir einige Aufnahmen immer und immer noch mal zu drehen hatten und Nasen und Füße längst unterkühlt schmerzten, kam mir wie von allein die Einfachzeile aus Goethes «Sesenheimer Liedern», aus der Friederiken-Zeit – «half ihm doch kein Weh und Ach – mußt' es eben leiden».

Von der felsigen Höhe bei Sankt Ottilien der Blick zurück ins dämmrig diesige Deutschland. Da standen wir auf einer uralten kahlen Platte, auf der ‹Hexenkessel› eingewirbelt waren von vorzeitlichen Wasserkräften, kleine runde Kuhlen – das waren nicht etwa ‹Schminktöpfe der Engel›, wie christliche Legenden wissen wollten, sondern eben Hexenkessel, Strudel-Spuren von Naturkräften. Und gleich daneben, auf derselben Buntsandsteinplatte, in gut tausend Metern Höhe, ebenfalls halb mit Eis noch und mit Schnee gefüllt und durch diese weiße Füllung plastisch präpariert, als würden da die Bestatteten aus zweitausend Todesjahren ins Leben zurückgeholt: keltische Grabstätten, in die Felsen gehauen. Die Köpfe, die Schultern im Schnee deutlich zu erkennen – welche Zeichen. Welche Wirkung auf einen vom Irrsinn Verfolgten.

«Es war finster geworden, Himmel und Erde verschmolzen ineins. Es war, als ginge ihm was nach und als müsse ihn was Entsetzliches erreichen, etwas, das Menschen nicht ertragen können.»

Wer vor solchen Texten noch zagte, ratlos war und sich fragte, wie denn in dieser grandiosen Prosa etwa der «Wahnsinn auf Rossen» auch nur annähernd angemessen in einem Film zu vermitteln wäre – wer da noch, wie wir nun, nur die leidende Natur nehmen wollte in allen erdenklichen Blick-Winkeln der Bedrückung und des Vergehens, dem kam während der Dreharbeiten, wie ein Schock, jäh was ganz anderes vor Augen, etwas mindestens so «Unaussprechliches», wie Büchner es beschwört. Plötzlich hatten wir keinerlei Problem mehr, Welt und Menschen im unsäglichen Widersinn zu zeigen – mit einemmal, vor uns, auf der von Nebeln überwehten Straße, enthüllten sich Zeichen, die einen Schrecken dokumentierten, wie ihn so grauenvoll nicht mal jene blutige Revolution hervorgebracht hatte – vor uns, auf dem Weg «durchs Gebirg», von Sankt Ottilien aus in Richtung Steintal, da tauchte, aus dem Dunst-Grau, das Lager Struthoff auf. In wohlerhaltenen Resten das einzige Konzentrationslager, das die Nazis auf französischem Boden errichtet haben. Mit allem, was Hirnrissigkeit sich hat einfallen lassen, mit Labors für die «Ärzte», für die Menschenversuche des berüchtigten Herrn Hirth, mit Gaskammern, mit Wachtürmen, Elektrozäunen – lassen wir es, das Unsägliche zu sagen – es wäre vorauszulesen gewesen in Büchners genialem Fragment.

Den 20. Januar, an dem wir vor diesem Grauen im Nebelgrau standen, an diesem Tag war ja nicht nur der von den Stimmen des Irrsinns Verfolgte hier gewandert, sondern – ebenfalls an diesem Tag, vor 40 Jahren – hatte die «Wannsee-Konferenz» die Richtlinien festgelegt, nach denen gemordet werden konnte.

Die Lager waren seit 1945 Denkmal, fast alles war stehen gelassen worden. Doch abseits, dort, wo zu Tode geschunden wurde, in den Steinbrüchen, da erkannten wir – im Schnee und im Nebelweiß – nur noch Ruinen, unterm Eis die Fundamente der Baracken. Aus den Mauern, dort wo die Arbeitshütten waren, wuchsen diese zerbrochenen Bäume, die geduckten.

In der rieselnden Stille gingen wir da hindurch, rechneten hier mit allem und mit nichts. Oder doch damit, daß, wie Büchner, der Gehirn- und Nervenforscher, wußte, «die Stimmen an den Felsen wach wurden». Plötzlich, hinten über den zwei Torstümpfen, durch die sie zum Steinbruch getrieben worden waren, dort schien an der grauen Felswand etwas anderes zu leuchten, etwas anderes als das Grau und das Weiß – da schimmerte, als einzige Farbe in der Todeswelt, auf der Steinfläche ein riesiges rotes «M». Was es bedeutete, wer es malte? – es stand dort geschrieben, als Zeichen – ob für «Mord», ob für «Tod»? – wir hielten es fest, auf unserm Film.

Bei den weiteren Aufnahmen ging's dann um die Gegenwelt, um

das Dorf, um das Pfarrhaus innen und außen, ums Kirchlein, auch um den Friedhof mit den Gräbern und immer wieder um das Licht aus den Häusern hinaus in die blaue Eiswelt, in das Schneetreiben – da erinnerte ich mich endlich wieder an jenes Zitat aus dem Büchner-Text, das ich mir vor langer Zeit mal über meine erste große Arbeit als Motto gesetzt hatte, das ich nun erst begreifen wollte und worin es von Lenz hieß: «...er ging durch das Dorf. Die Lichter schienen durch die Fenster, er sah hinein im Vorbeigehen: Kinder am Tische, alte Weiber, Mädchen, alles ruhige stille Gesichter. Es war ihm, als müsse das Licht von ihnen ausstrahlen; es ward ihm leicht...» –

Wiederfinden eines Bildes, drüben, hinterm Gebirg, nach dreißig Jahren. Wie wir noch überlegten, was wir, außer dem Schneetreiben auf der Dorfstraße und den Lichtern von innen, an Zeichen finden könnten für die Gegenwelt, für das tätige Helfen des Oberlin, da hörten wir aus einer Scheune so etwas wie Posaunentöne, schiefe, gedämpfte, klägliche – Kinder übten auf ihren Musikinstrumenten. Wir gingen hinein in den Schuppen und fanden einen jungen Mann, der einem Dutzend Jungen und Mädchen, sieben- bis achtjährigen, das Musizieren beibrachte – sie saßen in der Kälte, in einem kahlen armen Raum, das Öfchen reichte nicht aus für die zugige Scheune – aber ihre Backen, zwischen Schals und Mützen, glühten. Wir filmten, hielten fest, wie sie, nach zwei Stunden Üben, ihre Tonleiter endlich gemeinsam spielen konnten.

Hinter dieser Gegenwelt war freilich immer noch der eiskalte Brunnen in der Nacht. Vorm Hoftor blieb auch unterm Schneerieseln sein Rauschen zu hören; und da war auch dieses entsetzliche Protokoll des Pfarrers Oberlin. Wie wahr konnte dieser frühe Lehrer die Menschen durchschauen – wenn er etwa sagte: *Lernen kann man nur mit dem ganzen Körper.* – Also nicht etwa nur mit dem Kopf.

Doch wie machtlos war er gegenüber den Kräften, die Lenz peinigten. Und wie blind waren dann auch die Herausgeber des berühmten Büchner-Textes. Die damalige Werkausgabe publizierte im Anhang nur einen geringen Teil des Oberlinschen Protokolls. Was daraus nicht veröffentlicht wurde, von dem hieß es, das habe «keine Entsprechung bei Büchner».

Zweifelnd machten wir uns auf die Suche. Und fanden schließlich, nach vielem Hin und Her, im Keller der Straßburger Stadtbibliothek, die originale Handschrift, jenes rechtfertigende Protokoll über den Besuch des 27jährigen Dichters, und in Oberlins Notizen unter anderem Sätze wie diesen: «Ich gewahrte, daß sein Herz von fürchterlicher Unruhe gemartert wurde» – *keine Entsprechung bei Büchner?* – Und wir hatten zu entziffern (und wir filmten es vom Original ab, mit einer Zeilen-Lupe): «Denn fürchterlich und höllisch war, was er ausstand. Es zerschnitte mir das Herz.»

Dazu immer wieder Hinweise auf jene Friederike, an deren Tod Lenz sich schuldig glaubte, jedesmal als eindeutiger Beleg dafür, daß Lenzens Verwirrung mit verdrängter Sexualität zu tun hatte, daß er an «verbotenen» Sehnsüchten litt und *darüber* verrückt wurde. Davon, bis dahin, keine Kenntnisnahme der Germanisten.

Dornen und Stacheldraht, beide unterm schweren Rauhreif, bildeten in unserem Film, bildfüllend, das Kreuz. Und am Ende, nachdem die Textschlüsse des Oberlin wie des Büchner parallel zu hören waren – Oberlin: *So reiste er...* Büchner: *So lebte er dahin* –, da stand, «in kalter Resignation», über dem erfrorenen Wald die Winter-Sonne. Und unten, am Bildrand, war zu lesen, was im Bild davor aus dem Todeslager zu übersetzen gewesen war: aus dem Französischen hatte ich eine Inschrift ins Deutsche zu übertragen gehabt und in den Film einzublenden – *Licht der Toten* hatte da gestanden – und diese Schrift blieb nun auch dann noch stehen, als das Lager-Schild gar nicht mehr im Bild war, sondern nur noch die Sonne über dem erfrorenen Wald – *Lanterne des Morts.*

Es zerschnitte mir das Herz. – Seither ist der Wald über den schwarzen Rücken, dort hinten, nicht mehr nur Schranke für mich – eher so was wie jenes verwirrend weite Feld, auf dem sich Gegensätze auszuhalten haben. Wo damals, denkwürdigerweise, ein teutscher Grübeljüngling zusammentraf mit einem gläubig-vernünftig Tätigen. Mit einem, der «retten» wollte. Zu jenem beschwörenden Aufruf des Büchnerschen Lenz, man solle «retten – retten», konnte unser Film das deutsche Todeslager zeigen. «Wär ich allmächtig», sagt Lenz bei Büchner, als Oberlin von Gott geredet hat, «sehen Sie, wenn ich so wäre – ich würde retten – retten.» – Diesem Gast aus Deutschland freilich, dem war nicht zu helfen. Selbst von einem Oberlin nicht.

Ulla Hahn

Offener Brief an die Prinzessin von Clèves

Daß dieser Mann Euch liebt Prinzessin
könnt Ihr nicht leugnen. Er liegt Euern Füßen zu Grunde
legt er sein Leben. Ihr seid der Herr seiner selbst.
Trauer höhlt ihm die Wangen Ihr seht es mit
lustvollem Schauder wie er um Euretwillen
sich und die Welt ganz verlor. Wie das Wetter
erwartet Ihr täglich am Morgen Blumen mittags
sein billet doux jeden Abend das
gleiche Lied. Sogar süße Schauer gestattet Ihr Euch
beim Handkuß und einen schmachtenden Blick
wenn sein Arm den Ihrigen streift. Mehr von Euch
zu begreifen verbietet Ihr Euch wie von selbst. Die
Pflicht Madame ich verstehe das Sakrament
der Ehe Euer Ruf Euer altes Geschlecht.
Ach Madame Eure Tugend ist nichts als
schlotternde Angst vor dem Leben lieber
stellt Ihr Euch tot als einmal für einen
zu sterben tausend Tode bei lebendigem Leib. Jaja
ich weiß Prinzessin Eure Kälte heißt Treue Ehrbarkeit
Euer Versagen und so geht Ihr dahin
tugendhaft ehrbar und treu nur
nicht gerade als Frau.

Friedrich Hölderlin

Andenken

Der Nordost wehet,
Der liebste unter den Winden
Mir, weil er feurigen Geist
Und gute Fahrt verheißet den Schiffern.
Geh aber nun und grüße
Die schöne Garonne,
Und die Gärten von Bordeaux
Dort, wo am scharfen Ufer
Hingehet der Steg und in den Strom
Tief fällt der Bach, darüber aber
Hinschauet ein edel Paar
Von Eichen und Silberpappeln;

Noch denket das mir wohl und wie
Die breiten Gipfel neiget
Der Ulmwald, über die Mühl',
Im Hofe aber wächset ein Feigenbaum.
An Feiertagen gehn
Die braunen Frauen daselbst
Auf seidnen Boden,
Zur Märzenzeit,
Wenn gleich ist Nacht und Tag,
Und über langsamen Stegen,
Von goldenen Träumen schwer,
Einwiegende Lüfte ziehen.

Es reiche aber,
Des dunkeln Lichtes voll,
Mir einer den duftenden Becher,
Damit ich ruhen möge; denn süß
Wär' unter Schatten der Schlummer.
Nicht ist es gut,

Seellos von sterblichen
Gedanken zu seyn. Doch gut
Ist ein Gespräch und zu sagen
Des Herzens Meinung, zu hören viel
Von Tagen der Lieb',
Und Thaten, welche geschehen.

Wo aber sind die Freunde? Bellarmin
Mit dem Gefährten? Mancher
Trägt Scheue, an die Quelle zu gehn;
Es beginnet nemlich der Reichtum
Im Meere. Sie,
Wie Mahler, bringen zusammen
Das Schöne der Erd' und verschmähn
Den geflügelten Krieg nicht, und
Zu wohnen einsam, jahrelang, unter
Dem entlaubten Mast, wo nicht die Nacht durchglänzen
Die Feiertage der Stadt,
Und Saitenspiel und eingeborener Tanz nicht.

Nun aber sind sie zu Indiern
Die Männer gegangen,
Dort an der luftigen Spiz'
An Traubenbergen, wo herab
Die Dordogne kommt,
Und zusammen mit der prächt'gen
Garonne meerbreit
Ausgehet der Strom. Es nehmet aber
Und giebt Gedächtniß die See,
Und die Lieb' auch heftet fleißig die Augen
Was bleibet aber, stiften die Dichter.

Wolf Biermann

Hölderlin in Bordeaux

So ging das damals: Schwarze nach Amerika. Von dort dann Rohstoffe nach Europa. Von dort dann Industrietinnef nach Afrika. Wie der Dichter sagt: Und kehre, woher ich kam. Ein lohnendes Dreiecksgeschäft. Aber seit der Sklavenhandel ruiniert ist, lange her, mickert das blühende Bordeaux vor sich hin, eine behauste Ruine, die es nicht wahrhaben will.

Eisig saute ein Novemberregen von See in das Hafenviertel. Im schmuddeligen Licht einer Straßenlaterne am Platz de la Bourse trat ein gebeugtes Männel auf mich zu, ein spitznasiger Mensch im abgetragenen, aber gepflegten Tuchmantel. Herzlich willkommen in Bordeaux, herzlich, lieber Herr, und ich werde Ihnen etwas zur Kenntnis bringen, was Sie nicht freuen kann, aber wohl doch von Interesse ist. – Und wer sind Sie, Monsieur? Sie sprechen so gut Deutsch. – Ich bin ja deutsch, und beim deutschen Generalkonsul hier Sekretär. Ein Broterwerb. Aber wer lebt schon vom Eigentlichen. Und so mußte ich einen Brief erledigen, den der Generalkonsul an den Herrn Bundesaußenminister in Bonn persönlich mir in die Feder diktierte. Und darum ja behellige ich Sie, von Ihnen war in dem Brief die Rede und in einer Art, die mir ein Greuel sein muß. Meines Brotgebers eigentlich vorgesetzte Dienststelle ist die Botschaft in Paris. Aber unser Konsul wandte sich direkt nach Bonn, weil er den Herren in Paris nicht traut. Der Inhalt seines Briefes war denn auch so schäbig, daß er durchaus Grund zu fürchten hatte, daß man seine Dummheiten zu den übrigen ablegen würde. Unser Herr General glaubte, seine Obrigkeit in Deutschland warnen zu müssen, ja, vor Ihnen, lieber Herr, vor der vergiftenden Wirkung Ihrer Konzerte hier in Frankreich. Ihre Auftritte würden dem Ansehn und den Interessen der Bundesrepublik in Frankreich eher schaden. Und besonders warnte er davor, Sie in Toulouse auftreten zu lassen, eine Stadt, wie man weiß, in der nicht wenige spanische Kommunisten seit dem Ende des Bürgerkriegs im Exil leben, ein Nest linksextremer Terroristen, die sich gefährlich leicht an jedem Funken entzünden. – So jedenfalls hieß der Konsul mich schreiben, und es sei bezeichnend, daß Sie sich auch schon in der DDR mit zersetzenden Liedern, ja mit destruktiver Mäkelei in einen fruchtlosen Dauerstreit mit der östlichen Regierung und im übrigen zugleich loyal eingelassen hätten. Kurz, es sei im Interesse Deutschlands geboten, Ihre Umtriebe in Frankreich nicht etwa noch gutgläubig zu begünstigen.

Aus Gründen der Hygiene des Charakters sage ich Ihnen all dies weiter, mehr um meinetwillen. Freilich war ich nur der fest gemietete Schreiber dieses elenden Briefes, und so hat diese Eselei am Ende so wenig mit mir zu schaffen wie ich mit dem Konsul – aber eben doch auch ebensoviel. Und so möchte ich Sie sogleich um Nachsicht bitten für etwas, was eigentlich Schuld nicht genannt werden darf.

Aber ich sorgte mich auch um Sie, lieber Herr. Ich kenne wohl Ihr Lied, in dem es heißt: In diesem Lande leben wir wie Fremdlinge im eigenen Haus... Ja, und voller Lieb und Hoffnung wachsen seine Musenjünglinge dem Deutschen Volk heran – du siehst sie sieben Jahre später, und sie wandeln wie die Schatten, sind wie ein Feld, das der Feind mit Salz besäte, daß es nimmer einen Grashalm treibt. Und wehe dem, der sie versteht, der in der stürmenden Titanenkraft wie in den Proteuskünsten den Verzweiflungskampf nur sieht, den ihr gestörter schöner Geist mit den Barbaren kämpft, mit denen er's zu tun hat.

– Hölderlin! rief ich, Lieber! Verehrter! Sie sind es, ich erkenne Sie! Und in Bordeaux! Wann war das? 1803 oder 4 oder 5, kurz vor Ihrem furchtbaren Sturz... Sie sind also damals nicht zurückgekehrt nach Deutschland... und waren gar nicht dieser arme Holder, der Kranke im Kopf, nicht dieser Unterthänigst Scardanelli beim Tischler in Tübingen überm Neckar im Turm?

Hölderlin! Und Sie sind's wirklich! Und wie viele Ihrer unsterblichen Verse sage ich mir immer und immer her: Hochauf – nicht wahr? – hochauf strebte mein Geist – neue Zeile – aber die Liebe zog schön ihn nieder // das Leid beugt ihn gewaltiger, so – neue Zeile – durchlauf ich des Lebens – neue Zeile – Bogen und kehre, woher ich kam...

Ja, ja, sagte der Mensch, das wird einem zugerechnet. Und dieser alberne Brief, lieber Meister, sagte ich, könnten Sie mir nicht eine Kopie davon zuspielen? Es wäre immerhin ein anschauliches Dokument von den Barbaren, mit denen unsereins zu tun hat. Und der *Stern* in Hamburg würde das drucken, mit Wonne sogar!

Traurig traf mich da sein Blick, dann schlug der Meister den Mantelkragen hoch und halb im Gehen sagte er: Monsieur, Sie wären also bereit, um eines billigen Aufsehens willen sich immer mal wieder ins Gerede der Welt zu bringen, mich aber stießen Sie damit in den Ruin der Arbeitslosigkeit. Denn wer anders als ich könnte der schäbige Lieferant dieses schäbigen Briefes gewesen sein. Ich sehe, Monsieur, Sie haben den Westen schrecklich schnell gelernt.

Halb war es Scham, was mich so stumm machte – und was sonst, wie soll ich das wissen? Auch hatte der Sekretär sich längst gegen den Regen gebeugt und war schon verschluckt von der Nacht.

RAINER MARIA RILKE

Das Karussell

Jardin du Luxembourg

Mit einem Dach und seinem Schatten dreht
sich eine kleine Weile der Bestand
von bunten Pferden, alle aus dem Land,
das lange zögert, ehe es untergeht,
zwar manche sind am Wagen angespannt,
doch alle haben Mut in ihren Mienen,
ein letzter roter Löwe geht mit ihnen,
und dann und wann ein weißer Elefant.

Sogar ein Hirsch ist da, so wie im Wald
nur daß er einen Sattel trägt und darüber
ein kleines blaues Mädchen aufgeschnallt.

Und auf dem Löwen reitet weiß ein Junge
und hält sich mit der kleinen heißen Hand,
die Weil der Löwe Zähne zeigt und Zunge.

Und dann und wann ein weißer Elefant.

Und auf den Pferden kommen sie vorüber,
auch Mädchen, helle, diese Pferdesprünge
fast schon entwachsen, mitten in den Schwunge
schauen sie auf, irgendwohin, herüber, –

Und dann und wann ein weißer Elefant

Und das geht hin und eilt nicht, daß es endet.
Und kreist und dreht sich nur und hat ein Ziel.
Ein rot, ein grün, ein grau vorbei gesendet,
ein kleines, kaum begonnenes Profil, –

Und manchesmal ein Lächeln, hergewendet,
ein seliges, das blendet und verschwendet
an dieses atemlose, blinde Spiel...

PAUL KERSTEN

Jardin du Luxembourg

(5. November)

Kein Karussell
kein weißer Elefant

Die Kinder schießen
mit Laserkanonen
den Statuen die Köpfe herunter

Auf dem Fontänenteich
wird ein Papierschiffchen
von Atom-U-Booten torpediert

Der Parkwächter ist ein Riese
der die Sonne verdunkelt

Die Tauben unter den Bänken
schleppen schwer an ihren Schatten

Jetzt
könnte ich
den Einbruch der Dämmerung
verzögern

zum Beispiel
die sinkende Sonne
im Weinglas fangen
und mit ihr noch einmal
das tote Laub entzünden

Oder
mit einem Sonnenstrahl
die Trillerpfeife des Wächters
in eine Zauberflöte verwandeln
nach der die Tauben Tango tanzen

Mit einem Funken Licht
könnte ich die U-Boote versenken
Zündschnüre legen
für lautlose Explosionen unterm Brunnen

Hoch in die Luft
fliegt mein Papierschiffchen dann
ein taumelnder Schmetterling
vor dem Abendhimmel

Auch könnte ich
die Backen aufblasen
und die letzten Blätter
von den Ästen pusten

Und dann und wann
die Augen schließen

Rückwärts
dreht sich dann
das Karussell im Kopf

Und die Kindheit
ist ein Wald aus Kastanienbäumen

Heinrich Heine

À Paris

Denk ich an Deutschland in der Nacht,
Dann bin ich um den Schlaf gebracht.
Ich kann nicht mehr die Augen schließen,
Und meine heißen Tränen fließen.

Wolf Biermann

Auf dem Friedhof am Montmartre

Auf dem Friedhof am Montmartre
Weint sich aus der Winterhimmel
Und ich spring mit dünnen Schuhen
Über Pfützen, darin schwimmen
Kippen, die sich langsam öffnen
Kötel von Pariser Hunden
Und so hatt' ich nasse Füße
Als ich Heines Grab gefunden.

Unter weißem Marmor frieren
Im Exil seine Gebeine
Mit ihm liegt da Frau Mathilde
Und so friert er nicht alleine.
Doch sie heißt nicht mehr Mathilde
Eigemeißelt in dem Steine
Steht da groß sein großer Name
Und darunter bloß: Frau Heine

Und im Kriege, als die Deutschen
An das Hakenkreuz die Seine-
Stadt genagelt hatten, störte
Sie der Name Henri Heine!
Und ich weiß nicht wie, ich weiß nur
Das: er wurde weggemacht
Und wurd wieder angeschrieben
Von Franzosen manche Nacht.

Auf dem Friedhof am Montmartre
Weint sich aus der Winterhimmel
Und ich sprang mit dünnen Schuhen
Über Pfützen, darin schwimmen
Kippen, die sich langsam öffnen
Kötel von Pariser Hunden
Und ich hatte nasse Füße
Als ich Heines Grab gefunden.

Walter Helmut Fritz

In Cézannes Atelier

Hocker, Körbe und Töpfe,
die Weinkaraffe, die Staffelei.
Verlacht, verleumdet, taumelt er
manchmal vor Glück,
wenn die Arbeit gelingt.
Wer wird es jemals malen,
fragt er seinen Besucher,
dieses Licht, dieses Licht
über die Welt hin – das wäre
die Seelengeschichte der Erde.
Wesen und Dinge, wir alle
sind nichts als ein wenig
gespeicherte Wärme der Sonne,
ihr Andenken, glühender Phosphor.
Sagt es, nimmt Rucksack,
Maltasche und Hut,
macht sich auf seinen Weg,
auf dem er den Wacholder
begrüßen wird, die Agave
und die Steineiche
mit ihrer grauschwarzen Rinde,
den behaarten Zweigen.

Margarete Hannsmann

Cézannes Atelier in Aix

Er öffnete dem Licht eine Gasse
Norden und Süden durchkreuzten sich
zwischen Flaschen Gläsern Tiegeln
wo die Früchte in allen Stadien
zwischen Reifen und Verwesen
ausgelegt werden
die Krüge gefüllt
mit den Blumen aus seinem Garten

Staffelei und Leiter halten stand
Hinfälligkeit der Stühle
schon
fangen die Stoffe an mürb zu werden
Vorhänge die Pelerine sein Hut
leere Mitte
Gliederpuppe
unter dem Kruzifix

Die Pyramide aus den vier
Totenschädeln zerstört Illusionen
kargen Reichtums der zu spät kam

Daß er seinen Widersacher
den Mt. Sainte-Victoire
der ihm treu blieb
stets nur von vorn anging
war es Askese?

Fürchtete er in seinen Flanken
unterzugehn?

Hans Christoph Buch

Résistance

Ein Holztisch im Freien
Weißbrot und Rotwein.
Gespräche im Schatten von Platanen.
«Encore un pastis, s'il vous plaît!»

Jean-Paul Sartre und Simone de Beauvoir
radeln auf einem Tandem
durch die «befreiten Gebiete».
Kurz hinter Lyon ein Geruch nach frischem Thymian:
«Der Süden ist immer wieder eine Überraschung!»

Auf dem Weg von Grasse nach Vallauris
plötzlich ein platter Reifen.
Sartre landet im Straßengraben,
Simone um ein Haar im Abgrund.
«Komischerweise hatte ich gar keine Angst vor dem Tod!»

Nach einer anstrengenden Tagestour
(Sartre fährt am liebsten bergab)
Einkehr in einem verräucherten Bistro.
«Kennen Sie Monsieur Gide, den Fotografen?»
Ein junges Mädchen mit Gides Gesicht öffnete uns die Tür.

Chicken Maryland bei Malraux in Cap Ferrat,
Dark Victory mit Edward G. Robinson auf der Cannebière.
«Am nächsten Tag haben die Deutschen
unser geliebtes Hafenviertel in die Luft gesprengt!»

Paulus in Stalingrad eingekesselt,
Rommel vor Mersa Matruch.
Ein Philosoph namens Kahn wird nach Auschwitz deportiert.
«Niemand von uns ahnte,
daß wir ihn nie mehr wiedersehen sollten!»

In der Rue Lauriston wurde am schlimmsten gefoltert.
Die Kommunisten waren am besten organisiert.
Sartre schrieb ein Stück, das im alten Rom spielte,
ich wandte mich wieder meinem angefangenen Roman zu:
«Alles in allem war es doch unsere schönste Zeit!»

PETER HAMM

Cimetière Lourmarin

(Grab Albert Camus)

Und die Lehre
von Lourmarin?

Rosmarin und Lavendel
lautet sie: Rosmarin
auf seinem, Lavendel
auf ihrem Grab.

Und die Verbindung
halten Termiten.

Also sind wir selbst
der Totenacker: nur
in uns gedeihen sie,
die Toten, wachsen,
bis wir ihnen gleichen.

Und jedes Gedicht
ist auch ein Grab.

Gunther Tietz

Sartre und die anderen

Nur ab und an wagt
sich noch einmal ein Künstler
auf die sanften, weibischen Hügel Montmartres,
um zu träumen.
Am BoulMiche kann man zumindest
guten Kaffee trinken,
in *Le Monde* blättern
und sich einbilden, der neben einem,
der gerade seinen Zucker verrührt,
sei ein Dichter.
In den Tuilerien
lächeln griechische Göttinnen
ohne Unterleib
wie ehedem.

Adieu! C'est fini…

GABRIELE KREIS

Frauen im Exil

Anna ist tot.

Anna mit dem warmen Lachen.

Anna mit den dunkelbraunen Haaren, nur am Scheitel grau. Anna mit den weiten Augen, deren Glanz berühmt war, und der angenehmen, ruhigen Stimme, nicht zu hoch und nicht zu tief. Anna, Sepps Frau und Hanns' Mutter.

Aufmerksam und gelassen, hilfsbereit immer, resolut, wenn nötig.

Anna, die Lebenslustige, die Muntere, die Schöne.

Eine Frau in ihrer Blüte. Ein breites, straffes Gesicht, eine stattliche, füllige Figur. Gepflegt, gut angezogen, damenhaft. Eine Frau zwischen den Altern, doch «wenn sie guter Laune war, wenn sie lachte und ihre schönen, großen, weißen Zähne zeigte, dann wirkte sie jung».

Junge Anna an die Vierzig.

Lachte sie nicht – hat sie wirklich seltener gelacht in der letzten Zeit? –, dann wirkten ihre Züge leicht «verwaschen und ihre Augen stumpf».

Sie wußte es. Sie muß es gewußt haben. Und wer wußte es außer ihr?

Sepp? Hanns? Hanns, mit siebzehn unerbittlich jung. Für ihn stand sie vor dem Spiegel, und sie besah sich mit scharfem Blick: «Vielleicht hätte sie sich gestern doch die ergrauenden Haare auffärben lassen sollen?» Aber das Geld, aber die Zeit... Und Hanns strebte weg von ihr, nach Rußland. Arme Anna.

«Zwei Jahre Emigration haben sie nicht schöner gemacht.» Doch wenn sie dann ausging im Pelz, dessen «schäbige Stellen sie mit viel Geschick verdeckte», wenn sie bei Dr. Wohlgemuth die Patienten versorgte oder in Gesellschaft mit Freunden zusammentraf, dann war sie die alte, die andere Anna.

– «Großartig schaust du aus.»

Manchmal sah Sepp sie an in solchen Augenblicken, «voll ehrlicher Bewunderung».

«Wie du das nur immer fertigbringst. Racker dich nicht zu sehr ab, Alte.»

Oft sah er sie nicht an in solchen Augenblicken.

Großartig schaut sie aus, hatte auch Riemann gedacht, zu Besuch in Paris, Leonhard Riemann, Sepps alter Freund und Kollege, ein Dirigent, der immer noch in Deutschland lebte. Großartig, und wie «ihr die Freude das Gesicht verschönt»! Dabei hat sie es gewiß nicht leicht mit Sepp, «dem schlampigen, lärmenden, ungeschlachten Sepp, jetzt, in dieser Emigrantenumwelt, schon gar nicht».

Wie früher in München war es gewesen, und in Berlin, und für Augenblicke war vergessen, wo man saß: in armseligen zwei Zimmern im Hotel «Aranjuez» in Paris, 1935.

Sepp hatte wieder Zeit für seine Musik, und Anna hatte wieder Zeit für ihn und seine Musik.

Ein Traum. Ausgeträumt im Exil.

Die Wirklichkeit: Sepps Arbeit in der Redaktion der Pariser Nachrichten, Annas Arbeit als Sprechstundenhilfe bei Dr. Wohlgemuth.

Nein, einfach war es nicht. «Die ganzen Sorgen des kleinen Alltags lagen auf ihr.» Sepp wußte das nur allzu gut.

Vielleicht hätte er ihr helfen sollen? Aber was wäre dann aus seiner Politik geworden …

Denn Sepp, der Musiker, seiner Art nach «nichts als Musiker», machte Politik. «Die Zeitläufe hatten ihm in hartem Anschauungsunterricht beigebracht, daß man Musik ohne Politik nicht machen kann.» Also machte er Politik, bei den Pariser Nachrichten Politik, und für die Musik blieb keine Zeit.

Arme Anna, die «lieber über seine Musik mit ihm geredet» hätte.

Ob er mich noch liebt?

Anna hatte sich das oft gefragt. Vor der Antwort hatte sie jedesmal Angst. Sie fühlte sich dann alt oder «nicht mehr jung genug, ihn zu reizen, und sie hat nicht die Zeit, sich für ihn zurechtzumachen. Vielleicht ist auch diese Erna Redlich daran schuld, daß er für sie kein Aug' mehr hat».

Erna Redlich, die kleine Sekretärin von den Pariser Nachrichten, die für Sepp schwärmt...!

Sepp. Hager, stoppelbärtig, tiefliegende Augen, ein Sanguiniker, und wenn er in Erregung gerät, spricht er mit krähender Stimme.

Er läßt sich gehen im Exil, und es scheint ihm zu gefallen. Ihr nicht. «Vielleicht kommt es daher, daß er eine dürftige Jugend gehabt hat, während sie in heiterer, behaglicher Umgebung groß geworden ist.»

Mein Abstieg ist nicht dein Abstieg.

Sagen würde sie das nie. Sie sagt vieles nicht. Sicherlich hat sie vieles nicht gesagt.

Aber an diesem Abend war alles anders. War vieles vergessen. Denn Riemann war da, und mit Riemann die Erinnerung an bessere Zeiten.

Wann war sie zuletzt so vergnügt gewesen?

Manchmal bei den Heilbruns, deren «Pariser Wohnung gespenstisch an ihre Berliner Räume erinnerte».

Seltener bei den Pereyos, von denen sie sich Hilfe erhoffte für eine Rundfunkaufführung von Sepps Oratorium «Die Perser».

Unangenehm waren ihr diese Bittgänge schon, aber Sepp kümmerte sich ja um nichts. Nur um seine Politik!

Gefreut hat er sich aber doch, als es dann klappte. Fast so sehr wie Anna hat er sich gefreut.

Mit wieviel Liebe sie damals das kleine Fest zu Sepps Ehren ausgerichtet hat... Ihr letztes Fest.

Aber wer konnte das auch ahnen... Und wie gut, daß es niemand geahnt hat, nicht einmal Anna.

Und nun ist Anna tot. Gestorben an einer Leuchtgasvergiftung. Hat einfach nicht mehr gewollt, hat einfach nicht mehr gekonnt, hat Schlafmittel genommen zum Wein, sich ins heiße Wasser der Badewanne gesetzt, den Gasschlauch im Mund, und aufgehört zu leben bei lauter Musik aus dem Radio. Mozart: Die kleine Nachtmusik.

Als Sepp sie fand, sah sie blühend und schön aus, mit roten Lippen und kräftig durchbluteter Haut.

Leuchtgastote sind schön.

Anna hatte es gewußt, als sie den Schlauch in den Mund nahm.

Es war ihr wichtig gewesen.

«Sie hat zwei Jahre durchgehalten. Ein Tag war schlimmer als der andere und eine Nacht war schlimmer als die andere, sie ist in diesen zwei Jahren zu einer Parodie der früheren Anna geworden, aber sie hat sich nicht gehenlassen, sie hat durchgehalten. Jetzt kann sie es nicht mehr. Sie will auch nicht mehr. Fast wollüstig merkt sie, wie ihre Energie zusammenbricht. Es war eine künstliche Fassade, und was dahinter ist, das ist eine Frau, hilflos, keiner Anstrengung mehr fähig, weinend, verströmend.»

Anna Trautwein ist 1933, unmittelbar nach Hitlers Machtergreifung, mit ihrem Mann Sepp, einem bekannten deutschen Komponisten, und ihrem fast erwachsenen Sohn Hanns nach Paris emigriert. In Deutschland waren die Trautweins reich und angesehen gewesen, sie hatten in München ein großes Haus geführt. In Frankreich sind sie arm, es reicht gerade eben zum Leben – in armseligen Zimmern in einem Emigrantenhotel.

Sepp versucht, an seiner Komposition «Der Wartesaal» weiterzuarbeiten. Es fällt ihm schwer. Von Zeit zu Zeit schreibt er Artikel für eine Exilzeitung, die Pariser Nachrichten. Als Fritz Benjamin, einer der dort beschäftigten Redakteure, wegen seines Passes nach Basel muß, übernimmt Sepp Trautwein seine Vertretung. Das Geld – es ist nicht viel – kann er gut gebrauchen, die Arbeit macht ihm Spaß. Seine Polemiken gegen die faschistische Kulturpolitik sind beliebt bei seinen Freunden und gefürchtet von seinen Gegnern.

Sepp ist in seinem Element. Zum Komponieren bleibt ihm kaum noch Zeit. Sein schlechtes Gewissen – von Anna wachgehalten, die mit seinem neuen Beruf, der ihn von seiner wahren Profession abhält, nicht einverstanden ist – beruhigt er damit, daß die Vertretung ja nur für kurze Zeit ist. Er irrt. Sie dauert Monate.

Fritz Benjamin wird Opfer einer faschistischen Verschwörung. Er wird nach Deutschland ins KZ verschleppt.

Sepp übernimmt seinen Posten. Schreibend will er für die Freilassung seines Kollegen kämpfen.

Anna indessen kämpft ums Überleben. In Deutschland hatte sie nicht praktisch sein müssen. Im Exil muß sie es sein. Sie will sich und ihre Familie irgendwie durchbringen, denn auf Sepps Einkünfte ist kein Verlaß. Sie verdingt sich als Sprechstundenhilfe bei einem deutschen Zahnarzt. Die Arbeit geht ihr leicht von der Hand. Dr. Wohlgemuth schätzt ihre Zuverlässigkeit und Ruhe.

Anna ist stolz auf das selbstverdiente Geld, stolz auf den Konzertabend, den sie Sepp ermöglicht, stolz auf das selbstgekochte Essen im möblierten Zimmer... Bis Sepp droht, sie zu verlassen. Ihre Fürsorge erträgt er nicht mehr, ihre Kritik will er nicht hören, ihre Wünsche kann er nicht erfüllen. Dem politischen Kampf opfert er erst die Kunst und dann das gemeinsame Leben. Lieber als mit Anna ist er mit der Redaktionssekretärin Erna Redlich zusammen; denn Erna kritisiert ihn nicht, Erna bewundert ihn. Anna ist verzweifelt.

Als Dr. Wohlgemuth seine Praxis nach London verlegt, bietet er ihr an, ihn zu begleiten. Anna macht ihre Entscheidung von Sepp abhängig. In London würde es ihnen bessergehen – mehr Geld, und er hätte mehr Zeit für seine Musik. Doch Sepp ist nicht zu bewegen, Paris zu verlassen. Hier kennt er sich aus, hier hat er Freunde, hier hat er seine Aufgabe: den publizistischen Kampf um Fritz Benjamins Freilassung. Annas Argumenten gegenüber ist er nicht zugänglich. Geld, Musik, eine neue Stelle... es wird sich schon etwas finden.

Anna resigniert. Sie kündigt bei Dr. Wohlgemuth, ohne zu wissen, wie es nun weitergehen soll. Vom schmalen Gehalt jedenfalls werden sie nicht leben können. Das weiß sie. Als sie eines Abends ein Schreiben findet, aus dem hervorgeht, daß Sepp gekündigt worden ist, bricht sie zusammen. Er hatte ihr nichts davon gesagt. Sie kann nicht mehr. Nur für den Mann hatte sie gelebt, für ihn und durch ihn. Und nun?

«Sie will nicht selbstgerecht sein, sie will ihm nicht unrecht tun. Es sind die Verhältnisse, an denen ihre Beziehungen kaputtgegangen sind. Kunst braucht Zeit. Kunst geben braucht Zeit, und Kunst nehmen braucht Zeit, Zeit und einen freien Kopf. In Deutschland hatte sie Zeit und einen freien Kopf gehabt, darum ist alles zwischen ihnen gutgegangen. Jetzt im Exil haben sie weder Zeit noch einen freien Kopf. Es ist das Exil, das ihre Liebe kaputtgeschlagen hat (...). Ihr Betrieb, ihr blöder, kleiner Betrieb hat sie aufgefressen, auch innerlich. In Deutschland sind ihr die Sorgen des Alltags so erschienen, wie sie waren, in ihrer ganzen Winzigkeit und Erbärmlichkeit: im Exil haben sie sich vergrößert und ihr schließlich keinen Raum mehr gelassen für anderes.»

Anna Trautwein bringt sich um.

Zurück bleibt Sepp, mit schlechtem Gewissen zwar, aber im Vollbesitz seiner Talente. Ihr Freitod ist seine künstlerische Katharsis. Jetzt komponiert er sein Meisterwerk, Anna zu Ehren. Und damit nicht genug: Auch die Befreiung Fritz Benjamins gelingt.

Ilse Benjamin

«Sie schaute zu ihm auf, zu ihrem großen, bedeutenden Mann und seinem außergewöhnlichen Schicksal, und gleichzeitig schaute sie auf ihn herunter, fraulich, beinahe mütterlich wie auf ein kleines Kind.»

Ilse Benjamin, eine liebende Frau.

Wie sehr sie ihren Mann Fritz liebt, weiß sie erst seit der monatelangen Trennung von ihm. Benjamin, ein bekannter antifaschistischer Journalist im Pariser Exil, war von den Nationalsozialisten nach Deutschland entführt und ins KZ gebracht worden. Der Kampf um seine Freilassung hat aus seiner Frau Ilse, früher frech und frivol, leichtfertig und genußsüchtig, eine andere gemacht: eine, die endlich weiß, was sie der Liebe zu ihrem Mann schuldig ist. Sie schlägt ihm vor, die Hotelsuite, in der sie bisher wohnten, zu kündigen und eine kleine Wohnung zu suchen. Sie, die ehedem nie auf den Gedanken gekommen wäre, für ihn zu sorgen, zu arbeiten oder ihm wenigstens Arbeit abzunehmen, will plötzlich einen Haushalt führen und auf den Luxus verzichten, der bisher die Voraussetzung ihrer Beziehung zu ihm war.

Ilse war teuer. Wer Ilse besitzen wollte, mußte – wenn schon nicht schön – so wenigstens reich und berühmt sein. Also hatte Fritz geschuftet, glücklich, seiner Frau auch im Exil das gewohnte Leben bieten zu können.

Ilse hatte es genossen wie alles im Leben: das Flanieren durch Paris, Diners in den besten Restaurants und dann und wann eine Liebesaffäre.

Das Exil, in das sie ihrem Mann gefolgt war wie auf einen interessanten Ausflug, hatte ihr Dasein nur wenig verändert und sie selbst überhaupt nicht. Jedenfalls bis zur Entführung ihres Mannes...

Als Fritz nach Paris zurückkehrt, erkennt er sie kaum wieder. Fremd stehen sie sich gegenüber, ohne einander, aber im Denken aneinander verändert. Das Warten auf ihn hat aus ihr «seine Frau» gemacht, in jeder Beziehung.

Fritz gefällt die neue Ilse, die Mischung aus Erinnerung an gestern und Erfahrung von heute. Gestern «launisch, bösartig, zart und frech», heute «lebendig, wissend und entschieden». Nach anfänglicher Irritation und einigem Zweifel an der Stabilität ihrer Persönlichkeitsveränderung fühlt er sich geborgen bei ihr und sie sich aufgehoben bei ihm; aufgehoben auch in dem Gedanken, Teilhaberin eines außergewöhnlichen Schicksals zu sein, und in dem Wissen, daß er sie braucht, seine Bewunderin und Helferin. Fortan wird sie für ihn leben und «seine Magd» sein.

Das Gefühl der Geborgenheit und der großen Ruhe, das mit diesem Entschluß über sie kommt, läßt ihr den hohen Einsatz – ihre Freiheit – gerechtfertigt erscheinen.

«Die Müdigkeit (...) war nach der Anstrengung ihres plötzlichen Entschlusses doppelt mächtig über sie gekommen. Ihre Augen waren zugefallen, und langsam und gleichmäßig kam der Atem aus ihrem halbgeöffneten Mund.

Ein bißchen hilflos und sehr verliebt betrachtete der Mann die zufrieden schlafende Frau.»

Susanna Rotteck

Eine ausgehaltene Frau.

Eine, die immer durchkommt; eine, die weiß, was sie will, vor dem Exil schon und im Exil erst recht: leben – um und für jeden Preis.

«...die Szenen in dem SS-Keller, das Verhör, die Schreie zur Rechten und zur Linken, das Schicksal der Zurückgebliebenen, seine eigene schreckliche Ungewißheit – darüber ging man doch nicht einfach hinweg! ‹Die Hauptsache ist: Sie sind davon.› War das Fühllosigkeit? Sie war die Frau eines Mannes, dem die Brut dort drüben das Leben zerknickt hatte, sie mußte mitfühlen können. Aber sie wollte es nicht.

Eine brutale Lebensstärke hatte aus ihrer Antwort geklungen. Jenseits von Pflichtgefühl, Empörung, Mitleid forderte ein einfacheres Element mit gebietender Stimme sein Recht.»

Ludwig von Camberg-Sachsen erkennt die Frau seines Professors Geheimrat Rotteck kaum wieder, als er die Freunde im Prager Exil aufsucht. Doch Schaudern und Erschrecken vor ihr steigern nur noch sein Begehren: Er verfällt ihr.

Was ist aus Susanna Rotteck geworden? Was gibt ihr solche Sätze ein? «Die Welt ist ganz verdreht worden. Sie ist voller Männernarrheit. Ihr lebt ja alle nicht mehr, ihr Männer, nur euren Wahnsinn gibt es für euch. Volk, Recht, Autorität, Freiheit, Krieg oder nicht, Presse, Verbot, Aufmärsche, Revolution, ein Führer, ein Fürst, was weiß ich! Bloß ein Leben gibt es nicht mehr. Lauter Gespenster, die mit Gespensterbeilen aufeinander loshacken. Die Tat! der Geist! das Werk!»

Es begann mit dem Exil, mit dem Tag ihrer Ankunft in Prag. Plötzlich war alles anders, und plötzlich war auch Susanna eine andere. In Deutschland war sie umsichtig auf das Wohl ihres um einiges älteren Mannes bedacht gewesen, sein Schutz und seine Stütze; nun, da er sie mehr denn je brauchte, vergaß sie ihn.

Sie hatte ihm geholfen, nach Prag zu entkommen, denn in Deutschland war er seines Lebens nicht mehr sicher gewesen. Ruhig und umsichtig hatte sie den gemeinsamen Hausstand aufgelöst. «Gleichmütig, ohne nach Frauenart Unnützes zu beklagen, hatte sie ausgeschieden und zurückgelassen.» Das Wichtigste, sein Studienmaterial und seine Manuskripte, hatte sie in zwei große Kassetten verpackt. Er sollte in Prag weiterarbeiten können.

Damit hatte sie getan, was sie für ihre Pflicht hielt und was von ihr erwartet wurde. Mehr tat sie nicht.

In Prag führte sie ihr Leben. Worin es bestand, ließ sie niemanden wissen. Ihr Mann, über Nacht zum Greis geworden, fragte sie nicht. Ihn schien nur noch die Fortführung seines Werkes zu interessieren. Seine Bildung, die ihr in Deutschland zu Ansehen und behaglichem Wohlstand verholfen hatte, war im Exil nichts mehr wert. Was blieb, war bald Last: der Mann und sein Verstand, doch beides ohne Ort und Ziel. Er war am Ende angekommen und sie in der Mitte des Lebens. Die alte Rechnung ging nicht mehr auf, das Gleichgewicht war empfindlich gestört, der Mann-Frau-Tausch eine Farce. Susanna, wohl wissend um ihren Wert und daß die Tage ihrer Blüte gezählt waren, kündigte den Vertrag: Das Exil macht nicht schöner, nichts in ihr strebte nach Selbstaufgabe und menschlicher Größe, und noch war der Absprung möglich.

Sie verschwand ohne Abschied, aber auch ohne etwas mitzunehmen. Keiner wußte, wohin. Auch Ludwig nicht, ihr letzter Geliebter, ein deutscher Prinz auf der Flucht vor den Nazis. Was er sich nicht erklären konnte, verurteilte er: Schwach und schlecht nannte er nun die Frau, an die zu denken ihn im nationalsozialistischen Deutschland Todesangst und Kerker überstehen ließ.

Ein Jahr später traf er sie in London wieder. In einem Konzert. «Da stand sie, hochgewachsen und prächtig, im vollen Strahl ihrer selbstverständlichen Eleganz (...) Ihr hellrotblondes Haar hob sich in einer hohen, seidigen Welle von ihrer Stirn auf, in einer Frisur, die dem Gesicht etwas Fremdes, Künstliches gab. Verändert erschien auch ihr Mund, es war, als seien die Lippen schmaler geworden, nach innen gezogen, von einem verwöhnten oder habgierigen Ausdruck. Aber sie war schöner als jemals.» –

Für Ludwig dennoch ein «Niemand. Vorüber. Vergessen. Gewesen.» Keine Frau, an die zu erinnern sich lohnte.

Marion von Kammer

Deutsche Schauspielerin und literarische Rezitatorin, seit 1933 im Exil in Paris. Zu Hause in Künstlerkreisen, ihr emotionaler Mittelpunkt: Marion, «viel bewundert und viel geliebt», geachtet und begehrt, Freundin der Männer und Freundin der Frauen. Marion, die sich durchsetzt, die sich nicht einschüchtern läßt, die nie mutlos ist. Marion, die Stimme der Emigration: «Sie wollte politisch wirken. Sie glaubte, eine Sendung zu haben, und mit stolzem Glück spürte sie: Ich bin ihr gewachsen (...) ‹Die antifaschistische Jungfrau von Orléans am Vortragspult!› schrieb ein Prager Literat über sie.»

Eine starke Frau, stark für sich und stark für andere, selbst in

Momenten der Schwäche. Daß es solche Momente in ihrem Leben gibt, ahnen nur ihre engsten Freunde. Für die anderen ist sie die aktive, die hilfsbereite Marion, Ratgeberin und Stütze in schweren Stunden. «… während sie vor ihrem Publikum oder im Verkehr mit Menschen stets zuversichtlich und beinah munter schien, kannte sie in Wahrheit die Stunden der Anfechtung, der verzweifelten Müdigkeit. Oft kam es ihr sinnlos vor, durch die Länder zu reisen – eine pathetische Missionarin – und schöne Verse zu deklamieren. Was soll es? – fragte sie sich, sooft die Stunde der Anfechtung kam. Wenn sie abends mit ihren Handkoffern und Blumensträußen zum Zug fahren mußte, fühlte sie sich manchmal derart matt und zerbrochen, daß sie erwog, den Rest der Tournee telegraphisch abzusagen, und einfach zu bleiben, wo sie gerade war; in irgendeinem Hotelbett liegenzubleiben, keine Zeitung mehr anzuschauen, keinen Telefonanruf mehr zu beantworten, die Augen geschlossen zu halten, zu schlafen…»

Aber im Grunde weiß sie es besser: «Ich bin die Überlebende. Ich bin die Abreisende. Ich bin die, die etwas Neues beginnt.»

Im Spätsommer 1937, nach dem Tod ihres Mannes, des französischen Dichters Marcel Poiret, der sie aus Liebe und um ihr zu einem Paß zu verhelfen, heiratete, bevor er in den spanischen Bürgerkrieg zog, beschließt Marion, Frankreich zu verlassen und nach Amerika zu gehen. Sie kann Europa nicht mehr ertragen: zu viele Verluste, zu viele Erinnerungen. Sie studiert ihr Programm auf englisch ein, verabschiedet sich von ihren Freunden und ihrer Familie und geht, besessen von ihrer Botschaft: eine Warnerin vor dem Faschismus und eine Kämpferin gegen ihn: «Prophetin und Amazone.»

Wie in Europa hat sie auch in Amerika Erfolg.

«Marion machte Eindruck, weil sie aufrichtig war. Sie überzeugte, weil sie ihrerseits starken Glauben hatte, weil die Flamme in ihrem Blick nicht künstlich sein konnte, der Schrei, das Schluchzen in ihrer Stimme nicht affektiert. Ihre Persönlichkeit imponierte, man war beeindruckt durch ihren Mut.» Die amerikanischen Intellektuellen und die deutschen Emigranten liegen ihr zu Füßen. Besonders einer, Professor Benjamin Abel, Historiker aus Bonn. Älter als sie, kleiner, ruhig und rundlich, kein Kämpfer, eher ein ängstlicher Mensch, ist er in allem das Gegenteil von Marions letzter Leidenschaft, dem Italoamerikaner Tullio Rossi, Schriftsteller, Antifaschist und Fensterputzer, den sie in New York kennenlernte und von dem sie ein Kind erwartet.

Unser Kind, nennt es Benjamin Abel glücklich, denn Marion will bei ihm bleiben. Er wird ihr die Ruhe geben, die zu brauchen sie sich immer häufiger eingesteht. Dennoch ist es ihr nicht leichtgefallen, seinen Antrag anzunehmen: Ist Glück in unglücklichen Zeiten gestattet?

Vielleicht wird sie eines Tages ausbrechen, vielleicht wird sie wieder auf Tournee gehen, vielleicht wird sie siegen... Sie oder ihr ungeborener Sohn Marcel.

«Wer spricht von Siegen? Überstehn ist alles», zitiert Benjamin Abel seiner Frau Rilke und erklärt: Überstehn ist Siegen. Und Marion, eben noch aufbegehrend, läßt sich überzeugen. So wird aus der «öffentlichen Person» eine ganz «private Frau», die einsieht, daß das, was zusammengehört, zusammensein sollte: Mann und Frau.

Vier Schicksale, vier Lebensläufe, vier literarische Erfindungen von Männern im Exil.

Anna Trautwein,
die ideale Gefährtin – bis zum Selbstmord: bereit und fähig, sich auf die veränderten Lebensumstände einzustellen. Bereit und fähig, jede Arbeit anzunehmen, um sich und die Familie durchzubringen. Die Frau, die die Aufrechterhaltung des Alltags garantiert, die aus armseligen Hotelzimmern ein Heim schafft, die Erinnerungen und Hoffnungen mit dem Mann teilt. Eine Helferin, die daran zerbricht, nicht mehr helfen zu dürfen.

Ilse Benjamin,
deren Geschichte sich in Teilen liest wie ein Gegenentwurf zu der Annas, die werden will, was Anna war: «seine Magd». Den Weg von der Verschwenderin zur Versorgerin geht sie aus Liebe zum Mann und aus der Erkenntnis heraus, daß es nichts Unerträglicheres im Exil gibt, als allein zu sein.

Susanna Rotteck,
eine Frau, die nicht allein sein kann. Doch anders als die anderen setzt sie die Bedingungen für das Zuzweitsein. Geboren zur Frau an seiner Seite und geliebt als Frau an seiner Seite, verhält sie sich dieser Bestimmung gemäß. An der Seite eines Niemand ist sie nichts, ein Leben in Erinnerungen ist für sie kein Leben, und Anpassung ans Unglück bringt kein Glück. Also wechselt sie die Männer für Paß und Geld.

Marion von Kammer,
auf den ersten Blick eine selbständige, unabhängige Frau. Eine, die nicht nur überlebt, sondern lebt; eine, die lieben kann, ohne sich zu verlieren. Aber noch mehr unterscheidet sie von den anderen: Sie ist politisch informiert und engagiert, eine Kämpferin gegen den Faschismus.

Vier literarische Frauengestalten von Männern, die über das Leben im Exil geschrieben haben. Anna Trautwein und Ilse Benjamin hat Lion Feuchtwanger in seinem Roman *Exil* beschrieben, Susanna Rotteck stammt aus *Der Reisepaß* von Bruno Frank, und von Marion von Kammer berichtet Klaus Mann in seinem «Roman unter Emigranten», *Der Vulkan*.

Abgesehen von Marion sind alle Frauen Nebenfiguren in diesen Romanen, Frauen an «seiner Seite», dem Manne zugetan und untergeordnet, zum Auf- und Untergang in ihm bestimmt. Ein Schicksal, das sie mit den meisten Frauengestalten in von Männern verfaßten Exilromanen teilen. In ihrem Frauenbild gleichen sich bürgerlich-liberale, linksintellektuelle und konservative Autoren.

Ihre Frauen sind Frauen, deren Leben Sinn erfährt durch den Mann: sei es, indem sie ihn versorgen, sei es, indem er sie versorgt. Mehr noch: Auch ihre politischen An- und Einsichten entwickeln sich im Umgang mit ihm. So findet in Gustav Reglers Saarroman *Im Kreuzfeuer* «das kleine Ladenmädchen Lisbeth aus Liebe zum roten Werner» zum richtigen, zum linken Bewußtsein, und Hans Habes verwöhntes Bürgerkind Nora Geldern, eine Mischung aus Ilse Benjamin und Susanna Rotteck, verwandelt sich in *Drei über die Grenze* aus Liebe zu dem Kommunisten Richard Sergius von einer, «die alles geschenkt haben wollte und noch nicht einmal mit Dankbarkeit zahlte», zu einer fast Genossin.

Frauen, denen solche Entwicklung nicht gelingt (alle üppig und verführerisch), Frauen also, die bleiben, was sie immer waren – bedacht auf das eigene Wohlergehen –, werden in der Regel kommentiert und korrigiert durch eine andere, eine vermeintlich positive Frauengestalt: durch und für den Mann lebend und oft zerbrechlich zart. Bei Bruno Frank ist das Ruth Wetzlar. Ihr kann Ludwig von Camberg-Sachsen Helfer und Retter sein. Ein ganzer Mann und sie ohne ihn nahezu verloren.

Gegensatzpaare wie Susanna und Ruth gibt es, wenn auch nicht immer so pointiert, in vielen Exilromanen, wobei auffällig oft ein schlechter Charakter mit einer bemerkenswert guten psychischen und physischen Konstitution einhergeht. Zarte Frauen sind gut, aber kränklich: Wesen, die man beschützen muß. Magere Frauen sind zähe Kämpferinnen, die für sich selbst sorgen können. Sehr weibliche Frauen sind, sofern sie ihre Weiblichkeit nicht in den Dienst des Mannes stellen wie Anna Trautwein, zu meiden. Sie denken zu sehr an ihren eigenen Vorteil.

Wer die Romane des Exils liest, wird Luxusweibchen und Kindfrauen kennenlernen, auch in der Fremde eher schönes Wachs in den Händen des Mannes als seine gleichberechtigte Partnerin. Arme Haserl, die tapfer auf ihre Beschützer warten. Auf vitale, genußsüchtige Verführerinnen wird er treffen, die im Exil auf Kosten ihrer Männer ihr Glück retten, und auf unterernährte Seelchen – schmal, arm, edel und zu Unrecht verfolgt –, die Hegetrieb und zärtliche Liebe (keine Leidenschaft!) im Mann zu wecken vermögen.

So verschieden diese Frauen auch sind, eines eint sie: Alle wären nichts ohne den Mann.

Nichts, wie auch die Gefährtinnen, die Versorgerinnen, die Helferinnen wie Anna; Frauen, die nicht nur ihre Gefühle, sondern auch ihre Arbeitskraft in seinen Dienst stellen, überzeugt von der überragenden Bedeutung seiner Person und seines Wirkens. Ihn unterstützend, haben sie teil an seiner Größe. Er steht im Mittelpunkt ihres Lebens, wie er auch im Mittelpunkt der Romane steht. Sie ist eine Randerscheinung, helfende Hand oder hindernde. Nur eine Frau.

Die kämpfende, die unabhängige Frau, politisch informiert und engagiert, ist selten. Noch seltener ist, daß sie die Heldin der Handlung ist.

Marion von Kammer – gewiß auch Klaus Manns Hommage an die geliebte Schwester Erika – ist eine solche Seltenheit. Schön und klug und sehr selbständig, mutet sie beinahe fremd an in der Reihe der durch ihre Beziehung zu Männern definierten Frauen. Ihr Schicksal ist eines der wenigen explizit gestalteten in der Exilliteratur. Zu verdanken ist es einem homosexuellen Mann. Frei von der gelebten Erfahrung der traditionellen Mann-Frau-Beziehung, in der Stärke und Schwäche ihren vermeintlich festen Platz haben, beschreibt Klaus Mann eine starke Frau, anders als die anderen. Daß sie sich am Ende entschließt, Benjamin Abel zu heiraten, ändert nichts an diesem Eindruck. – Denn: Alleinsein im Exil ist unerträglich.

Klaus Mann wußte es. Alle literarischen Gestalten im *Vulkan* streben danach, Teil eines Paares zu werden. Sie werden glücklich, und sie scheitern. Dora Proskauer, die in einem Flüchtlingskomitee arbeitet, und Marions Schwester Tilly von Kammer wird diese Sehnsucht zum Verhängnis. Dora fällt auf einen Naziagenten herein, der ihr Liebe verspricht und sie nach Deutschland verschleppt. Tilly bringt sich um, aus Einsamkeit und aus Trauer um den verlorenen Freund. Andere finden sich und bleiben zusammen. Zwei von ihnen: die Übersetzerin Martha Sirowitsch und der Autor Nathan Morelli. Präziser, als er es tut, läßt sich kaum sagen, was die Menschen im Exil einander näherrücken ließ:

«Wenn ich meine Sirowitsch nicht hätte, ich könnte wohl gar nicht mehr leben. Sie bedeutet ein Stück der verlorenen Heimat für mich.» – Und mehr als das: Als Nathan Morelli schwer erkrankt, ist sie es, die ihn versorgt.

«Ihre Presseagentur hatte internationales Ansehen bekommen... Sie mußte sich plagen; ihr kranker Freund hing nicht nur seelisch von ihr ab, sondern auch finanziell. – Sie liebten sich, sie waren sich von Herzen zugetan. Die Sirowitsch genoß innig ihr spätes Glück und durfte sich täglich sagen: Ich habe ihn mir erobert. – Sie war die Herrschende, Aktive in diesem Bunde –: Geliebte, mütterliche Freundin, Ernährer – alles in einer Person.»

Eine Frau im Exil.

Nur Klaus Mann wagte eine so klare und eindeutige Bestimmung, von Wünschen und Ängsten freier als die literarischen Entwürfe der anderen Autoren, bei denen die Frau, was auch geschah, geschieht und geschehen wird, im Schatten des Mannes bleibt.

Stefan Troller

Selbstbeschreibung

Durchlaßschein Nr. A 2/44. Der – die – Georg Troller ist berechtigt, in der Zeit vom 28.3.1939 bis zum 1.5.1939 die Grenze zur Reise in das Reichsgebiet zu überschreiten. Gestapo-Einsatzgruppe Prag, Unterschrift: Wuh (oder so ähnlich). Ich frage mich, wo er geblieben ist, der Herr Wuh. Vor Stalingrad gefallen? Als Haupttäter abgeurteilt? Wetten daß nicht? Mit dem Ruhegehalt eines höheren Staatsbeamten sich am Strand von Mallorca sielend? Das schon eher. Vielleicht einer von den Unzähligen, die – in mir den Verzeiher witternd – brieflich und ungefragt mit ihrer jüdischen Großmutter aufwarten... so viele jüdische Großmütter haben nicht einmal wir gehabt!

Am 29. April – also einen Tag vor Ablauf des kostbaren Scheins – fuhren wir in einem versiegelten Zug quer durch die nächtliche Heimat, die sich jetzt begeistert Ostmark nannte, nach Italien und von dort nach Paris. Das uruguayische Visum wirkte Wunder. Jeder Stempel, der draufgedroschen wurde, galt als zusätzlicher Beweis seiner Authentizität. Wer wußte schon, wo Uruguay lag, ich selbst hatte es immer mit Uganda verwechselt. Paris kam mir schäbig vor, die Bewohner muffig und kleinkariert. Allerdings wohnten wir keineswegs auf den Champs-Élysées, nicht einmal im Quartier Latin oder am Montparnasse. Das «Villedo» stand dicht beim jüdischen Konfektionsviertel, ein heruntergekommenes Wohnhotel voller aufgeregter Emigranten, die ewig mosernd in der Halle Schach spielten, «das beruhigt». Warum waren wir so sauer aufeinander? Letzten Endes, weil jeder sich ausmalte: «Gäbe es nur mich, dann hätten die Nazis sich erst gar nicht die Mühe gemacht, mich rauszuschmeißen. Also sind die andern daran schuld, daß ich hier müßig herumkrebse, anstatt meinen Lebenszweck zu erfüllen und mit Hosenträgern zu handeln oder mit Gummiwaren.» Andererseits hatte kaum einer die Nerven, sich Paris zu Gemüte zu führen: «Schließlich ist man nicht als Tourist da!» Das war bezeichnend für uns. Man verbiß sich den Genuß, auch wo er gratis geboten wurde. Der Zwang verdarb uns alles, der Zwang macht auch das Paradies zur Hölle. Außer für jene Schlangenmenschen, die das Talent besitzen, sich im Handumdrehen einer fremdartigen Atmosphäre anzuverwandeln. Was dann bis zur Selbstkarikatur reichen konnte. «Ik nix so gut mehr spreken die Deutsch», auch das existierte.

Einmal kletterte ich mit den Eltern zum Montmartre hoch, da wurden «Apachentänze» vorgeführt. Die Männer in Schlägermützen und blau-weiß gestreiften Trikots, die angeblichen Verbrechermiezen mit hochgeschlitzten Röcken. Erst preßten die Ganoven im Tanz ihre Hände gegen die voluminösen weiblichen Popos. Dann gab es Zoff, und die Miezen wurden im Rhythmus der Musik herumgeschleudert und verhauen, was aber ihre Hingabe nur zusätzlich anheizte. Das war das berüchtigte «Milieu», die Unterwelt. Und wir durften privilegierte Zeugen solcher empörenden Szenen sein, erklärte uns der Patron, indem er einsammeln ging. Mutter war tief befriedigt, denn der Emigration haftete ja sonst das Asexuelle, Sterile jedes Kleineleutemiefs an. Während Vater solche Unzüchtigkeiten als deplaciert empfand. Schlüpfriges ertrug er nur im Louvre. Dort stand, als ich endlich hinging, auf der Fassade in schwarzer Farbe gepinselt: «Die Juden sind die Könige von Frankreich und Navarra.» Schade, daß ich nicht wußte, wo Navarra lag, um mich in eines meiner Königreiche zu begeben.

Alle zwei Wochen mußte man zur Präfektur zwecks Aufenthaltsgenehmigung. Der Anschauungsunterricht in schikanösem Kompetenzwirrwarr dauerte den vollen Tag. Zwar hätte man Nummern ausgeben können oder uns in Schlange aufbauen, aber solcher Organisationsfimmel würde ja den Beamten geistige Anstrengung abfordern. Also drängten wir uns in geballten Haufen schreiend und gestikulierend um die wenigen Türen. Typisches Gehabe dieser *«sales étrangers»*, die das Land verseuchten «und den Einheimischen das Brot wegaßen». Einmal traf ich dort Gandhi, bemüht einem Beamten zu erklären, daß er wegen seiner Verwundung nicht lange stehen könne. «Wären Sie doch in Ihrem Land geblieben», fauchte der Flic höhnisch. Regelmäßig war Mehlig anzutreffen, weil er jeweils nur eine Woche Verlängerung kriegte, er besaß ja auch kein Visum nach Uruguay. «Vierzehn Täg», seufzte er neidisch, «das wär schon das Paradies.» Wer kein Französisch parlierte, mußte sich mit «Monsieur Kron» ins Einvernehmen setzen, dem Vertrauensmann, der Geld in die hohle Hand nahm oder zumindest Zigaretten. Hätte man uns nicht gleich eine Dauerkarte ausfolgen können? Nein, die Präfektur war geschaffen als moralische Anstalt, in der man sich hochdienen mußte, von *«récépissé»* auf *«carte temporaire»* auf *«carte d'identité»* auf *«carte de résident»*, aber das galt schon als Nobelpreis. Monsieur Kron, von dem Mehlig wußte, daß er auch einer von «unsere Leut» war, der sich aber als Elsässer ausgab, erklärte mir die Logik des Systems: «Ist doch ganz einfach. Ohne Arbeitskarte keine Aufenthaltserlaubnis, ohne Aufenthaltserlaubnis keine Arbeitskarte. Somit bleibt jeder Ausländer ein geduldetes Provisorium, dem man, wann gewünscht und vonnöten, den Weisel zuschicken kann.» Der «Weisel», das war die gefürchtete Ausweisung. Davon gab es aber – seliges Frankreich – nicht nur einen, sondern gleich drei! Beginnend mit dem Aufenthaltsentzug, genannt *«refoulement»*. Dagegen konnte man nicht nur Berufung einlegen, sondern es wurde einem auch eine gewisse Frist gesetzt, um seine Abreise zu organisieren. Diese Frist war überdies zu verlängern, inzwischen diente das *«ordre de refoulement»* als gültiges und vielbeneidetes Ausweispapier. Schlimmer war man schon mit einer Aufenthaltsverweigerung dran, dem *«refus de séjour»*, das sich nur um Tage verlängern ließ. Aber auch das galt noch als Privileg gegenüber der *«expulsion»*, der endgültigen Ausweisung innerhalb von 24 Stunden, deren Nichtbefolgung mit Gefängnis bestraft wurde.

Ihr zu folgen war aber den meisten Emigranten schon rein technisch unmöglich. Also wurde man unter Polizeibewachung nachts zu einer verborgenen Stelle der belgischen Grenze gebracht: «Jetzt marschieren Sie immer geradeaus, und lassen Sie sich bei uns nicht wieder blicken!» Die Belgier machten anderntags das nämliche. Landete man von neuem in Paris, so setzte es drei Monate Knast wegen illegaler Einwanderung. Danach durfte man dich guten Gewissens wieder ausweisen, denn jetzt warst du ja vorbestraft. Es gab Emigranten, die Dutzende Male auf Staatskosten zwischen Paris, Belgien und Holland hin- und herpendelten, nur zu den Hohen Feiertagen versuchten sie immer daheim bei ihren Liebsten zu sein. Ich traf einen, der seit ewigen Zeiten auf Kanalfähren zwischen Dover und Calais schaukelte, er galt als kauziges Original und stand sich nicht schlecht dabei. Man erzählte auch von einem Italiener, der, weil er zu einem Tag Gefängnis verurteilt worden war, seinen Ausweisungsbefehl erhielt. Anschließend kam er 29mal wegen Nichtbefolgung ins Kittchen und büßte insgesamt neun Jahre und acht Monate ab.

Wovon leben? Zeitweilig verkloppte ich auf der Straße unanständige Postkarten (*«gauloiseries»*), die aber schwer zu beschaffen waren. Dann half ich mir mit einem Umschlag Kunstreproduktionen aus dem Louvre, obenauf Leda mit dem Schwan. Bevor die Provinzler den Schwindel klar hatten, war man um die Ecke. Später hausierte ich mit Krawatten, die man in einem offenen Regenschirm auslegte. Kam ein Flic daher, so klappte man den Schirm zusammen und spazierte davon, elegant wie Charlie Chaplin. *«Cravate, Monsieur?»* In der Passage Vivienne habe ich mich einem dicken Spießer genähert, mit Gamaschen und Regenschirm. *«Cravate, Monsieur?»* Er wendet sich mir zu und öffnet entschuldigend seinen Schirm. Der Schirm ist voller Krawatten. Einer von uns ... Jedes Proletariat besitzt noch seine Lumpenversion, dazu gehörten bei uns die alleinstehenden Frauen, die Kleinkinder mitschleppten. Damit ließen sie sich nicht als «undeklariertes Hauspersonal» unterbringen, sondern mußten auf die Straße. Erwischte man sie, so stand jetzt auf ihrer Kennkarte das Kürzel «cc», das hieß *«cuisses chaudes»* oder Heiße Schenkel. Als wären sie aus purer Ausländergeilheit über die französischen Männer hergefallen.

Paris war mir unheimlich. Anders als Wien und Prag schien es keinerlei Interesse daran zu besitzen, von mir erfaßt, ausgefühlt oder geliebt zu werden. Ich blieb ihm total gleichgültig – ein Eindruck, den ich bis heute nicht ganz überwunden habe. Paris, so willig es sich mit seinen Schätzen jedem Betrachter darbot, hieß mich nicht willkommen, strömte keine Wärme aus, ließ sich nur wenig nach meinen Stimmungen zurechtbiegen. Es war wie ein verführerischer, aber letztlich unverdaulicher Brocken Realität. Eine Herausforderung, an der man reifen konnte, ja, die einen dazu zwang, erwachsen zu werden, was ich heute für grandios halte. Damals hat mich das hauptsächlich verunsichert.

Auch Paris wurde von uns verunsichert, ohne daß wir es ahnten. Es war auf zahlungskräftige Touristen eingestellt und auf romantische Exilanten, als da sind polnische Patrioten oder russische Großfürsten. Wir erschienen alles andere als pittoresk, besaßen weder Volkstrachten noch Wolgalieder, dazu redeten wir die gutturale Sprache des Erbfeindes. Die ersten durchwegs modernen Flüchtlinge. Es gab keinen ersichtlichen Grund, uns zu mögen. Nach heutigen Schätzungen waren es nicht mehr als ein paar Zehntausend Emigranten, die in Frankreich Unterschlupf fanden. Wir wurden behandelt, als seien wir ein Feindesheer von Millionen: «Wenn man Sie alle rausgeschmissen hat, so wird es wohl einen triftigen Anlaß gegeben haben.» Man haßte die Boches, aber dieser Haß war mit Bewunderung gemischt: Deutschland «verjüngte sich» zusehends, Frankreich hingegen blieb alt, und am ältesten schienen die Juden. Warum sich nicht mit den Nazis verständigen, diesem Bollwerk der christlichen Zivilisation? Wer aber stand dem im Weg? Wir vor allem. Die ewigen Störenfriede, die Gewissensbeunruhiger. In einer Emigrantenzeitung las ich von Alfred Polgar: «Ein Mensch fällt in den Strom. Er droht zu ertrinken. Von beiden Landseiten springen, eigener Gefahr nicht achtend, Leute in den Strom, ihn zu retten... Ein Mensch wird hinterrücks gepackt und in den Strom geworfen. Er droht zu ertrinken. Die Leute auf beiden Seiten des Stroms sehen mit wachsender Beunruhigung den verzweifelten Schwimmversuchen zu, denkend: Wenn er sich bloß nicht an *unser* Ufer rettet.»

Das unterschwellige, Tag und Nacht dich kneipende Gefühl zu dieser Zeit war: Angst. Die Angst sitzt dem Exilierten in den Knochen, sie markiert ihn auf Lebenszeit. Er lernt, daß er eigentlich nur überleben kann als Gauner, als Uhrenabzwicker. Sein Überleben als ehrlicher Mensch ist im Schöpfungsplan nicht vorgesehen. Ganz im Gegenteil, um sich zu behaupten, muß er durch ein feinmaschiges Netz von Vorschriften und Verordnungen schlüpfen, verfaßt von ahnungslosen Bürokraten und deshalb allesamt zugeschnitten, seinen Tod herbeizuführen. Jeder falsche Federstrich – ein schlecht buchstabierter Name, ein überstempeltes Datum – kann ihn seine Existenz kosten. Hier hat er den einen Beleg vorzuweisen, nebenan abzuleugnen, ihn je besessen zu haben. Er darf nur als Todkranker ausreisen, soll aber als Kerngesunder einreisen. Die eine Stelle verlangt den Nachweis seiner politischen Gefährdung, die andere das weltanschaulich unbeleckte Blatt. Beim Morgengrauen durch eine Razzia aus dem Schlaf geschreckt, sollst du in Sekunden entscheiden, welches Dokument du herausholst, welchen Akzent du vortäuschst, welche Rolle du dir zulegst. «Ich bin ein Antinazi!» schreie ich einmal verzweifelt und kriege die lachende Antwort: «Uns ist egal, was für ein Nazi Sie sind!» Aber nicht nur den Einheimischen hat man eine Rolle vorzuspielen, sondern sicherheitshalber auch den Kollegen, und am Ende sich selber. Wer bist du, Emigrant? Dein Beruf, dein Wissen – ein Witz, je intellektueller desto lachhafter. Dein soziales Engagement? Wer die am Heldenplatz juchzen gehört hatte, der wußte, daß hier weniger der Monopolkapitalismus am Werk war als ein Neuaufguß des guten alten Hexenwahns. Wir stellten die Hexen dar, die man verbrennen mußte, und Hitler philosophierte mit dem Hexenhammer, wie Nietzsche und Wagner ihm das verbal vorgezaubert hatten. Und was vermochten wir dagegenzusetzen? Irgendeine vage Humanitätsduselei. Ich kaufte mir einen Band Rimbaud, und was stand da: «Man muß absolut modern sein!» «Es ist die Zeit der Mörder!» Darauf lief's hinaus. Morden ist modern, aber Juden sind altmodische Leute, geschlagen mit einem eifervollen, moralinsauren Gott. Hat die Welt das nötig?

Und das abfällige Urteil der Welt wird vom Emigranten verinnerlicht. Wer allzulang Pech hat, der beginnt ja, sich schuldig zu fühlen. Und verdiente Strafe ist immer noch besser als sinnlose Strafe. Also identifiziert er sich unbewußt mit seinen Vertreibern, die «in manchen Dingen nicht so unrecht haben», so daß «schon mal mit eisernem Besen durchzugreifen war». Allzuviel jüdische Anwälte, Journalisten, nicht genug Ziegelschupfer! Zunehmend wird man die Sauberkeit, die Ordnung, die Kultur des Staates, der einen hinausgefeuert hat, proklamieren. Ohne es zu merken, verwandelt man sich zum absurden «Bei-unsnik» oder *«Chez-nousist»*. Der Flüchtling leidet an Heimweh nach einem Land, das ihn haßt, und kann dasjenige nicht lieben, das ihn immerhin existieren läßt. Er treibt wurzellos in einem Zwischenreich, und wenn er so aufgewachsen ist, daß man «irgendwohin zu gehören hat», empfindet er diesen Zustand als Schuld. «Abel, wenn er vor den Mordabsichten seines Bruders Kain geflohen wäre, hätte als Emigrant bittere Unannehmlichkeiten zu erdulden gehabt. Er wäre sein Leben lang in der Welt herumgelaufen mit dem Abel-Zeichen auf der Stirn» – ich zitiere wieder Polgar.

INKA BACH

Exil

Ich weiß nicht, in wieviel Wohnungen er in Paris lebt. Alle drei Wochen wechselt er den Bezirk. Meist sind es Wohnungen von guten, langjährigen Freundinnen, die gerade im Urlaub sind oder auf Tournee. Er gießt inzwischen die Pflanzen und genießt den Ortswechsel.

Rue du Bac, nah an der Seine, den Code der Haustür habe ich im Kopf, oberstes Stockwerk, Blick über Schornsteine hinweg zum Gare d'Orsay. Die Mansardenwohnung einer französischen Opernsängerin; Hélène ist gerade in Japan. Er mag gern Höhlen und Wärme. Mehr noch als die Nazis haßt er Frischluft. Er sagt, käme er in die Gaskammer, würde er überleben.

Am 14. Juli habe ich ihn besucht in der Wohnung seines Cousins am Place Contrescarpe, Dr. Wiener, ein Ungar wie er. Wir sahen den Tanzenden auf dem Platz zu bis nachts um drei. Gyula geht nicht vor fünf Uhr schlafen. Wenn ich von ihm fortgehe, wird es hell; ich lief nach Hause. Schöner Morgen.

Avocados mit Zitrone und Tarama mit Zitrone. Muscadet. Meistens besorgt er auch dunkles Brot, Bauernbrot, wie er sagt. Es fällt ihm schwer, in Gegenwart eines anderen Menschen zu essen; es ist jedesmal ein Vertrauensbeweis, wenn er es mit mir kann. Leckere, kleine Apfelstrudel aus dem Marais sind die Überraschung zum Abschluß.

Gespräche über den anwachsenden Fremdenhaß der Franzosen, die Rechtsextremen, Le Pen, die Bürger und die Emigration. Er haßt Kinder, Familien, ekelt sich vor Schwangeren. Er haßt nicht die Deutschen. Die deutschen Mädchen haben es ihm vielmehr angetan. Er spricht gern mit ihnen in seiner zweiten Muttersprache. Und erzählte mir von seinem deutschen Kindermädchen. Das ihm näher war als seine feine, ungarische Mama. Die Detie kam aus einem bayerischen Dorf. Er hatte sie nach dem Krieg dort besucht, und sie zeigte mit dem Finger auf die umliegenden Häuser und sagte: «Sieh, dort wohnt ein Nazi, und dort wohnt ein Nazi, und dort wohnt ein Nazi. Vergiß das nie, mein Kind!» Faschisten vermutet er überall, in den meisten Männern. Daher auch seine Vorliebe für Frauen.

Wir haben uns kennengelernt am Théâtre de l'Odéon. Das russische Stück war zu Ende, ein kleiner älterer Herr mit rotem Barett gab mir Feuer und redete, fragte, stellte sich höflich vor, zeigte mir die Schönheit des Platzes, führte mich die Rue de Condé hinauf zum Jardin Luxembourg, wir standen vor dem Wohnhaus von Joseph Roth.

Später sagte Gyula, Giorgio Strehler und sein Théâtre de l'Europe hätten bald aus dem Odéon weggemußt, damit sich Menschen wie wir nicht mehr treffen können.

Mit der Naturalisierung wurden seine Pupillen kleiner. Er konnte besser schlafen, essen, redete ruhiger und seine großen braunen Augen verloren den erschreckten Ausdruck. Nach dreißig Jahren in Paris war er französischer Staatsbürger geworden.

Aber er hatte immer noch Angst. In der Wohnung oben auf dem Montmartre, gegenüber vom *Bateau lavoir*, die Wohnung einer französischen Lehrerin, es waren Schulferien im Sommer, erzählte er mir von einem Fest in London. Vor fünfzehn Jahren, damals, als er und so viele glaubten, in Europa wäre mit der Studentenbewegung die Liberalisierung nicht mehr aufzuhalten, warnte ein Farbiger: «Die Weißen werden niemals liberal. Einen Paß kann man ändern, nicht aber die Hautfarbe.» Gyula antwortete spontan: «Und nicht seinen Schwanz.» Die Briten erschraken, der Farbige aber verstand ihn sofort.

In Budapest, während der letzten Kriegstage, als seine Eltern schon viele Monate im Konzentrationslager waren und wahrscheinlich nicht mehr lebten, er wußte es nicht, kamen die Deutschen auch in die Luftschutzkeller und entdeckten jedesmal den Zwölfjährigen. Er mußte die Hosen herunterziehen. «Lassen Sie doch das Kind in Ruhe! Wir sagen Ihnen ja, daß er nicht beschnitten ist.»

Auch von dieser Wohnung auf dem Montmartre aus sehen wir über Dächer. Gyula spricht von den Schornsteinen wie von seinen Kindern. Manche haben runde Hüte auf.

Der Innenhof ist freundlich gestaltet. Eine kleine Treppe, schmiedeeiserne Gitter, Holzzäune, Vordächer von Kellerzugängen, Winkel, Ecken, Winkel. Die kleinen Häuser verschieden hoch, ineinander verschachtelt.

Montmartre, noch ein Dorf.

Im Stau auf dem Boulevard Montparnasse schimpfen wir auf die Autos um uns her. Wir haben es eilig, und um die Zeit kommt man in Paris nirgends voran. «Alles Antisemiten!» lacht Gyula.

Eine Einladung in die deutsche Botschaft. Kanzler Kohl ist in Paris. Der Vertreter der Friedrich-Ebert-Stiftung möchte mich als Begleiterin mitnehmen. Ich rufe Gyula an. Er schlägt mir vor, bei dieser Gelegenheit ein wenig auszukundschaften, wie und wo der Palast bewacht wird. Es ist ein Spiel zwischen uns, nicht ohne Ernst.

Das Telefonieren gehört zu unseren Ritualen. Von drei bis sechs Uhr in der Früh, wenn die Stadt schläft, sprechen wir über alle Dichter der Welt, über Anarchismus, über das Neueste in Pariser Museen und Theatern, über unsere Kindheit und unsere Lieben. Wir lachen viel.

Gyula geht gern ins Kino. Er bringt es fertig, einen Film, den er liebt, dreimal hintereinander zu sehen. Er bleibt einfach auf seinem Platz sitzen. Besonders oft in den kalten, dunklen Wintermonaten. Wie er die Kälte fürchtet! Mehr noch als ich.

Eingehüllt in seinen Lamamantel und die rote Mütze auf dem Kopf, wartet er im Café de la Mairie am Place St. Sulpice auf mich. Rasch einen Espresso, unentwegt redend zum «Cosmos» in der Rue des Rennes, ein Kino, das nur russische Filme spielt. Unterwegs fischt er Zeitungen aus den Papierkörben, bittet mich, nicht so große Schritte zu machen. Meine Beine seien doppelt, wer weiß, vielleicht sogar dreimal so lang wie seine. Warum ich keine Rücksicht darauf nehmen würde.

Ich frage mich, wann Gyula arbeitet, wie er sein Geld verdient. Ich weiß, daß er Rezensionen für Zeitungen und das Radio schreibt. Aber dies wirkt so mühelos und untüchtig, ist eigentlich keine Arbeit für ihn, sondern Besessenheit. Er selbst nennt sich Clochard. Das ist vielleicht ein bißchen eitel von ihm.

Sein Großvater war Bezirksabgeordneter in Budapest. Ein linksliberaler Politiker, der in den zwanziger Jahren von Freikorpsstudenten auf der Straße überfallen wurde und an den Folgen starb. Allerdings dann bei seiner Geliebten. Gyulas Großmutter bedankte sich daraufhin bei dem Mädchen, weil es ihrem Mann einen schönen Tod geschenkt hatte.

In welcher Wohnung erzählte er mir diese Geschichte? Wahrscheinlich in der Marais-Wohnung, die er sich gekauft hat, nachdem er im letzten Jahr französischer Bürger wurde. Auch sie gleich unterm Dach, warm, klein, eine Höhle. Rue du Prévot. Mag sein, daß dies nun sein Zuhause wird, weil hier alle seine Bücher und Papiere beieinander liegen. Aber schon nächste Woche wird er mich wieder aus der Rue de Bac anrufen. Oder wohnt er dann vielleicht bei der Schweizerin am Montparnasse? Bevor er stirbt, will er von dort den Tour Montparnasse in die Luft sprengen. Ich werde ihm dabei helfen.

In den verschiedenen Wohnungen trägt Gyula immer den gleichen orangefarbenen Schlafanzug. Er zieht sich sofort um, wenn er von der Straße kommt. Die Bindungen an Menschen können für ihn nicht mehr so stark werden wie die an Städte. Weil man ihm die nicht so schnell nehmen kann, sagt er. Seine Familie wurde ermordet, viele seiner Freunde haben sich umgebracht. Er spricht über das Paris vor zwanzig, dreißig Jahren, als es noch billige Hotels gab für Menschen, die Angst vor einem festen Wohnsitz haben wie wir und noch unauffällig existieren durften.

Franzosen …

... bleiben am liebsten unter sich, und selbst in den Ferien finden sie es im eigenen Land am schönsten.

Fremde lädt man nicht extra ein. Die können ja selber kommen, wenn sie denn unbedingt wollen. Eine derartige Einstellung hebt den Frankreich-Reisenden in den Rang eines Individualisten. Er ist dabei in guter Gesellschaft mit den Heines, Lenins, Marx', Tucholskys, Hemingways und Millers. Sie alle hat dies faszinierende Land immer wieder magisch angezogen.

Aber es ist schon immer teurer gewesen, Individualist zu sein und einen guten Geschmack zu haben. Und Frankreich ist ein teures Land. Wenn es aber überhaupt für eine Reise zu sparen lohnt, dann ist es sicherlich eine nach Frankreich.

Wie bei allen Emigranten fällt mir auch bei ihm das enorme Gedächtnis auf. Ich glaube, es resultiert aus der Erfahrung, daß es, wenn einem alles genommen wird, das einzig Verläßliche bleibt.

Er kam 1956 nach dem Ungarnaufstand nach Paris. Er mußte fliehen. Wien, zwei Jahre Rom, zwei Jahre New York, die meiste Zeit in Paris. Seine Emigration sei aber eigentlich eine sexuelle Emigration. Ich schaue ihn verdutzt an. Ihm hätten die ungarischen Frauen nicht gefallen, behauptet er. Aber Gyula liebt alle Frauen. Besonders die mit den kleinen breiten Schafsnasen, ein wenig kurzsichtig und neurotisch. In Paris findet er Kontakt zu immer neuen Mädchen. Er verehrt die Französinnen und die deutschen Studentinnen. Spricht mit Leidenschaft von den Kanadierinnen, Skandinavierinnen, Italienerinnen... Wenn sie nur kein bürgerliches Leben führen! Ich muß an Peter Altenberg denken. Sicher hat Gyula wie dieser irgendwo eine Fotosammlung all seiner Freundinnen. Warum soll er nun die ungarischen Frauen nicht mögen? Sind sie zu bürgerlich?

Ich erinnere mich daran, mit welchem Unbehagen er früher einmal von seiner Mutter sprach. Sie hätte die strammen Uniformen der deutschen Soldaten bewundert. Die Mutter distanzierte sich von ihrem eigenen Sohn, als jeden Tag auf der ersten Seite einer Illustrierten die Karikatur des häßlichen Juden abgebildet war. «Von mir hat er das nicht!» Die großen Ohren, das Schwarze der Augen und Brauen, die gebogene Nase.

Gyula sitzt neben mir ihm Zug. Ich sehe die langen Wimpern über seinen erstaunten Augen. Ich sehe, er ist Mitte Fünfzig, sehe die angegriffenen Gesichtszüge, aber ich sehe auch den Achtjährigen. Wir kommen mit dem Vorortzug aus St. Cergy. Hélène, die Sängerin der Wohnung in der Rue du Bac, hat in dem Theater dort einen Satie-Abend gegeben. Ich bin ergriffen von ihr. Sie singt heiter und kräftig. Gyula und ich steigen am Gare St. Lazare aus. Es ist fast Mitternacht. Wir laufen durch die Rue Vignon Richtung Madeleine. In dieser Straße zeigt mir Gyula das Hotel, in dem früher die Argentinier in Paris abstiegen, Gardel zum Beispiel, der Tangosänger. An der Madeleine nehmen wir die Métro und fahren zur École Militaire. Wir wollen bei mir etwas essen. Als wir die Straße hinaufgehen zu meinem Wohnhaus, wird Gyula von einem Betrunkenen angegriffen. Scharf und leise sage ich zu ihm: *«Fichez nous la paix, s. v. p.!»* Der Mann verschwindet.

Die Wohnung, in der ich lebe, gehört italienischen Zwillingsschwestern, die zur Zeit als Journalistinnen in Brüssel arbeiten. Sie sind nur selten in Paris und haben mir das Refugium fast umsonst überlassen. Ich hebe einige Briefe vor der Wohnungstür auf. Mme. Almeida, die portugiesische Concierge, legt zweimal am Tag, morgens und nachmittags, die Post vor die Tür. Gyula ist ihr schon mehrmals begegnet, wenn er morgens das Haus verließ. Für die Sittenkontrolle ist sie nicht zuständig. Sie weiß, daß in dieser Wohnung häufig Menschen aus verschiedenen Ländern sind, Bekannte der Zwillinge oder von mir. Sie hat einen Schlüssel, um Freunde hereinzulassen, die kurz in Paris bleiben, während ich einige Tage in der Normandie bin.

Gyula und ich werden Tarama mit Zitrone essen und bis sechs Uhr über die letzten Präsidentschaftswahlen reden. Der erleuchtete Eiffelturm spiegelt sich in der Fensterscheibe, so daß es scheint, er stünde hell neben dem Invalidendom. Um eins gehen seine Lichter, Stufe für Stufe, von unten nach oben, aus.

Anfang nächsten Jahres wird Mitterrand das Revolutionsjahr mit einer Warnung vor dem wiedererwachten Rassismus eröffnen.

Wolf Biermann

À Paris

Freiheit – Gleichheit– diese guten
Worte – und Fraternité
Kannst du lesen, eingemeißelt
Groß an jedem Hundestein
In der schönen Stadt Paris.
Wie ich schon im stillen ahnte
Kriegst du von den drei berühmten
Revolutionären Früchten
– hast du nicht genügend Kleingeld –
Weder das, noch das, noch dies

Denn die Reichen an der Seine
Auf der Insel Île Saint-Louis
Sind armselig wie in Hambourg
Doch sie sind noch reicher als die
Schnösel an der Alster, als die
Fischköpfe in Pöseldorf

Arme Leute sind hier ärmer
Als bei uns in Altona –
Ich bin neu und kenn noch wenig
– aber soviel ist schon klar:
All die scharfen Fleischerhunde
Die so gern «Den Letzten» beißen
Führen hier kein Hundeleben
Denn hier gibts noch viel mehr «Letzte»
Denen sie gleich mit der Hose
Auch das Fleisch vom Knochen reißen:
Mietenwucher und Maloche
Inflation und Rassenhaß

Und die Flics sind auch nur Menschen
– wie die Bulln – verstehn kein' Spaß

Dennoch, lieben Freunde, leb ich
Erstmal gern hier in der Fremde
Wo kein Aas sich um mich schert.
Und ich bleibe, bis das Heimweh
Nach den zweigeteilten Deutschen
Größer wird als das Vergnügen
Als das kindliche Vergnügen
Endlich mal verschont zu sein
Von den *allzu penetranten*
Ungeteilten Schweinepriestern
Heimatlichen Ignoranten
Endlich mal verschont von all den
Linksgetünchten Pressetrotteln
Die, anstatt mich dumm zu loben
Jetzt noch dümmer an mir zotteln
Endlich mal in Ruh gelassen
Von den frechen Ablaßhändlern
In der bundesdeutschen Linken
Die vor Selbstmitleid und Selbsthaß
Schon wie ihre Feinde stinken
Die von Taten träge träumen
Und vom Leben wenig wissen
– außer, daß sie gegenseitig
Sich bescheißen und bepissen

Heute morgen ist Paris für
Meine Augen eine Landschaft
Blauer Himmel, über den sich
Hoch die Federwolken fächern
Und ein kurzer Sommerregen
Hat die Stadt schön blank gewaschen
Und schon dampft der Regen wieder
Himmelwärts von Schieferdächern
Ein Clochard pennt auf 'ner Zeitung

Neben sich zwei Literflaschen
– eine voll – so, wie Touristen
Ihn für einen Schnappschuß brauchen
Von dem Dachsims der Sorbonne
Fliegt ein Schwarm blau-grauer Ratten
Auf und flattert hin zum Frühstück
Im Jardin du Luxembourg

Und ich geh kurz um die Ecke
In den kleinen Bäckerladen
Für zwei Francs gibts 'ne Baguette
Und dann weiter um die Ecke
Und schon mal ins Brot reinbeißen
Bei dem alten Zeitungshändler
Buchstabiere ich die Headline:
WALESA: JE N'AI PAS PEUR!
Noch ist Polen nicht verloren
(Wem? – das frag ich lieber nicht)
Und den Panzern noch nicht offen
Und so geht das große Zittern
Weiter – wie das Hoffen.

Wenn die Neue Zeit mal nicht mehr
Bloß auf roten Pappen steht
Wenn es eines wirklich schönen
Tages drüben besser geht
– du, dann wirds mir hier im Westen
Sehr gemischt und elend gehn
Wie so viele, die von drüben
Kamen, werd ich alt aussehn
– alt und froh. Ich werde stammeln:
Das, wofür ich dort gestritten,
Jetzt wirds Wahrheit? Ja, ich habe
All das nicht umsonst gelitten
Meine Leute sind das, die da
Jetzt in Leipzig und in Dresden
Ungeniert die Wahrheit sagen

Und das sind auch meine alten
Treuen Feinde, die jetzt zittern
– denen gehts jetzt an den Kragen!

Meine alten Lieder werd ich
Wieder üben, Reden schwingen
Im Jardin du Luxembourg
– und Garance an meiner Seite
Schweigt dazu und lächelt traurig
Und dann sagt sie: Du hast immer
Noch die fade deutsche rosa-
Rote Brauselimonade
In den Adern – dabei trinkst du
Guten Rotwein – *malgré tout*
Wirst du kein Franzose – schade!
Weißt du es noch nicht, mein Lieber?
Willst du es denn nie kapieren:
Nach dem Sturm auf die Bastille
Wo die kleinen Leut krepieren
Nach dem Fest kommt unerbittlich
Wieder Alltag. Und das Brot
Kommt nun mal vom Bäcker – und es
Kommt von keinem noch so edlen
Radikalen Schlagetot.

Und ich werde bitter sagen:
Geh, Garance, geh Tauben füttern!
Niemals wirst du mich verstehn
Und ich kanns dir nicht erklären

Und ich werd nach oben gehn
Meinen leeren Schrank ausleeren
Mit Pariser Luft im Koffer
Werd ich dann nach Hause fahren
Rüber! in die DDR
An der Grenze – *pas de problème* –
Durch! klar, ohne Paßkontrolle!

Und ich werde wie besoffen
Durch vertraute Straßen rennen
Aber keiner wird mich kennen
Keiner kann sich groß erinnern
Und kein Schwanz kann mich noch brauchen
Und dann bin ich ganz am Ziel
Dann beginnt erst mein Exil.

HELMUTH FRAUENDORFER

Brief an die Herausgeber

Liebe Alice, lieber Guntram,

habt Dank für die Einladung zur Mitarbeit an dem Frankreich-Buch. Seit Wochen liegt Euer Brief an gut sichtbarer Stelle auf meinem Schreibtisch. Jeden Tag las ich ihn durch. Ich konnte mich nicht entschließen.

In Eurem Einladungsschreiben zählt Ihr Namen, Orte, Ereignisse auf – was Frankreich alles sein kann, «en passant und auf Dauer».

Diese Namen, Orte, Ereignisse – ich habe von ihnen gehört, habe darüber gelesen. Sie waren und sind in meinem Kopf. Die Orte gehörten bis vor einem Jahr, als ich Rumänien verlassen mußte, in den Bereich des nie Erlebbaren.

Frankreich, Paris, das klang so weit weg, so unerreichbar, daß im Sommer vergangenen Jahres der Gedanke an den Frankreich-Besuch zuerst erschreckend auf mich wirkte.

Wir waren kaum sechs Monate im Westen. Ein Freund, Karl-Hermann, hatte mich und Mimo, meine Frau, zu dieser Reise eingeladen. Wir trafen Vorbereitungen. Wir waren froh.

Und trotzdem hatte ich auch Zweifel. Zweifel daran, ob ich diese Reise, diese Vielzahl von Ein-Drücken werde verkraften können. War mir doch noch so gut in Erinnerung, wie dankbar ich dem Umstand war, einen Einkaufskorb vor mir zu haben, auf den ich mich stützen konnte, als ich plötzlich weiche Knie hatte beim erstmaligen Betreten eines Supermarkts in Nürnberg. Das viele Licht, das schrille Angebot. Eine Freundin hatte uns begleitet und fragte immer wieder, was sie wohl einkaufen solle, was wir essen wollten, sie würde gerne etwas kochen, ob uns dieses Fleisch oder jenes Gemüse lieber wäre. Ich konnte auf keine der Fragen antworten. Ich sah nichts.

Nach zwei Tagen Nürnberg waren wir in West-Berlin. Bald mußten wir selbst einkaufen. Der Blick gewöhnte sich an alles. An das Licht, das Angebot, die Straßen, an den Verkehr. Nach einiger Zeit war ich auch schon unzufrieden, wenn es eine *bestimmte* Weinsorte im Laden nebenan nicht gab.

Das Leben erhielt seinen Alltag zurück. – Werten möchte ich das nun nicht. Vielleicht kann ich es noch nicht richtig einschätzen. Dann der erste Besuch in Ost-Berlin. Ich mußte aus Rumänien über Nürnberg nach West-Berlin kommen, um meine Ostberliner Freunde, die ich seit Jahren aus Rumänien kannte, besuchen zu können. Konsequent hatten die rumänischen Behörden jedesmal meinen Reiseantrag für die DDR abgelehnt.

Hier die irritierende Feststellung: Ost-Berlin erinnert mich mehr an Bukarest als an die andere Hälfte der Stadt. Das Straßenbild, die Menschen, ihre Verhaltensweisen.

West-Berlin lernte ich verhältnismäßig schnell kennen. Der Lebensrhythmus, die Kneipen, das Nachtleben, Kreuzberg SO 36, das absterbende Viertel Moabit, die politische Szene, das literarische Leben. Und es gibt noch vieles, das ich noch kennenlernen werde. Das ist gut in einer solchen Stadt. Und überhaupt.

Ich weiß, liebe Alice, lieber Guntram, ich soll über Frankreich schreiben. Doch all diese Erlebnisse haben meine Frankreich-Reise vorbereitet, die Rezeption dieser Reise bedingt.

Und da es mir so schwerfällt, einen Frankreich-Bericht zu verfassen, einen Reisebericht, da ich auch bestimmt keinen Namen, keinen Ort, kein Ereignis des von Euch im Einladungsschreiben Aufgezählten erwähnen werde, schreibe ich Euch diesen Brief. Vielleicht will ich Euch auch schreiben, weshalb ich *nicht* über Frankreich schreiben kann.

Ich versuche, mich meiner Frankreich-Reise zu nähern, so wie ich mich im Juni vergangenen Jahres voller Sorgen und Bangen für die Reise vorbereitet habe.

Dann, vor meinen Augen der jedem Westeuropäer so bekannte (wohl auch vertraute?) endlose graue Streifen: die Autobahn.

Mit zwei Fingern hält Karl-Hermann das Lenkrad. Ich schaue nicht auf den Tachometer. Ich spiele mit. Spiele Lockerheit, Ausgelassenheit. Es ist heiß. Ich ziehe die Sandalen aus, die Socken. Ich lege die Füße auf das Armaturenbrett, drücke die Fußsohlen an die Windschutzscheibe. Karl-Hermann zieht neben dem Lenkrad einen Hebel zu sich heran. Aus zwei Düsen spritzt Wasser auf die Scheibe. Zugleich setzen sich die Scheibenwischer in Bewegung.

Mimo, auf dem Rücksitz, lacht: «Karl-Hermann wäscht dir ja die Füße.» Wir lachen alle. Die Fahrtgeschwindigkeit spüren wir im Auto nicht. Ich schaue nun doch auf den Tachometer. 170 km/h. Und ich lasse mir die Fußsohlen abkühlen. So leicht kann das sein. Oder?

Wie gesagt, es war unsere erste lange Reise. Durch viele Länder sollte sie führen. Locker und erholsam. Alles vergessen. Als ginge das. Als könnte ich abstreifen, was hinter mir liegt. Kilometerweise bleiben Autobahnstreifen hinter uns zurück. Befahren und vergessen. So einfach?

Diese Reise, es war eben unsere erste richtige, sollte ich so schnell nicht vergessen. Monate später schrieb ich in einem Gedicht: «Die Leichtigkeit/Der Autobahnen trifft deinen/Pulsschlag nicht. Du trägst/Die Schlaglöcher in dir herum:/»

Belgien, das war nur Autobahn.

Wir haben die französische Grenze passiert und trinken Kaffee. Um uns herum wird, bis auf wenige Ausnahmen, französisch gesprochen. Beim Kaffeetrinken bin ich immer noch benommen davon, daß wir bis nach Frankreich gelangt sind, ohne auch nur einmal einen Ausweis vorzeigen zu müssen. (Mal abgesehen von der Fahrt durch die DDR.) So einfach kann das sein. Und 29 Jahre alt mußte ich werden, um das zu erleben.

Die Einfahrt in Paris ist für mich ein einziger Schock.

Diese Menge von Autos, die aufeinander zufahren. Verkehrsregeln werden kaum beachtet. Ich sitze verkrampft auf dem Beifahrersitz, kaum fähig, die Landkarte zu verfolgen und die Straßenschilder zu lesen. Doch bald merke ich, daß es trotz des chaotisch anmutenden Verkehrs ein anderes Gesetz gibt als die Verkehrsregeln: Rücksicht.

Und selbst wenn ein Auto mal angestoßen wird oder sonst einen Kratzer abkriegt, fährt der Besitzer ohne jedes großes Aufheben weiter. Als wäre nichts geschehen.

Eine andere Lebensweise, in der Gebrauchsgegenstände Gebrauchsgegenstände bleiben.

Einige Ecken von unserem Hotel entfernt finden wir eine Parklücke, wir schleppen das Gepäck hoch. Es ist ein kleines, verhältnismäßig billiges Hotel. Zu dritt haben wir ein Zimmer gemietet. Blumentapeten an den Wänden. Ein kleiner Balkon. Auf der Straße viel Betrieb. Wir laufen in die Stadt, mischen uns unter die Leute. Es ist nur zu selbstverständlich, daß man sich beim Gehen berührt.

Die Straßencafés. Eng beieinander sitzende Leute. Viele Stühle um kleine Tische. Aber alle Leute mit dem Gesicht zur Straße. Sie wollen sehen. Und vielleicht auch gesehen werden. Aber dieses Sehen-und-gesehen-werden-Wollen hat, merke ich, nichts mit dem Sehen-und-gesehen-werden-Wollen kleiner Provinzstädte zu tun. Sie zeigen ganz einfach, daß sie da sind. Als Teil dieser Stadt. Und wollen auch andere genauso sehen. Selbst wenn es Fremde sind.

Ich habe das Gefühl, als schwebte ich auf den Pariser Straßen. Anonym und verloren. Und doch als einer, der dazugehört.

Die Bereitschaft zu diesem Gefühl...

Straßentheater und Pantomime. Die zahlreichen Zuschauer. Ihr Entgegenkommen, ihre Bereitschaft, zuzuschauen, mitzuspielen. – Später, auf der Rückreise, in St. Pierre-de-Chartreuse auch die Aufschrift:

CHIRAC = 卐
→ LE PEN
NAZI

Beim Anblick der Seine weigere ich mich, an Celan zu denken. So wie ich mich auch weigere, an alles andere zu denken, was in meinem Kopf mit Paris, mit Frankreich zu tun hat.

Die Zeit, die wir hier verbringen, ist kurz. Zu kurz, um mir das Angelesene bestätigen zu lassen oder irgendwelchen Spuren nachzugehen. (Später, in Portugal, war das anders. Dort hatten wir einen längeren Aufenthalt. Nachdem ich mit dem Land und den Leuten ein wenig vertraut war, habe ich mir erlauben können, Fernando Pessoa zu lesen und in Lissabon seine Spuren zu suchen. – Lissabon, ach ja, die Flammen...)

In Paris, da war ich zu sehr noch mit mir selbst beschäftigt. Einzig und allein Sartres Stamm-Café. Da bringt uns Karl-Hermann hin. Von der Frau, die neben der Toilettentür sitzt, kaufe ich eine Zigarre.

Und dann die Frage, ob wir den Freunden nach Rumänien Karten schreiben. Ob das fair ist. Ob wir ihnen besser wohl diese Reise verschweigen. Welche Gefühle eine Karte aus Paris in ihnen wohl erwecken würde. Ob ich das Recht habe, ihnen eine Karte aus Paris zu schreiben.

Wir essen. Wir trinken.

Und es häufen sich die Fragen. Fragen, die mich bisher nur einzeln beschäftigten, kommen mir nun in Paris zuhauf: Wenn ich esse, wenn ich trinke, wenn ich sehe, Frankreich, Paris oder einen Film, wenn ich etwas lese, muß ich an die denken, die das nicht essen, das nicht trinken, das nicht sehen, das nicht lesen können.

Schlaglöcher.

Kurz vor der Abreise aus Paris jedoch habe ich, zwar unsicher noch, einige Karten nach Rumänien geschrieben.

Die Straßencafés, die dreirädrigen Motorräder, Baguette-Austräger: Paris – Bilder, die ich kenne. Auch aus Büchern, mehr aus Filmen. Bin ich wirklich da? Oder rollt in meinem Kopf ein Film ab? Wie aber bin ich da hineingelangt? Sind das nachgestellte Szenen? Für mich existieren sie mehr unwirklich als wirklich. Was mich und Paris betrifft: Am Anfang war der Film, das Buch. Dann erst kam das wirkliche Paris hinzu. Und die Bilder bestätigten, überlagerten sich. Was war nun zuerst.

Bestimmt sind solche Filmszenen, die man für einen Ort «typisch» nennen könnte, aus der Realität geschöpft. Bestimmt gab es diese Szenen zuerst in der Realität, und erst durch ihre häufige Wiederholung wurden sie zum Klischee. Als solches wiederum haben sie ihre Rückwirkung auf die Realität. Die Menschen sehen diese Verhaltensmuster, diese Szenen, Gesten, akzeptieren sie und leben danach. So haben diese Muster Dauer. Die Welt droht ins Stocken zu geraten, gäbe es die wenigen nicht, die immer wieder diese Muster aufzubrechen versuchen.

Wie wäre aber die Realität, das Leben der Leute ohne das Klischee?

Wir steigen ins Auto. Vor uns liegt noch eine lange Reise. Durch Spanien nach Portugal und auf dem Rückweg auch durch die Schweiz. Wir verlassen Paris.

Doch war ich in Paris?

Paris wird mir in Erinnerung bleiben als die erste Stadt meiner ersten Reise.

Inzwischen bin ich noch ziemlich viel gereist.

Nach Paris aber will ich mal wieder zurück.

Doch auch nach Florenz und nach Rom. Und nach Krakau und nach Zürich. Vor allem aber nach Paris.

Die Städte kennenlernend, wächst die Sehnsucht nach ihnen. Hin- und hergerissen bleibe ich. Nirgends mehr «zu Hause» sein wollen. Oder überall.

C'est la vie?

Paris hat mir geholfen.

Ich habe es geschafft. Ich habe die Hemmschwelle überwunden. Als Neunundzwanzigjähriger.

Ich kann weiterreisen. Die Autobahnen, die Schienen, die Fluglinien liegen vor mir.

Und hinter mir?

Habe ich's wirklich geschafft?

Lieber Guntram, Du selbst schreibst in einem Essay: «Wozu sind wir erzogen worden, von wem mit welcher Geschichte. Wie haben wir Gefühl und Weltsicht weiterentwickelt. Jedes Schreiben über unsere ersten fünfzehn, zwanzig Jahre muß diesen Fragen nachgehen.»

Auch jedes Erleben, wenn es kein oberflächliches ist, das in einer anderen Welt stattfindet als der unserer ersten 15, 20 Jahre, geht diesen Fragen nach und wird zugleich auch von diesen Fragen verfolgt.

Bin ich ein Produkt dieser Erziehung? Der Erziehung im weitesten, inklusive politischen Sinne, die mir in Rumänien gegeben wurde? In den letzten Jahren, die ich dort verbracht habe, habe ich mich gegen diese Erziehung gewehrt, habe gegen sie rebelliert. Mit meinen bescheidenen literarisch-künstlerischen Mitteln. Und mit meiner Lebensweise. Und trotzdem, vielleicht auch um so mehr, bin ich ein Produkt dieser Erziehung. Doch nicht das Produkt, das zu sein von mir erwartet wurde.

Was fange ich mit dieser meiner von Rumänien geprägten Erziehung und Erfahrung an? Ja, Gefühl und Weltsicht haben sich weiterentwickelt. Das Leben. Die Bücher. Und immer wieder die eigenen Erfahrungen.

«Die Antworten», schreibst Du in diesem Essay weiter, «sind wie Spiegel, in denen wir uns selber, die anderen, das Land sehen, in einem Doppelbild des Gestern und Heute.»

Und auch des Hier und Dort.

Was aber, wenn die Antworten vorerst ausbleiben? Wenn nur die Fragen da sind, das Aufeinanderprallen zweier verschiedener Welten da ist? Wenn, an Stelle von Antworten, Zweifel entsteht.

Ja, auch der Zweifel ist eine Antwort.

Ihr erinnert Euch, liebe Alice, lieber Guntram, wie verunsichert ich manchmal war, als wir uns in München trafen, angesichts der vielen Leute, die anwesend waren. So hat mich auch Paris erst einmal verunsichert. Ich habe daran gezweifelt, ob ich fähig bin, diese Stadt richtig zu erleben. Aber was ist schon «richtig»? Denn Orte, Städte, die man besucht, existieren über sich selbst hinaus, existieren oft jahrelang weiter in dem Besucher, der vielleicht nie wieder an denselben Ort, in dieselbe Stadt zurückkehrt.

Orte, Städte – sie können wie Bücher sein.

Und wenn ich mit großen Zweifeln an mir selbst einen Ort, eine

Stadt verlasse, dann kann ich – später – zufrieden sein, obwohl ich es in diesem Augenblick nicht bin. Weil ich den Eindruck nicht loswerde, nicht alles gesehen, erlebt, gehört, gerochen, gespürt, auf der Haut gespürt zu haben. Es ist wie beim Lesen eines gut geschriebenen Buches, in das ich oft hineinkriechen, mich hineinversinken möchte mit Haut und Haar.

Und nach der Lektüre habe ich meine Zweifel.

Denn Zweifel an mir selbst hatten bisher im Endeffekt immer eine positive Wirkung. Was sind Zweifel anderes als Selbstbefragung, ein In-sich-selbst-Versinken und Sich-selbst-Erkunden.

Auch hier lauert eine große Gefahr, auch dieser Vorgang findet auf Messers Schneide statt. Sehr schnell können diese Zweifel an sich selbst in Ver-Zweiflung ausgleiten. Dann ist die Suche nach einer Antwort aufgegeben, dann ist man bar jeder Ver-Antwortung sich selbst gegenüber.

Frankreich – ein Land, das mir viele Fragen gestellt hat. Auf die ich noch keine Antworten habe. Aber daß die Fragen da sind, ist schon wichtig. So ist auch Frankreich für mich wichtig.

In Frankreich habe ich zu lernen angefangen, daß man überall und nirgends «zu Hause» sein kann, daß ich mich nicht getäuscht hatte, als ich mal sagte, ich sei in Berlin nicht im Exil, weil Exil das Gegenteil von Heimat bedeutet, und der Begriff «Heimat» mir abhanden gekommen ist, und somit beide Begriffe, sowohl «Heimat» als auch «Exil» für mich aufgehoben sind.

Frankreich, und nicht nur dieses Land, auch West-Berlin, wo ich jetzt lebe, sind für mich *auf Dauer en passant*.

Ein Zustand, ja, das Reisen ein Zustand, in und mit dem man leben kann.

Wie auch mit den Schlaglöchern.

Solange es noch die Sprache gibt:

Brandmarkenzeichen

Ein Nagetier sitzt dir im Nacken.
Die Tür. Sie geht. Auf
Dich zu. Die Wörter huschen
Die Knochenleiter hoch,

Fahr'n los. Die Leichtigkeit
Der Autobahnen trifft deinen
Pulsschlag nicht. Du trägst
Die Schlaglöcher in dir herum:

Eine blanke Fischgräte
Ist lange noch kein Rückgrat?
Blindwütig zupfen deine Verse
An den Wimpern des Nilpferds.

Das wärs, Freunde.
Mit lieben Grüßen,
Euer
Helmuth

Richard Wagner

Frankreich, einmal anders

Alain betritt die U-Bahn in Paris, verläßt das Schiff in Marseille. Den Revolver trägt er in der Rocktasche. Marseille, haben Sie schon Papiere?

Der junge Jean, im hellen Anzug, spielt mit seinem Feuerzeug. Zeitunglesen in einem Café: Ein Herr steckt jemandem ein Päckchen zu und verschwindet. Wie mag diese Geschichte ausgehn?

In Monte Carlo, im Casino, steht der rumänische König hinter dem Tisch. *Les jeux sont fait.* Pierre, ein Ritt durch die Kindheit. Dann ist es wieder Morgen.

Isabelle bringt das Frühstück, aber das Bett ist leer. Die weißen Vorhänge wehen ums offene Fenster.

Isabelle läuft durch den Weinberg, mit aufgelöstem Haar. Wo bin ich?

Die Wolken sind rot. Die Tage wandern nach Westen.

Autoren- und Quellenverzeichnis

Ilse Aichinger, *1.11.1921 in Wien. Lebt seit dem Tod von Günther Eich, mit dem sie verheiratet war, zurückgezogen in Großgmain bei Salzburg.
‹Ausgedacht›
‹Zu Ende gedacht›
aus: Ilse Aichinger, Verschenkter Rat. Gedichte, © S. Fischer Verlag, Frankfurt am Main, 1978.

Jean Améry, *31.10.1912 in Wien. Studium der Literatur und Philosophie. 1933 Emigration nach Belgien. Engagement in der Widerstandsbewegung. 1943 Verhaftung, zwei Jahre KZ-Haft. Nach 1945 als freier Schriftsteller und Rundfunkmitarbeiter in Brüssel tätig. 1978 nahm sich Améry in Salzburg das Leben.
‹Reise ans Ende der Revolution, (Notizen von einer Frankreichfahrt)›
aus: Jean Améry, Weiterleben – aber wie? Essays 1968–1978. Herausgegeben und mit einem Nachwort versehen von Gisela Lindemann. © Klett-Cotta, Stuttgart 1982.

Alfred Andersch, *1914 in München, gab nach 1945 die Zeitschriften ‹Der Ruf› (mit H. W. Richter, 1946/47) und ‹Texte und Zeichen› (1955/57) heraus; seit 1948 Rundfunkarbeit (Hörspiele, Features). In ‹Die Kirschen der Freiheit› (1952) setzt er sich mit dem Kommunismus, dem er als Jugendleiter zeitweise angehörte (1933 KZ-Haft in Dachau), und seiner Desertion aus der Wehrmacht 1944 auseinander. Thema seiner Romane und Hörspiele ist der Ausbruch aus der Unfreiheit, so die Flucht aus dem nat.-soz. Dtl. in ‹Sansibar oder der letzte Grund› (1957). 1958 siedelte er nach Berzona (Val Onsernone) in der Schweiz über und lebte als freier Schriftsteller, wo er 1980 starb.
‹Paris, 1. Mai 1977›
aus: In diesem Lande leben wir. Deutsche Gedichte der Gegenwart. Hrsg. von Hans Bender. © S. Fischer Taschenbuch Verlag Frankfurt am Main.

ROSE AUSLÄNDER, * 1907 in Czernowitz (Bukowina), † 1988 in Düsseldorf, machte sich in Deutschland als Lyrikerin einen Namen.
‹Avignon›
aus: Rose Ausländer, Gesammelte Werke. Bd. 4, hrsg. von Helmut Braun. © S. Fischer Verlag, Frankfurt am Main, 1984.

INKA BACH, * 1956 in Berlin/DDR; 1972 Flucht nach Berlin/West; Studium der Germanistik, Slawistik, Theaterwissenschaft und Philosophie an der Freien Universität Berlin. Nach Promotion als Kulturkorrespondentin für dpa und Regieassistentin beim SFB (Fernsehspiel) und Drehbuchautorin für das ZDF tätig; 1987/88 Aufenthalt in Paris; 1989 Autorenstipendium des Berliner Senat für New York.
‹Exil›

INGEBORG BACHMANN, * 1926 in Klagenfurt, † 1973 an den Folgen eines Brandunfalls in Rom.
‹PARIS›
aus: Ingeborg Bachmann, Die gestundete Zeit. Anrufung des Großen Bären. © R. Piper & Co. Verlag, München 1978.

LOTHAR BAIER, * 1942 in Karlsruhe, lebt als freier Autor, Essayist und Übersetzer in Frankfurt; Herausgeber der literarischen Schriften (1938 – 1946) von Sartre; erhielt 1982 den Jean-Améry-Preis.
‹Der Bauer stund auf dem Kopfe›
aus: Lothar Baier. Gleichheitszeichen. Streitschriften über Abweichung und Identität. © Klaus Wagenbach Verlag, Berlin 1985

WALTER BENJAMIN, * 15.7.1892 in Berlin, † 26.9.1940 in Port Bou (Spanien). Bekannt als Erzähler und Essayist, ging 1933 ins Exil nach Paris.
‹Café Crème›
‹HASCHISCH IN MARSEILLE›
‹Zu nahe›
‹Paris, die Stadt im Spiegel›
‹Schönes Entsetzen›
aus: Walter Benjamin. Denkbilder. Gesammelte Schriften, Werkausgabe, Bd. 10, hrsg. von Tillmann Rexroth. © Suhrkamp Verlag, Frankfurt am Main 1980.

WOLF BIERMANN, * 1936 in Hamburg, 1953 Übersiedlung in die DDR,

1976 Ausbürgerung nach West-Berlin, lebt heute als Autor und Liedermacher in Hamburg.
‹Auf dem Friedhof am Montmartre›
‹Hölderlin in Bordeaux›
‹À Paris›
aus: Wolf Biermann, Verdrehte Welt – das seh' ich gerne. Lieder, Balladen, Gedichte, Prosa. © Kiepenheuer & Witsch, Köln 1982.

HORST BINGEL, *6.10.1933 in Korbach/Hessen, als Journalist, Autor und im Verlagswesen tätig; lebt in Frankfurt.
‹Schnellzug Frankfurt–Paris Ost.

VOLKER BRAUN, *1939 in Dresden, lebt in Ost-Berlin.
‹Avignon›
aus: Frankreich. MenschenLandschaften. Hrsg. von Ingo Kolboom/Hans Joachim Meyer. © Elefanten Press Berlin, 1988

CHRISTINE BRÜCKNER, *10.12.1921 in Schmillinghausen (Waldeck), arbeitete als Bibliothekarin und hatte mit dem Familienroman «Jauche und Levkojen» ihren Durchbruch, lebt und arbeitet in Kassel.
‹Halbschatten und Halbtrauer über der Provence›
aus: Christine Brückner/Otto Heinrich Kühner, Erfahren und erwandert. © Ullstein Taschenbuchverlag, Berlin 1982.

HANS CHRISTOPH BUCH, *1944 in Wetzlar, lebt in Berlin und seit 1972 auch auf dem Land bei Gorleben.
‹Résistance›

GEORG BÜCHNER, *17.10.1813 in Goddelau bei Darmstadt, †19.2.1837 in Zürich. Gilt als bedeutendster und eigensinnigster Dramatiker zwischen Romantik und Naturalismus. Sein Drama «Danton's Tod» gehört zu den zentralen Stücken des 19. Jahrhunderts.
‹Lenz›
aus: Georg Büchner, Lenz, Studienausgabe. Herausgegeben von Hubert Gersch, © Philipp Reclam Jun., Stuttgart 1984.

MARTIN R. DEAN, *1955 in Menziken (Schweiz), arbeitet zur Zeit in Rom an seinem neuen Roman.
Auszug aus: Martin R. Dean, Black Box oder die Zerlegung des Regenbogens. Ein Journal. © Hanser Verlag, München 1989.

Josef Einwanger, * 1935 in Niederbayern geboren. Lebt heute nach einer Lehre als Industriekaufmann als freier Schriftsteller in Simbach am Inn.
‹Moritaten›

Alice Franck, * 1960 in Aachen, lebt und arbeitet in Berlin und Hamburg.
‹ABCundsoweiter›
‹Vergeblich›

Helmuth Frauendorfer, * 1959 in Woitek (Rumänien). Studium der Germanistik und Anglistik; ab 1979 regelmäßige Veröffentlichungen seiner Gedichte in deutschsprachigen Zeitungen. 1984 Verhör des rumänischen Sicherheitsdienstes wegen staatsfeindlicher Tätigkeiten (literaturbezogen). Lebt seit 1987 als freier Schriftsteller in Berlin.
‹Brief an die Herausgeber›

Walter Helmut Fritz, * 1929 in Karlsruhe. Studium der Philosophie, Germanistik und Romanistik; war im Lehrberuf tätig und lebt heute als freier Schriftsteller in Karlsruhe. 1956 Veröffentlichung seines ersten Gedichtbandes; 1969 Veröffentlichung von Prosa – Gedichte, eine Form, die seiner Begabung, Halb- und Zwischentöne zu erfassen, sehr entgegenkommt.
‹In Cézannes Atelier›

Frank Göhre, * 1943 im Ruhrgebiet, lebt als Roman- und Drehbuchschreiber in Hamburg. In der panther-Reihe hat er zusammen mit Jutta Lieck die Anthologie «Kaum bin ich allein. Geschichten von der Nähe zu sich und dem anderen» (1985) herausgegeben, Autor des rororo thrillers «Der Schrei des Schmetterlings» (1986).
‹Champs-Élysées›

Ulla Hahn, * 1946 im Sauerland. Arbeitet als Redakteurin bei Radio Bremen und lebt heute in Hamburg.
‹Offener Brief an die Prinzessin von Clèves›
aus: Ulla Hahn, Herz über Kopf. Gedichte. © Deutsche Verlags-Anstalt, Stuttgart 1981.

Peter Hamm, * 1937 in München, Lyriker, lebt in Tutzingen und arbeitet als Rundfunkredakteur beim Bayerischen Rundfunk.
‹Cannes, Mai 1984›

‹Cimetière Lourmarin›
aus: Peter Hamm, Die verschwindende Welt. Gedichte. Carl Hanser Verlag, München 1985.

MARGARETE HANNSMANN, * 1921 in Heidenheim, lebt als freie Schriftstellerin in Stuttgart.
‹Cézannes Atelier in Aix›
‹Provence, dreiundzwanzig Jahre später›
aus: Margarete Hannsmann, Rabenflug. Neue Gedichte, © Klett-Cotta, Stuttgart 1987.

HEINRICH HEINE, * 1797 in Düsseldorf, † 1856 in Paris. Heine gilt als der bedeutendste Lyriker zwischen Romantik und Realismus.
‹À Paris›
aus: Heinrich Heine, Werke. Hrsg. von Siegrist / Preisendanz / Galley. Insel Verlag Frankfurt am Main

FRANZ HESSEL, * 1880 in Stettin. Im Alter von 8 Jahren zog die Familie nach Berlin. Mit 23 Jahren erschien sein erster Gedichtband; Parisaufenthalt von 1906–1912; Reisen nach Tirol und in die Schweiz fallen in die zwanziger Jahre; von 1923–1933 als Lektor bei Rowohlt tätig; 1938 emigrierte er nach Paris; er ging schließlich nach Südfrankreich ins Exil. Er wurde dort von den deutschen Besatzern zweimal interniert. Nach der zweiten Entlassung aus dem Arbeitslager Les Milles starb er 1941 herzkrank und an körperlicher Erschöpfung im südfranzösischen Sanary-sur-Mer.
‹Pariser Romanze›
aus: Franz Hessel. Pariser Romanze. Papiere eines Verschollenen. © Suhrkamp Verlag Frankfurt am Main, 1985

FRIEDRICH HÖLDERLIN, * 1770 in Lauffen am Neckar, † 1843 in Tübingen. Hölderlin gilt als ein bedeutender Vertreter des deutschen Idealismus von durchaus eigener Prägung zwischen Klassik und Romantik.
‹Andenken›
aus: Friedrich Hölderlin, Werke. Hrsg. von D. E. Sattler / Wolfram Groddeck. Luchterhand Literaturverlag, Darmstadt

MASCHA KALÉKO, * 1912 in Schidlow (heute Chrzanow / Polen), † 1975 in Zürich, auf der Rückkehr von Jerusalem nach Berlin.
‹Momentaufnahme: Paris›

‹Schnellfoto: Marseille›
aus: Mascha Kaléko, Das lyrische Stenogrammheft. © Rowohlt Taschenbuch Verlag Reinbek bei Hamburg, 1956.

Birgit Kempker, * 1956, lebt und arbeitet als freie Autorin in Hildesheim.
‹Mein Onkel sagt›

Paul Kersten, * 1943 lebt als Schriftsteller und Literatur-Redakteur des NDR in Hamburg. Zuletzt veröffentlicht: «Briefe eines Menschfressers».

Sarah Kirsch, * 1935 in Limlingerode/Harz, 1977–83 nach Ausbürgerung Aufenthalt in West-Berlin, lebt heute in Tielenhemme/Schleswig-Holstein.
‹Das ist kein Hotel›
‹Im Garten von La Pagerie›
‹Mittags kommen die Falter›
‹Der Süden›
‹Aber am schönsten: mit dir›
‹Ich, Königin Pastis›.
aus: Sarah Kirsch, La Pagerie. Mit einem Essay von Marcel Reich-Ranicki. © Deutsche Verlags-Anstalt Stuttgart, 1980

Christoph Klimke, * 1959 in Oberhausen; lebt als freier Schriftsteller, Kritiker und Übersetzer in Berlin und Rom. In der panther-Reihe hat er zusammen mit Alice Franck die Anthologie «Ciao, Italien! Ein Land auf den zweiten Blick» (1988) herausgegeben.
‹Von Meudon nach Paris›

Wolfgang Koeppen, * 23.6.1906 in Greifswald, schreibt Romane, Erzählungen, Essays und Reportagen. Lebte lange Zeit in Berlin und heute in München.
Auszüge ‹Reisen nach Frankreich›
aus: Wolfgang Koeppen, Reisen nach Frankreich, © Suhrkamp Verlag, Frankfurt am Main 1961.

Carmen Kotarski, * 1949 in Mannheim, lebt in Stuttgart. Lehrt an der Stuttgarter Hochschule für Musik und Darstellende Kunst das Fach ‹Sprache des Figurentheaters›.
Veröffentlichung von Lyrik und Kurzprosa in Anthologien, Literaturzeitschriften, Rundfunk.

‹les Baux›
aus: Spanisches ABC. Gedichte. *Flugasche* Verlag, edition walfisch, 1989

Gabriele Kreis, * 1947 in Mannheim; Studium der Literaturwissenschaften in Hamburg und Berlin; arbeitet nach kurzer Lehrtätigkeit als freie Autorin für Funk und Presse. Veröffentlichungen in Anthologien; «Frauen im Exil» war ihr erstes Buch.
‹Frauen im Exil›
aus: Gabriele Kreis. Frauen im Exil. Dichtung und Wirklichkeit. © 1984 by claassen Verlag, Düsseldorf

Maren Kroymann, * 1949 Schauspielausbildung in den USA. Theaterengagements in Tübingen und Berlin. Studium der Anglistik, Romanistik und Amerikanistik in Paris, Tübingen und Berlin. Freie Mitarbeit bei Funk und Fernsehen.
‹Kein Cointreu für die Chansonette›
aus: Frankreich. MenschenLandschaften, hrsg. von Ingo Kolboom/Hans Joachim Neyer. Elefanten Press Berlin, 1988

Sabine Küchler, * 1965 in Bremen; studiert Gerrmanistik und Theaterwissenschaften in Berlin. 1988 Arbeitsstipendium für Berliner Schriftsteller.
‹Je ne regrette rien›
‹Voilà Paris›
Günter Kunert, * 1929 in Berlin. 1979 Übersiedlung in die Bundesrepublik. Lebt und arbeitet heute bei Itzehoe.
‹Am Mont Ventoux›
aus: Lyrik-Erlebnis und Kritik. Herausgegeben von Lothar Jordan, Axel Marquardt, Winfried Woesler, © *Collection.* S. Fischer Taschenbuchverlag, Frankfurt am Main 1984.

Rainer Kunze, * 1933 in Oelsnitz/Erzgebirge; 1977 Ausreise in die Bundesrepublik; lebt heute in Erlau.
‹Orientierung in Marseille›
aus: Reiner Kunze. eines jeden einziges leben. gedichte. © S. Fischer Verlag, Frankfurt am Main, 1986

Jürgen Lodemann, * 1936 in Essen/Ruhrgebiet. Seit den 70er Jahren als Journalist und Autor für Zeitungen und Fernsehen tätig.
‹Durchs Gebirg, Eine Filmgeschichte – über Oberlin, Lenz und Büchner über die Germanisten, Goethe, Gott und Friederike›

Christoph Meckel, * 1935 in Berlin, lebt und arbeitet als Zeichner, Lyriker und Erzähler in Berlin und Remuzat / Südfrankreich.
Auszüge aus: Christoph Meckel. Licht. Erzählung. © Nymphenburger Verlagshandlung München, 1978

Walter Mehring, * 29.4.1896 in Berlin. Mitarbeiter in Waldens Zeitschrift *der Sturm*. 1933 Emigration nach Paris. 1938 Verhaftung und Flucht. 1941 Flucht in die USA, wo er als Kritiker für diverse Zeitungen arbeitet. Mehring kehrt Ende der 50er Jahre wieder nach Europa zurück. † 1981 in Zürich.
‹Métropolis›
aus: Walter Mehring, Mehring-Kassette. Gedichte, Lieder und Chansons. © 1981 by claassen Verlag Düsseldorf

Rainer Maria Rilke, * 1875 in Prag, † 1926 in Val Mont bei Montreux. Der Lyriker unternahm zahlreiche Reisen und siedelte 1902 nach Paris über. Ab 1919 lebte Rilke dann in der Schweiz. Rilkes Leben und Werk gilt als exemplarisch für die Isolierung des Künstlers in einer kunstfernen, durch Wirtschaftskrisen, kapitalistische Expansion und kolonialen Imperialismus bestimmten Epoche.
‹Karussell›
‹Malte Laurids Brigge›
aus: Rainer Maria Rilke, Sämtliche Werke. © Insel Verlag, Frankfurt am Main 1955.

Ralf Rothmann, * 1953 in Schleswig, lebt heute als freier Autor in Berlin.
‹Nie wieder Paris›
aus: Ralf Rothmann, Kratzer und andere Gedichte, Suhrkamp Verlag, Frankfurt am Main 1987.

Hans Joachim Schädlich, * 1935 in Reichenbach im Vogtland. Schädlich gehört zu den Unterzeichnern der Biermann-Petition vom November 1976. Nach seiner Ausbürgerung lebt er in West-Berlin.
‹Bergtechnik›
aus: Hans Joachim Schädlich, Ostwestberlin. Prosa. © Rowohlt Verlag, Reinbek bei Hamburg 1987.

Jutta Schutting, * 1937 in Amstetten (Niederösterreich). Lebt als Lehrerin und Schriftstellerin in Wien.
‹Pariser Straßenmusikant›

Natascha Selinger, * 1938 in Remscheid. Arbeitete als Lektorin in Finnland und der Türkei. Lebt heute in München.
‹Bleischwer in der Ohama Beach›.

Ludwig Steinherr, * 1962 in München, wo er als freier Autor lebt.
‹Tuilerien›

Hannelies Taschau, * 1937 in Hamburg, lebt als freie Autorin in Hameln.
‹Charles›
‹Namensgebung›
aus: Hannelies Taschau, Wundern entgehen. Gedichte 1957–1984. © 1986 by Luchterhand Literaturverlag Darmstadt

Gunther Tietz, * 1961 in Adelebsen (Niedersachsen). Nach Kindheit in Göttingen und Kassel Studium der Germanistik, Geschichtswissenschaft und Theologie in Berlin, wo er heute als freier Autor lebt.
‹Talmont St. Hilaire, am Strand›
‹Sartre und die anderen›

Georg Stefan Troller, * 1921 in Wien, emigrierte nach Frankreich und von da aus in die USA. Kehrte 1945 nach Wien zurück, seine Wahlheimat ist Paris. Zehn Jahre lang produzierte er für den WDR das schon legendäre ‹Pariser Journal›. Seit 1979 Autor der berühmt gewordenen ZDF-Reihe: Personenbeschreibungen: der Versuch, sich filmisch auf Menschen einzulassen. Auszug aus: Georg Stefan Troller, Selbstbeschreibung, © Verlag Rasch und Röhring, Hamburg 1988.

Kurt Tucholsky, * 1890 in Berlin, † Freitod 1935 in Hindås bei Göteborg im schwedischen Exil. Tucholsky war Mitarbeiter der *Schaubühne*, später *Weltbühne* und 1926 als Korrespondent in Paris. 1929 emigrierte er nach Schweden.
‹Park Monceau›
aus: Kurt Tucholsky, Gesammelte Werke, Bd. 1 © Rowohlt Verlag, Reinbek bei Hamburg 1960.

Guntram Vesper, * 1941 in Frohburg. 1957 kam er in die Bundesrepublik. Lebt heute als freier Autor und Privatgelehrter in Göttingen.
‹Ein neuer Anfall von Traurigkeit›.
aus: Guntram Vesper, Die Inseln im Landmeer und neue Gedichte, Fischer Taschenbuchverlag, Frankfurt am Main 1984

‹Die Illusion des Unglücks›
aus: Guntram Vesper, Die Illusion des Unglücks, Gedichte © Carl Hanser Verlag München, 1980

Richard Wagner, * 1952 in Lowrin, deutsch-rumänischer Schriftsteller, der 1987 in die Bundesrepublik ausreisen mußte und heute in West-Berlin arbeitet.
‹Frankreich, einmal anders›

René Weiland, * 1957 in Berlin, lebt heute als freier Publizist und Autor in Berlin.
‹Die andere Seite des Traumas›, Deutsch-Französische Verwicklungen.

Bettina Wiengarn, * 1959, lebt nach langem Frankreichaufenthalt in West-Berlin.
‹Achter Mai in Paris›
‹Vent d'autan›
aus: Bettina Wiengarn, Alles noch einmal, Gedichte, © Verlag Michael Kellner, Hamburg 1984.

Michael Wildenhain, * 1958 in Berlin, wo er heute als freier Autor lebt und arbeitet.
‹Rosen und Granulat›

Ror Wolf, * 1932 in Saalfeld/Thüringen. 1953 Übersiedlung in die BRD. Lebt als freier Schriftsteller in Wiesbaden.
‹der vater spricht von dem franzos›
aus: Neue Expeditionen. Deutsche Lyrik von 1960–1975. Herausgegeben von Wolfgang Weyrauch. Paul List Verlag, München 1975.